주일학교 교사 바로 세우기

지도자 가이드 북

주일학교 교사 바로 세우기(지도자 가이드북)

초판 1쇄 인쇄 | 2010년 12월 10일
재판 3쇄 발행 | 2016년 5월 30일

지 은 이 | 송지헌
교　　정 | 최화숙
편　　집 | 최영규
펴 낸 이 | 정신일
펴 낸 곳 | CLS 크리스천리더

주　　소 | 부천시 원미구 중동 1289번지
　　　　　 팰리스카운티 아이파크상가 5층
연 락 처 | ☎ (032)342-1979 fax.(032)343-3567
홈페이지 | www.cjesus.co.kr
총　　판 | 생명의 말씀사 (02)3159-8211
등　　록 | 제2-2727호(1999. 9. 30.)

ISBN 978-89-6594-186-6 04230
ISBN 978-89-93273-79-3 04230(세트)

값 16,500원

저자와의 협약 아래 인지는 생략되었습니다.
이 출판물은 저작권법에 의해 보호를 받는 저작물이므로,
무단전재와 무단복제를 할 수 없습니다.
■잘못된 책은 구입하신 곳에서 바꾸어 드립니다.

주일학교 교사 바로 세우기

-지도자 가이드북-

① 교사의 본질
② 가르침의 기술
③ 전도의 육하원칙

송 지 헌 목사

주일학교 **영적 부흥**은 이미 시작되었다!

CLS 크리스천리더

주일학교 동역자들에게...

주일학교 어린이들의 미래는 우리의 희망입니다.
이들의 비전은 우리의 소망입니다.
이들이 이룰 꿈은 우리의 기쁨입니다.
이들을 가르치고 양육할 교사는
아이들의 소망과 기쁨을 디자인하는 종합 예술가입니다.
교사들의 헌신과 눈물의 기도는 아이들의 소망과 기쁨이 됩니다.

이 책은 단순한 성경공부 교재가 아닙니다.
우리의 소망과 기쁨을 준비하는 책입니다.

이 책은 많은 교사들이 교육 현장에서 알고 싶어 하고,
고민하던 것들에 대한 해답으로 시작되었습니다.

이 교재는 교회학교 교사들을 준비시키고 교육시키기 위한 기본 지침서이자 기존 교사들의 자질을 함양시키고 기본에 충실하게 하기 위해 기획되었습니다.
　또한 의욕을 가지고 주일학교를 섬기다가도 때때로 힘들고 지치는 교사들에게 위로와 힘을 주기 위해 만들어졌습니다.

교사 하기를 두려워하지 마십시오.
　이 책을 통하여 희망과 소망, 기쁨을 함께 만들어가는 믿음의 동역자들이 많아지길 소원합니다.

함께하는 교회 담임 저자 송지헌 목사

Contents

Part 1 :: 주일학교 교사 바로 세우기 1 14

01 | 왜 그랬을까?(교사의 본질) 16
교육 자료 1 주일학교 교사의 정체성

02 | 흐르는 물과 고인 물!(교사의 자기계발) 26
교육 자료 2 교사의 자기계발

03 | 내가 먼저 섬기자!(섬기는 교사) 42
교육 자료 3 바울의 지도자론

04 | 들으라 이스라엘아!(신앙교육현장) 54
교육 자료 4 교회 교육이란?

05 | 눈높이 맞추기!(학습자 이해) 66
교육 자료 5 알고 가르칩시다(학습자 이해)

06 | 잃어버린 양을 찾아서(반 목회) 78
교육 자료 6 성공적인 반 목회

07 | 우리 반 돌보기(반 심방) 92
교육 자료 7 어린이 심방 및 상담

부록
학생이 교사에게 바라지 않는 것 12가지 104

Part 2 :: 주일학교 교사 바로 세우기 2 — 108

01 | 변했어요!(복음과 전도) — 110
  교육 자료 1 어린이 전도법 및 전도 프로그램

02 | 하나님의 자녀가 됐어요!(양육과 성장) — 138
  교육 자료 2 신앙 성장 곡선

03 | 예술적 가르침!(전인교육) — 154
  교육 자료 3 전인격 신앙 발달

04 | 효과적으로 가르치고 싶어요!(교육 방법론) — 168
  교육 자료 4 예수님의 교육 원리와 교육 방법
  교육 자료 5 어린이의 특성 요약과 그 특성에 따른 의미

05 | 잘 가르치고 싶어요!(공과 준비) — 184
  교육 자료 6 공과를 준비하며
  교육 자료 7 어린이를 대하시는 예수님의 태도

06 | 기도의 승리는 생활의 승리!(기도생활) — 203
  교육 자료 8 기도에 관하여

07 | 교사로 성공하고 싶어요!(좋은 습관) — 216
  교육 자료 9 좋은 습관을 위한 짧은 글, 깊은 생각

Part 3 :: 주일학교 교사 바로 세우기 3   230

01 | 전도의 제1원칙-왜(why)
우리는 '왜(why)' 전도해야 하는가?   232
교육 자료 1 구원의 믿음
교육 자료 2 복음의 사실과 의미

02 | 전도의 제2원칙-누가(who)
제가 전도할 수 있을까요?   258
교육 자료 3 하나님의 관점
교육 자료 4 증인의 삶

03 | 전도의 제3원칙-무엇을(what)
'무엇을(what)' 전해야 할까요?   274
교육 자료 5 Q&A
Q1. 왜 꼭 예수님이어야만 하는가?
Q2. 보고 싶은 하나님

04 | 전도의 제4원칙-언제(when)
전도는 '언제(when)' 해야 하나요?   290
교육 자료 6 하나님 나라의 이중성 : 이미와 아직

05 | 전도의 제5원칙-어디서(where)
'어디서(where)' 전도해야 할까요?   306
교육 자료 7 이웃의 의미

06 | 전도의 제6원칙-어떻게(how)
나도 전도('어떻게[how]')하고 싶어요   322
교육 자료 8 자신의 전도 유형 찾기
교육 자료 9 교회학교를 세우는 실제적 전도 프로그램

『가르침의 십계명』

제1계명 완벽을 기대하지 말라.

학생들은 배우는 중이다. 그들이 하는 모든 것은 다음을 위한 연습이다. 인내심을 가지고 그들의 노력을 지켜보라.

제2계명 해답을 주지 말라.

어린이들이 탐구와 발견을 통해 배우게 하라. 사고를 자극하는 질문과 도움이 되는 자료로 그들을 탐구로 인도하라.

제3계명 공과만 가르치지 말라.

학습자를 가르치라. 중요한 관계를 형성하는 데 시간을 들이라. 학습자의 즉각적인 필요에 집중하라. 하나님께서 특별한 필요를 채우기 위해 공과 계획을 변경하도록 이끄신다고 느낄 때에는 그분의 인도하심대로 진행하라!

제4계명 둔해지지 말라.

어린이들이 어른의 축소판은 아니지만 어른을 존중하듯 어린이들을 존중할 필요가 있다. "…하겠어요?"와 "감사해요"라는 말을 자주 사용하라. 당신이 어린이들에게서 기대하는 행동의 본을 어린이들에게 보여주라. 그들의 육체적 필요를 만족시키기 위해 고안된 학습 설비를 제공하라.

제5계명 그릇된 행동을 용납하지 말라.

명확하고 연령대에 맞는 규율을 제공하라. 수긍할 수 있는 징계를 베풀라. 벌을 주기 위함이 아니라 훈련하기 위한 훈육을 하라. 훈육이 학습자들로 하여금 절제를 하도록 하라. 그것이 바로 핵심이다!

제6계명 실망시키지 말라.

교사가 내뱉은 부주의하고 비판적인 말은 여린 마음에 상처를 줄 수 있다. 잘못된 행동에 대하여 어린이의 인격을 무시하지 않으면서도 바로잡아줄 수 있는 방법을 개발하라. 어린이들의 노력과 능력을 비교하지 말라. 각 어린이의 장점을 칭찬하고 진보를 인식하라.

제7계명 지루하게 만들지 말라.

공과 계획에 다양성을 추가하라. 미술, 드라마, 음악, 인형극, 퍼즐 및 게임을 사용하라(공과 계획에 포함된 모든 것이 하나님의 말씀에 대한 교수 목표와 부합해야 함을 잊지 말라). 학습자들의 집중된 관심이 흩어질 정도로 프로그램을 질질 끌지 말라.

제8계명 준비 안 된 모습으로 서지 말라.

공과를 연구하라. 교수 목표를 알고 가르침에 임하라. 자료를 준비하라. 허겁지겁 학급에 나타나 교사용 공과를 읽어나가는 것은 "난 신경 안써!"라는 말을 큰 소리로 외치는 것과 같다. 당신이 도착했을 때 한 어린이라도 학급에 와 있다면 당신은 이미 늦은 것이다.

제9계명 불평하지 말라.

어린이들은 하나님과 교회를 향한 일생의 태도를 배우는 시기에 있다. 만약 가르침에 대한 당신의 태도가 무거운 짐을 진 수고자와 같다면 차라리 어린이들이 쓸 연필을 다듬어 주는 것이 더 나을 것이다. 불평하는 마음으로 가르치지 말라. 가르침은 기쁨이 되어야 한다.

제10계명 성장을 멈추지 말라.

어린이 사역의 지도자들은 흔히 다재다능한 사람이기 때문에 교회에서 많은 일들을 맡아 동분서주하느라 성경공부, 예배 및 다른 사람들과의 교제를 위한 시간을 내기 어려운 경우가 있다. 개인적인 성장은 필수적이다. 최고의 교사는 잘 배우는 교사이다.

1. 교재 구성에 관하여

이 교재는 단순히 교사들이 지식을 습득하게 하는 데만 목적을 두지 않았다.

본 교재의 교수법은 리처즈(Richards, 1970)의 "Hook, Book, Look, Took" 접근법을 사용하였다. 그 이유는 성경의 가르침이 결코 추상적인 것으로 끝나는 것이 아니라 우리의 삶 가운데 적용하고 행동하기 위한 것에 그 목적을 두었기 때문이다.

아무리 운동력 있고 살아 있는 하나님의 말씀이라 해도 내 삶에 적용하지 않고 그 말씀을 따르지 않는다면 아무런 소용이 없다.

우리가 아이들을 가르치는 것도 하나님의 예언된 말씀을 어떻게 삶 속에 적용시키며, 말씀대로 살아가게 하느냐가 그 중요한 목적이 된다.

리처즈의 "Hook, Book, Look, Took" 접근법은 다음과 같이 구성된다(우측 그림 참고).

첫 번째, 'Hook'은 '주의 끌기' 단계로, 학습자들이 흥미를 갖고 학습 주제에 초점을 맞추도록 돕는다. 즉, 출발점을 학습자와 함께 하는 것이다.

두 번째, 'Book'은 '주제 연구'로서, 이 단계에서는 중요한 주제를 연구하고 설명한다. 물론 그 근거는 성경이다.

세 번째, 'Look'은 '적용점 살피기' 단계로, 주제의 적용을 폭넓게 탐구한다. 이 메시지가 현재에 주는 의미가 무엇인지 찾는 단계이다.

네 번째, 'Took'은 '실천사항 찾기'의 단계로, 학습 주제를 개인적으로 적용하고 무엇을 해야 하는지 행동을 배우는 단계이다. 지금의 내용을 그림으로 표현하면 다음과 같이 표현될 수 있다.

〈학습의 이동 그림〉

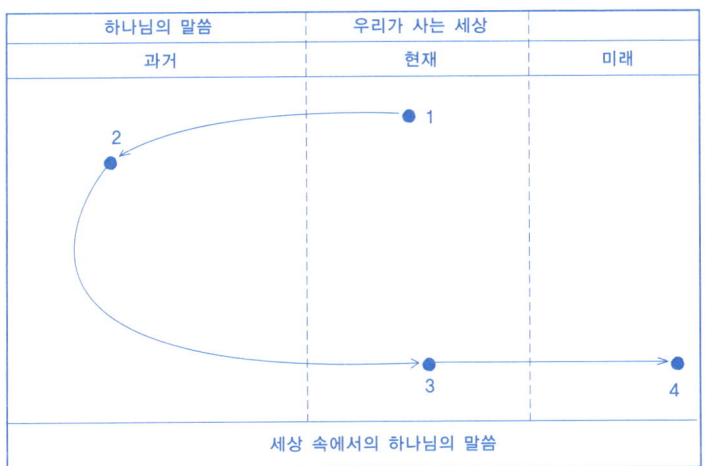

1. 주의 끌기(Hook): 일반적 주제
2. 주제 연구(Book): 적절한 성경 말씀
3. 적용점 살피기(Look): 가능한 전략들
4. 실천사항 찾기(Took): 개인적인 실천사항들

2. 교재의 활용법

이 교재의 교육 시간은 한 과에 약 90분을 기준으로 하였다.
한 번에 90분씩 시간을 내기 힘든 교회에서는 40~50분씩 나누어 2번(7과 14주)에 나누어 사용해도 좋겠다. 시간 분배는 아래 〈교재 활용〉 표를 참고하기 바란다.

〈교재 활용〉

	내용 소요 시간
Hook 주의 끌기	인사 및 과제 점검, 나눔(10분)
Book 주제 연구	성경을 함께 읽고 공부(25분)
Look 적용점 살피기	성경의 내용을 바탕으로 적용점을 찾아내고 충분히 나눔(25분)
Took 실천사항 찾기	배운 것 중 삶 가운데 실천할 내용을 찾고 기도문을 작성한 뒤 함께 기도회 시간을 갖는다(30분)

교사용 교재에는 아래와 같이 다양한 자료와 활용 팁이 수록되어 있다.

 **Hook** 주의 끌기

지도자가 교재를 사용하고 교사 교육을 인도함에 있어서 도움이 될 만한 자료를 수록하였다. 지도자의 효과적인 인도를 위한 도움말이다.

 문제 설명

필요에 따라 본문의 배경에 대한 설명을 수록함으로 이해를 돕고 있다. 주어진 문제를 성경적으로 풀고 설명하는 데 효과적이고, 문제에 대한 이해에 도움이 되는 해설이다.

교육 자료

각 과의 주제와 연관된 특강 자료를 수록하였으며 교육 자료의 주제에 맞게 적용점을 찾고 주제를 나누기 위한 자료로 사용할 수 있게 하였다.

주일학교 교사 바로 세우기 1

− 지도자 가이드북 −

교사의 본질

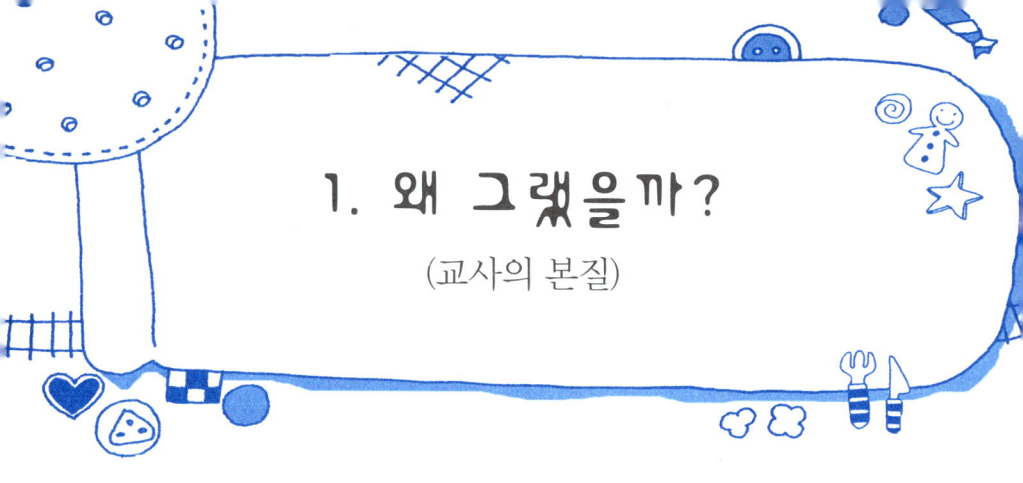

1. 왜 그랬을까?
(교사의 본질)

 **주의 끌기**

'기억의 집'이라고도 불리는 예루살렘의 야드 바쉠 박물관은 유대인 학살 기념관입니다. 그 기념관 밖 동산에는 의미 있는 동상 하나가 있습니다. 어린 학생들을 끌어안고 있는 선생님의 동상입니다.

독일 나치가 폴란드에 사는 유대인들을 학살하기 위해 한 유대인 학교를 급습해 학생들을 트럭에 태우기 시작했습니다. 그러자 그 학교 선생님 가운데 한 분이 떨고 있는 학생들을 양팔로 감싼 채 같이 트럭에 올랐습니다. 그리고 아이들과 함께 수용소로 끌려가 가스실에서 아이들을 꼭 끌어안고 함께 죽어 갔습니다. 사실 그는 폴란드인이었습니다. 따라서 독일인의 표적이 아니었습니다. 그럼에도 그는 선생님으로서 어린 제자들을 지키려 했던 것입니다.

▶ 위의 선생님이 왜 그와 같은 행동을 했다고 생각하십니까?
   함께 그 이유에 대하여 생각해 보고 나누어보세요!

• 주제 연구 가이드

'Hook(주의 끌기)'을 진행할 때 혼자서만 많은 이야기를 하지 않도록 시간 분배에 신경을 써야 합니다. 또한 침묵으로 일관하는 교사에게 가벼운 질문을 던지는 것도 필요합니다.

 문제 설명

자신은 죽지 않아도 되지만 죽음의 자리까지 함께 간 이유는 교사로서 책임을 다하기 위해서였습니다. 그는 그 아이들의 선생님이었기 때문입니다. 내가 만약 이 선생님이었다면 어떻게 했을까요? 이와 같이 행동하기 위해서는, '내가 왜 교사가 되었으며(소명), 무엇을 위하여 세움 받았는지(사명)' 알아야 합니다.

• 주제 연구 가이드

주일학교 성장은 교사에게 달려 있다고 해도 과언이 아닙니다. 주일학교를 성장시키려면 먼저 교사의 사명감을 일깨워야 합니다.

주일학교의 가장 핵심적인 사역자는 교사입니다. 그러므로 교사는 먼저 자신이 누구이며, 무엇을 위하여 세움을 받았는지 교사의 소명과 사명에 대하여 깨달아야 합니다.

★ 읽을 말씀

1) 에베소서 4:11~12

11 그가 어떤 사람은 사도로, 어떤 사람은 선지자로, 어떤 사람은 복음 전하는 자로, 어떤 사람은 목사와 교사로 삼으셨으니 12 이는 성도를 온전하게 하여 봉사의 일을 하게 하며 그리스도의 몸을 세우려 하심이라

2) 요한복음 21:14~17

14 이것은 예수께서 죽은 자 가운데서 살아나신 후에 세 번째로 제자들에게 나타나신 것이라 15 그들이 조반 먹은 후에 예수께서 시몬 베드로에게 이르시되 요한의 아들 시몬아 네가 이 사람들보다 나를 더 사랑하느냐 하시니 이르되 주님 그러하나이다 내가 주님을 사랑하는 줄 주님께서 아시나이다 이르시되 내 어린양을 먹이라 하시고 16 또 두 번째 이르시되 요한의 아들 시몬아 네가 나를 사랑하느냐 하시니 이르되 주님 그러하나이다 내가 주님을 사랑하는 줄 주님께서 아시나이다 이르시되 내 양을 치라 하시고 17 세 번째 이르시되 요한의 아들 시몬아 네가 나를 사랑하느냐 하시니 주께서 세 번째 네가 나를 사랑하느냐 하시므로 베드로가 근심하여 이르되 주님 모든 것을 아시오매 내가 주님을 사랑하는 줄을 주님께서 아시나이다 예수께서 이르시되 내 양을 먹이라

1. 본문에 근거하여 볼 때, 교사는 누가 세우셨습니까?(엡 4:11~12)
   정답 : 그가 – 하나님

문제 설명

11절 서두에 '그가'라는 표현이 나옵니다. 여기서 '그'는 6절에서 소개되는 만유의 주시며 만유 위에 계시고 만유를 통일하시고 만유 가운데 계신 하나님 아버지입니다. 즉, 나를 교사로 세우신 분은 목사님이나 전도사님이 아니라, 바로 하나님이십니다. 나는 하나님으로부터 임명받은 위대한 교사입니다. 그러므로 자부심을 가져야 합니다.

2. 에베소서 4:11~12을 통하여 바울은 에베소교회에게 하나님이 여러 직분(사도, 선지자, 목사, 교사)을 주신 이유가 있다고 말합니다. 그 이유는 무엇입니까?

   정답 : 그리스도의 몸을 세우게 하려 함

 문제 설명

그리스도의 몸을 세우게 한다는 의미는 교회를 세운다는 것을 의미합니다. 교회를 세운다는 것은 하나님의 선하신 뜻 가운데, 성령님의 인도하심에 따라, 그리스도와 함께 지어져 가는 것입니다. 그리고 교회는 건물이 아닌 그리스도를 구주로 영접한 공동체를 의미합니다.

사도
보낸 사람의 임무를 수행하기 위해 위임받은 사신을 말한다.
신약에서는 그리스도의 뜻을 선포하고 전파하도록 특별한 방식으로 위임받은 그리스도의 대리인들에게 사용된다.

선지자
하나님의 대변인으로서 선지자의 역할은 하나님의 뜻을 하나님의 백성에게 선포하는 것이었다. 주로 이스라엘의 죄를 지적하고 회개를 촉구했다.

복음 전하는 자 예수 그리스도의 복음을 선포하는 자

목사
구약에서 감독관에게 사용되었던 말(렘 23:24)로, 신약에서는 지역 회중의 감독과 동일한 존재, 또는 '장로'로 표현되었다. 하나님의 메시지를 선포함으로써 하나님의 백성을 목양하도록 부르심을 받은 사람이다.

교사 성경과 예수님에 대한 전승을 해설하는 사람

이들 모두 성도를 온전하게 하기 위해 세워졌으며, 동격으로 사용되었다.

3. 요한복음 21:14~17의 내용은 예수님께서 부활하신 후 승천하시기에 앞서 제자 베드로를 만나신 이야기입니다. 예수님께서 시몬(베드로)에게 세 번이나 하신 질문은 무엇이며, 그에 대한 베드로의 대답은 무엇이었습니까?

   1) 예수님의 질문
      정답 : 네가 나를 사랑하느냐?

   2) 베드로의 대답
      정답 : 주님께서 아십니다.

4. 베드로의 대답을 들으신 후 예수님께서 명하신 일은 무엇입니까?
   정답 : 내 양을 먹이라

 문제 설명

　예수님을 절대 부인하지 않겠다고 했지만 부인하는 것을 넘어 저주까지 했던 베드로에게 예수님은 다가와 물으십니다. 그 질문은 단순했지만 예수님과 베드로 사이에 깨어진 관계를 회복하는 데 충분했습니다. 예수님은 베드로의 대답을 들으신 후 그에게 사역을 맡기셨습니다. 그 사역은 예수님의 양을 돌보는 것이었습니다. 즉, 교회학교 교사는 주님의 양을 먹이고 돌보아야 하기 때문에 먼저 그 주인이신 예수님을 사랑하는 사람이어야 합니다. 나는 예수님을 얼마나 사랑하고 있는지 생각해 봐야 합니다.

5. 예수님께서는 오늘 이 시간에도 여러분에게 "내 양을 먹이라, 치라"고 말씀하십니다. 여러분은 이 명령을 어떻게 적용하겠습니까? 구체적으로 적어보고 서로 나누어봅시다.

Look 적용점 살피기

• **주제 연구 가이드**

성경을 통해 배운 내용을 나의 삶 가운데 확장시켜 적용점을 깨닫고 끌어내기 위한 시간입니다. 그러므로 다른 사람과 많은 것을 나누는 시간을 좀 더 풍성하게 갖도록 하는 것이 좋습니다. 이때, 지도자는 질문을 한 후 학습자가 이야기할 수 있도록 충분한 시간을 주어야 합니다. 모두 인내하며 기다려 주어야 합니다. 서로를 판단하는 시간이기보다는 서로를 이해하고, 서로를 통해 배우고 나누는 시간이 될 때, 풍성한 은혜의 시간이 될 것입니다.

1. 나는 어떻게 교사가 되었다고 생각합니까?

2. 내가 주님을 얼마나 사랑하는지 그림이나 글, 또는 찬양 등을 통해 표현해봅시다.

문제 설명

자신의 믿음을 표현하는 것은 매우 중요합니다. 참고로 자신과 예수님의 관계, 사랑을 그림으로 그리고 서로 나누게 하면 재미있고 참신한 나눔이 될 수 있습니다. 한 예로 자동차 그림에 핸들을 크게 그려 넣은 그림을 그린 사람이 있습니다. 이 사람은 "자동차는 나이고 핸들은 주님이십니다. 주님이 움직이는 대로 나는 움직입니다."라고 표현했습니다. 또는 꽃을 그리고 그 옆에 벌을 그려 넣었습니다. 그리고 "주님은 꽃입니다. 나는 주님의 꽃에서 나는 꽃향기와 꽃가루를 퍼뜨리는 주님의 종입니다."라고 고백하기도 했습니다. 한번 활용해보세요.

3. "내 양을 먹이라"는 예수님의 말씀으로 볼 때, 주님과 교사, 그리고 학생 간의 올바른 관계는 어떠해야 합니까?(히 13:20~21 참고)

 **Took** 실천사항 찾기

한 주간 동안 실천할 수 있는 구체적인 내용을 3가지씩 적어보고 그 결과를 점검해봅시다.

	실천할 내용 (구체적으로 기록하세요)	점검 (10기준)	느낌 및 다짐
1			
2			
3			

• 주제 연구 가이드

자발적으로 실천 가능한 적용점을 스스로 적게 하고 이것을 다음 모임 때 체크하면 학습의 효과를 극대화시키는 데 도움이 됩니다. 또한 한 주간 점검한 내용을 기준으로 느낌 및 다짐을 기록하게 함으로써 학습이 지속적으로 유지되게 도울 수 있습니다.

기도하겠습니다.

오늘 나눔을 통하여 깨달은 점을 생각하며 기도문을 작성해보세요.

기도의 내용을 적는 것은 기도가 어느 한 쪽으로 치우지지 않게 도와줍니다. 그리고 기도의 흔적은 시간이 지난 후 하나님이 그 기도에 어떻게 응답하셨는지, 하나님의 은혜에 반응할 수 있는 좋은 자료가 됩니다. 그러므로 지도자가 기도노트를 잘 체크하고 그에 따른 적절한 조언을 해 준다면 모두가 성장하는 데 큰 도움이 될 것입니다.

> ♡ 교사를 위한 잠언 ♡
>
> 주일학교 교사는 벌거벗은 산에 묘목을 심는 산 아저씨와 같다. 그들이 이름도 없이 빛도 없이 어린 영혼을 섬기는 이유는 두 가지이다. 하나는 하나님의 남다른 사랑을 받았기 때문이고, 다른 하나는 남이 모르는 꿈이 있기 때문이다.

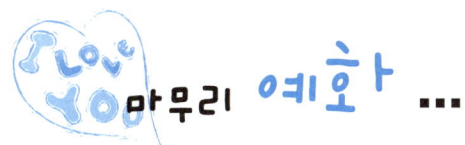

비전의 사람

인디안 아파치족 추장이 믿음직한 세 사람을 뽑아 후계자를 위한 시험을 했습니다. 추장은 세 사람에게 산에서 물건을 가져오라고 지시했습니다. 한 사람은 돌멩이를, 한 사람은 희귀한 풀을, 한 사람은 빈손으로 왔습니다. 추장이 마지막 사람에게 물었습니다.

"너는 왜 빈손으로 왔느냐?"

그러자 그가 대답했습니다.

"제가 산에서 바라보니 동네가 보이고, 옥토가 보이고, 강이 보였습니다. 그곳을 점령해야 하는데 너무 넓어 가져올 수가 없어서 그냥 내려왔습니다. 이제 그곳을 점령하려 합니다."

이상이 있는 사람, 꿈(dream)이 있는 사람, 해야 할 일이 있는 사람이 되시기 바랍니다. 그 사람이 바로 비전(vision)의 사람입니다.

교육 자료 1

이 부분은 필요할 때 특강 강의안으로 사용 가능합니다.
'Book' 또는 'Look' 전·후 부분을 나눌 때 참고하면 좋습니다.

주일학교 교사의 정체성

1. 교사는 영향력 있는 지도자입니다.

자신에게 가장 큰 영향을 끼친 사람을 들라고 하면 일반적으로 선생님을 떠올리는 사람들이 많습니다. 부정적이든 긍정적이든 교사는 학생들에게 지대한 영향을 미치고 있습니다. 특별히 영적인 문제를 다루는 주일학교 교사들의 영향력은 더 클 수밖에 없습니다. 교사는 자신의 말과 행동과 신앙과 습관까지도 영향력이 있다는 것을 늘 기억해야 합니다. 교사는 지도자요, 지도자는 영향을 미치는 사람입니다.

2. 교사는 제자를 삼는 사람입니다.

교사는 '모든 족속으로 제자를 삼으라(마 28:17~19)'는 예수님의 지상명령에 순종하는 사람입니다. 구원받은 사람들을 양육하여 예수 그리스도의 제자로 세워 영적 재생산의 주인공으로 만드는 것이 교사의 사명입니다.

3. 교사는 양 떼를 책임지는 사람입니다.

예수님은 베드로에게 '내 양을 먹이라, 내 양을 치라'고 주님의 양 떼를 위임하셨습니다. 양을 먹이고 돌본다는 것은 양에게 양식(말씀)을 공급할 뿐 아니라, 안전하게 보호하는 것도 의미합니다. 선한 목자(요 10:11)는 자신에게 맡겨진 양들을 위해 자신의 목숨을 버릴 수 있을 정도로 사명감과 책임의식이 있어야 합니다.

어떤 학자들은, '목자'라는 단어는 오직 주님에게만 합당한 단어이고 우리는 다 같은 양이라고 말합니다. 그래서 목자가 아니라 단지 앞서 가는 양일 뿐이라고 주장합니다. 이와 같은 논의 때문에 의도적으로 '목자'라는 용어를 피하고 '양 떼를 책임지는 사람'이라고 표현했습니다.

4. 교사는 섬기는 자입니다.

그리스도인의 리더십은 섬김을 통해 발휘됩니다(눅 22:27). '섬긴다'는 것은 그 사람의 필요를 채우는 것을 말합니다. 그러므로 교사는 학생들의 영적인 필요, 정서적인 필요, 더 나아가 생활의 필요에도 관심을 가질 수 있어야 합니다.

5. 교사는 영원한 학생입니다.

효과적으로 가르치기 위해서는 계속해서 배워야 합니다. 교육의 수준은 교사의 수준을 능가할 수 없습니다. 그러므로 교사는 계속해서 성장해야 합니다. 하나님의 말씀은 물론, 학생들의 문화와 생활 양식에 대해서도 계속해서 공부하고 연구하려는 자세가 필요합니다.

2. 흐르는 물과 고인 물
(교사의 자기계발)

미국 달라스 신학교의 교수이자 세계적인 교육학자인 하워드 헨드릭스(Howard Hendricks)는 강의할 때 자신에게 큰 영향을 준 노(老)교수님 이야기를 하곤 했습니다.

헨드릭스 박사는 그 교수님 집 앞을 지날 때가 많았는데 교수님 방의 등불이 꺼진 적이 없었으며, 밤이나 낮이나 책에 몰두하는 모습이 불빛에 비쳤다고 합니다. 하루는 헨드릭스가 그분에게 물었습니다. "교수님, 어떻게 그처럼 항상 공부를 하실 수 있습니까? 잠시도 멈추시는 것을 보지 못했습니다."

그 교수님은 이렇게 대답하였습니다.

"나는 내 학생들에게 고인 웅덩이 물이 아니라 흐르는 시냇물, 솟아나는 샘물을 마시게 해주고 싶다네."

▶ 여러분은 여러분의 양 무리가 어떤 물을 마시길 원합니까?
  나는 고인 물입니까 아니면 흐르는 시냇물입니까?

• 주제 연구 가이드

나눔의 시간은 모두가 함께하는 시간입니다. 그러므로 한 사람이 주도하지 않도록 주의해야 합니다. 또한 정답 맞추기 식의 나눔은 피해야 합니다. 나눔은 주관적인 것이지 객관적인 것이 아닙니다. 서로의 생각과 말을 존중하는 훈련의 시간을 많이 가져야 합니다.

 문제 설명

운전면허증도 시간이 지나면 갱신을 위해 필요한 검사를 받습니다. 발부된 면허증에 대한 점검입니다. 또한 일반 학교 교사는 중간에 많은 연수를 받습니다. 이는 급격히 변화하는 세상에 대응하여 맡겨진 아이들을 최선을 다하여 교육하기 위함입니다. 세상 자격증도 이와 같을진대, 영혼을 책임지는 교사는 더 말할 것도 없습니다. 참된 진리와 영생을 맡은 자로서 교사는 그 막중한 책임을 가지고 자신을 계발하는 데 최선을 다해야 합니다.

다음 질문을 통해 간단히 자신을 점검해 볼 수 있습니다.

1) 나는 공과 공부를 위해 한 주 동안 몇 시간을 사용하는가?

2) 나는 공과를 어느 정도 준비하는가?

3) 나는 학생들에게 가르친 내용을 생활에서 얼마나 실천하는가?

 **Book** 주제 연구

> ★읽을 말씀
>
> **베드로전서 5:2~4**
>
> ²너희 중에 있는 하나님의 양 무리를 치되 억지로 하지 말고 하나님의 뜻을 따라 자원함으로 하며 더러운 이득을 위하여 하지 말고 기꺼이 하며 ³맡은 자들에게 주장하는 자세를 하지 말고 양 무리의 본이 되라 ⁴그리하면 목자장이 나타나실 때에 시들지 아니하는 영광의 관을 얻으리라

1. "너희 중에 있는 하나님의 양 무리를 치되"(2절)는 무슨 의미라고 생각합니까?

   정답 : 하나님께서 나를 교사로 세우시고 어린이들을 가르치게 하셨다.

2. 성경은 우리에게 맡겨진 양들(학생)이 실제로는 누구의 양이라고 말하고 있습니까?(2절 상반절)

   정답: 하나님의 양

문제 설명

하나님께서는 나를 교사로 세우셔서 어린이들을 가르치고 돌보게 하셨습니다. 나에게 맡겨진 어린이는 나의 마음대로 할 수 있는 대상이 아니라 하나님의 양이기 때문에 하나님의 뜻대로 하나님의 말씀을 올바로 가르쳐야 합니다.

• **주제 연구 가이드**

하나님의 것을 맡은 청지기로서 나의 자세는 어떠해야 합니까? 연관해서 생각해 보면 좋을 것입니다.

3. 목자가 양을 돌봄에 있어 <u>**버려야 할 자세(2가지)**</u>와 <u>**취하여야 할 자세(2가지)**</u>는 각각 무엇입니까?(2절 하반절)

   1) 버려야 할 자세
      ① 억지로 함 ② 더러운 이득

문제 설명

'억지로 함'과 '더러운 이득'이란 주인이신 하나님의 뜻이 아닌 자신의 뜻대로, 하나님의 마음이 아니라 자신의 마음대로 하는 것을 말합니다. 하나님의 것으로 자신의 이익과 자신의 영광을 위해 사용하는 모든 것을 의미합니다.

혹시 나는 다른 이들에게 칭찬을 듣기 위해 교사의 직분을 감당하고 있지는 않은지 생각해 봐야 할 것입니다. 하나님께 예배하는 행위도 그 목적이 하나님의 영광이 아닌 다른 목적이 먼저 앞선다면, 예배의 행위는 선이 아닌 억지로 하는 것이 됩니다.

2) 취하여야 할 자세

① 자원함 ② 즐거움

문제 설명

주님은 교사의 직분을 '자원함'과 '즐거움'으로 하라고 명하셨습니다. 예를 들어 주일이 다가오면 잠이 안 오고 마음이 무거워진다면, 이는 하나님이 원하시는 마음이 아닌 것입니다. 기쁨과 감사함으로 주일이 빨리 오기를 기다려야 합니다. 그러기 위해서는 어떻게 해야 할까요?

첫 번째, 하나님과의 관계를 바로 해야 합니다. 교사 직분의 중요한 근거는 주님과의 관계이기 때문입니다(예수님과 베드로). 주일이 부담으로 다가온다는 것은 나와 주님과의 관계에 이상이 생겼다는 표시로 받아들여도 될 것입니다. 두 번째, 양의 참된 주인이신 주님에 대해 알아야 합니다. 주님에 대해 안다는 것은 주인이 양을 통하여 무엇을 어떻게 할지 관심을 가져야 한다는 의미입니다. 세 번째, 죄악 가운데 있던 나를 사랑하여 주시고 은혜 가운데 구원하신 하나님의 은혜를 기억해야 합니다. 말을 듣지 않는 어린이를 생각할 때나 짜증이 날 때, 나를 위해 십자가를 지고 가신 주님의 고통과 인내와 한없는 사랑을 생각한다면, 자원하여 헌신하려는 마음과 즐거움이 생길 수밖에 없습니다.

4. 성경은 교회학교 교사가 힘써야 할 가장 훌륭한 양육법이 무엇이라고 소개하고 있습니까?(3절)

정답 : 본이 되는 것

문제 설명

교육 과정 중 '잠재적 교육 과정'이라는 것이 있습니다. 이는 계획된 교수 학습에 의해 배우는 것이 아니라 무의식, 또는 공동체의 분위기를 통해 자연스럽게 학습하게 되는 모든 것을 의미합니다.

예를 들어, 그 학교만의 학풍이나 그 교회만의 신앙 분위기, 또는 그 가정만의 분위기 등을 말합니다. 흔히 거짓말을 잘하는 부모 밑에 있는 자녀는 누가 거짓말을 가르쳐 주지 않아도 자연스럽게 거짓말을 배우고 합니다. 그러므로 아무리 교사가 계획된 교수 학습에 의해 예배의 소중함을 가르친다 할지라도 교사가 예배 시간을 지키지 않는다면, 학습자는 예배의 소중함을 배울 수 없습니다.

5. 어린이들에게 올바른 신앙의 본이 되는 삶을 살 때, 그 결과 자신에게는 어떠한 상급이 주어집니까?(4절)

   정답 : 목자장이 나타나실 때 시들지 아니하는 영광의 관을 주심

 문제 설명

지금은 장난감, 먹는 것, 노는 것이 제일 좋다고 하는 철없는 아이들이지만 하나님 앞에서는 이들이 우리의 면류관이요, 증인이 될 것입니다. 하나님 앞에서 '착하고 충성된 종'이라고 칭찬받는 그날'을 그리며 끝까지 최선을 다하는 교사가 됩시다.

• 주제 연구 가이드

이 시간에는 교사들에게 위로와 소망의 말을 많이 해 주는 것이 좋습니다. 또는 이와 관련된 찬양을 부르며 서로를 축복해 주는 것도 의미가 있습니다. 너무 정형화된 틀에 매이지 말고 필요에 따라 자유롭게 진행하는 것도 좋습니다.

Look 적용점 살피기

1. 교사로 봉사할 때 나를 가장 힘들게 하는 것은 무엇입니까?

• **주제 연구 가이드**

(서울에서 사역하고 있는 주일학교 교사 200명에게 설문조사한 자료로, 「교육교회」 별책부록 '교사클릭' 창간호에 실렸던 내용을 참고한 것입니다.)

1. 나는 이럴 때 감격한다 BEST 5
① 학생들의 신앙이 성장했음을 느낄 때
② 학생들이 교사에게 진하게 애정 표현할 때
③ 변화된 학생의 모습을 발견할 때
④ 학생들을 위한 기도가 응답될 때
⑤ 순수한 학생들의 모습을 발견할 때

2. 나는 이럴 때 맥빠진다 BEST 5
① 나 스스로 교사로서의 부족함을 느낄 때
② 맥빠질 때 없다.
③ 몸이 열 개라도 부족할 정도로 시간이 없을 때
④ 신앙의 어려움을 겪을 때
⑤ 교회학교 환경이 바뀌지 않을 때

3. 이런 교사는 꼴불견 BEST 5
① 교사인지 아닌지 자질이 부족한 교사
② 빈둥빈둥 아무 준비도 없는 불성실한 교사
③ 드문드문 빠진 이 마냥 주일성수 잘 안하는 교사
④ 쫑알쫑알 사사건건 말 많은 교사
⑤ 학생이 오든지 말든지 무관심한 교사

2. 제일 좋은 가르침은 본을 보이는 것입니다. 나의 가르침과 삶은 얼마나 일치하고 있습니까?

문제 설명

가르침의 본을 보이기 위한 몇 가지 실제적인 적용점을 살펴봅시다.

언제나 지각대장

예배뿐 아니라 모든 약속 시간을 지키려고 노력하고, 예배 시작 전 예배를 준비하는 모습과 함께 20~30분 전 심방 전화를 하라.

예배 시간에 떠드는 모습

내가 먼저 예배의 방청객이 아니라 적극적인 참여자의 모습으로 모든 예배의 순서에 집중하며 참여한다. 또한 내가 먼저 교사들이나 어린이에게 잡담을 하지 않는다.

친구를 때리고 왕따시킬 때

내가 먼저 올바른 사랑의 표현을 어린이들에게 많이 해 준다. 그리고 잘못된 부분이 무엇인지 분명하게 이야기해준다. 모두가 얼마나 소중한 존재인지 인식시켜주고 사랑의 스킨쉽을 많이 해 준다.

성경이 지루하다고 느낄 때

어린이와 함께 성경의 내용을 근거로 만들어진 재미있는 성경 동화나 애니메이션 등을 함께 공유함으로 친근감을 주고, 성경필사나 성경암송, 성경퀴즈, 다양한 게임 형식의 프로그램들을 활용한다. 이때 어느 누구보다 모든 활동에 적극적으로 참여하는 모습을 보여준다.

3. 나는 좋은 교사(항상 시원하고 깨끗하게 흐르는 물)가 되기 위해 어떤 것들을 계발해야 한다고 생각합니까?

 **문제 설명**

교사의 자기계발에서 가장 중요한 것은 영적인 것입니다. 베드로전서 2:2에서는 "갓난아이와 같이 신령한 젖을 사모하라"고 말씀하십니다. 우리는 늘 말씀 안에서 그리스도와 함께 장성한 분량까지 성장해야 합니다.

이는 지속적인 성장을 의미합니다. 이와 같은 영적 성장은 교회학교 교사에게서 가장 중요한 부분입니다. 그리고서 가르침을 위한 기술적인 부분을 채워야 합니다. 교사는 학습자에 대한 이해를 바탕으로 좀 더 효과적으로 가르치기 위한 다양한 기술의 습득을 위해 끊임 없이 노력해야 합니다.

예를 들면, 영적계발은 집을 지을 때 기본 뼈대가 되는 구조와 같습니다. 가르침을 위한 기술은 기본 뼈대를 더 멋지고 효과적으로 보이게 하는 인테리어와 같습니다. 이 두 가지가 잘 조화될 때, 가르침은 극대화될 수 있습니다.

Took 실천사항 찾기

한 주간 동안 실천할 수 있는 구체적인 내용을 3가지씩 적어보고 그 결과를 점검해봅시다.

	실천할 내용 (구체적으로 기록하세요)	점검 (10기준)	느낌 및 다짐
1			
2			
3			

기도하겠습니다.

* 오늘 나눔을 통하여 깨달은 점을 생각하며 기도문을 작성해보세요.

> ♡ 교사를 위한 잠언 ♡
>
> 맡겨주신 양을 위해 아무도 못 말리는 사랑이게 하소서
> 지칠 줄 모르는 부지런이게 하소서
> - 홍정근 목사의 시 중에서

마무리 예화 ...

훈련

하나님께서는 이스라엘 백성을 독수리와 같이 훈련시키신다고 말씀하셨습니다. 독수리는 높은 벼랑에 집을 짓고 알을 낳습니다. 새끼가 날아다니려고 할 때쯤 되면 어미는 둥지를 다 흩어버립니다.

그리고 새끼 독수리가 낭떠러지 밑으로 푸드득거리며 날려고 할 때, 어미는 보고 있다가 새끼가 벼랑으로 떨어지기 직전에 쏜살같이 내려가 새끼를 어깨 위에 얹고서 다시 벼랑 위로 올라갑니다. 그리고는 또 다시 새끼를 내던져서 날게 하고, 떨어지려 하면 어깨에 얹고 올라옵니다.

이렇게 반복해서 시련을 당하게 하고 난관을 극복하게 함으로써 이 작은 독수리를 새들의 왕이 되게 하는 것입니다.

이처럼 독수리가 독수리다워지는 것은 결코 우연히 되는 것이 아닙니다. 우리도 인생에서 승리하기를 원한다면 부단한 훈련을 해야 할 것입니다.

교육 자료 2

이 부분은 필요할 때 특강 강의안으로 사용 가능합니다.
'Book' 또는 'Look' 전·후 부분을 나눌 때 참고하면 좋습니다.

교사의 자기계발

1. 나도 최고의 교사가 될 수 있다.

막상 교사가 되어 학생 앞에 서게 되면 자신이 '교사가 될 자격이 없는 것은 아닌가?' 하는 생각이 들 때도 있습니다. 그러나 그것은 불필요한 걱정에 불과합니다. 왜냐하면 좋은 교사는 태어나는 것이 아니라 훈련으로 되는 것이기 때문입니다.

기본적으로 교사는 영적인 교사이어야 합니다. 교사는 로봇과 다릅니다. 지성과 감성과 의지를 사용하여 주어진 상황에 따라 학생들을 적절하게 가르치는 임무를 지니고 있습니다.

교육을 할 때 지·정·의가 요구되는 이유는 사람으로 자유하게 하는 구체적인 기술을 체득하게 하기 위한 것입니다. 먼저 영성을 계발하기 위하여 기도, 말씀, 경건을 생각해보고, 이것을 바탕으로 상담과 언어에 대해 고려해 봅시다.

또한 교사는 자기계발이 있어야 합니다. 7가지 자기계발을 통해 자신의 교사 됨을 점검해 봅시다.

> **영성의 개념**
>
> 영성이란 하나님을 닮아가고 그를 영화롭게 하며 기쁘게 하려는 성품으로 이해할 수 있다. 하나님을 영화롭게 하는 삶은 하나님을 기쁘게 하는 삶이고, 하나님의 뜻에 순종하는 삶이며, 하나님의 뜻대로 행하는 삶이다. 그러므로 영성은 사람으로 하여금 영적인 것과 육적인 것을 분별할 수 있게 해준다(고전 2:13).

1. 영성의 계발

① 말씀

영성을 교육하기 위해서는 하나님의 말씀이 있어야 합니다. 왜냐하면 하나님의 말씀은 '교육과 책망과 바르게 함과 의로 교육'하여 사람을 '온전하게' 한다고 말하기 때문입니다(딤후 3:16~17). 온전하게 될 때에 하나님과 바른 교제를 맺을 수 있고, 그리스도의 마음을 가질 수 있습니다.

또한 하나님의 말씀은 살았고 운동력이 있어 좌우에 날선 어떤 검보다도 예리하여 혼과 영과 관절과 골수를 찔러 쪼개기까지 하며 마음의 생각과 뜻을 감찰하기 때문입니다(히 4:12). 곧 하나님의 말씀은 우리의 영을 새롭게 하고 우리의 생각을 지도해 줍니다.

② 기도

기도는 하나님과 사람 사이의 대화입니다. 하나님과의 기도는 단순히 지식에 그치거나 입술만의 기도가 아닙니다.

우리가 기도할 때 우리의 영도, 마음도 함께하여야 합니다(고전 14:15). 즉, 기도를 통하여 우리의 영혼은 새로워지고 강건하게 됩니다.

③ 경건

칼빈은 '경건은 존경과 하나님에 대한 사랑의 연합'이라고 이야기 합니다. 일반적으로 경건으로 간주되는 봉사, 절제, 순종 등은 경건의 외적인 표현이지 경건 그 자체는 아닙니다. 그러나 경건생활은 항상 이러한 외적인 열매들을 맺습니다. 우리는 여기서 하나님에 대해 알게 되고 하나님에 대한 사랑의 연합을 이룰 수 있습니다.

2. 상담(학습자와 학부모)의 계발

사랑은 관심입니다. 목자의 사명은 양들을 관심 있게 살피는 일입니다. 상담은 기술의 문제가 아니라 사랑과 진실의 문제입니다. 교사는 학생들을 알아가는 과정 속에서 기쁨과 위로를 얻고 인생의 보람을 느낄 수 있어야 합니다.

3. 언어의 계발

가르침에서 언어의 중요성을 부인할 사람은 아무도 없습니다. 또한 언어는 사람을 죽이기도 하고 살리기도 합니다. 사람에게 힘을 주기도 하고 무기력하게 만들기도 한다. 이와 같이 언어의 영향력은 대단합니다. 그리고 가르침의 중요한 도구가 바로 언어입니다. 특수한 경우를 제외하고는 언어를 사용하여 가르침을 전달하기 때문입니다. 그러므로 언어에 대한 기술을 배우는 것은 매우 중요합니다.

4. 교사(Teacher)의 7가지 중점 계발 사항

① 팀웍(Teamwork)을 계발하십시오.

교사는 지도자입니다. 지도자는 모든 팀원들과 팀웍을 이루어야 합니다. 반을 부흥시키고 좋은 분위기로 이끄는 일은 교사 혼자의 몫이 아닙니다. 학생들을 제자로서, 동시에 하늘나라를 건설하기 위한 팀원으로 볼 수 있는 안목이 있어야 합니다.

② 기대지수(Expectation)를 높이십시오.

누군가를 대하면서 기대와 희망을 갖는다는 것은 아름다운 일입니다. 그러므로 지금 여러분이 맡고 있는 학생들을 향한 기대지수를 높이십시오.

③ 애정(Affection)과 사랑을 표현하십시오.

오늘날 학생들이 애정과 사랑을 느낄 수 있는 시간과 장소가 의외로 부족합니다. 그러므로 여러분이 그리스도의 사랑으로 그들의 기댈 곳이 되어 주어야 합니다.

④ 의사소통(Communication)을 원활히 하십시오.

이른바 'N세대'가 등장하면서 세대 간 의사소통에 어려움을 겪고 있습니다. 그럴 때일수록 그들의 언어를 이해하려는 자세가 필요합니다.

⑤ 겸손(Humility)을 몸에 익히십시오.

겸손은 하나님이 사용하시는 사람임을 나타내는 성품입니다. 지도력의 필수요소이기도 합니다. 학생들은 겸손한 사람에게 반응을 보이며 따르기 마련입니다.

⑥ 격려(Encouragement)하는 법을 배우십시오.

하나님은 낙관주의자를 쓰십니다. 사람도 격려를 해 주는 사람을 좋아하고 따릅니다. 남을 비판하는 사람을 살펴보면 갈수록 주위에 사람이 줄어드는 현상을 발견하게 됩니다.

⑦ 계속해서 배우는(Reading) 교사가 되십시오.

교사는 영원한 학생입니다. 배우지 않으면 성장할 수 없고 성장하지 않으면 리더십을 발휘할 수 없습니다. 공부와 연구는 교사가 수행해야 할 평생의 의무입니다.

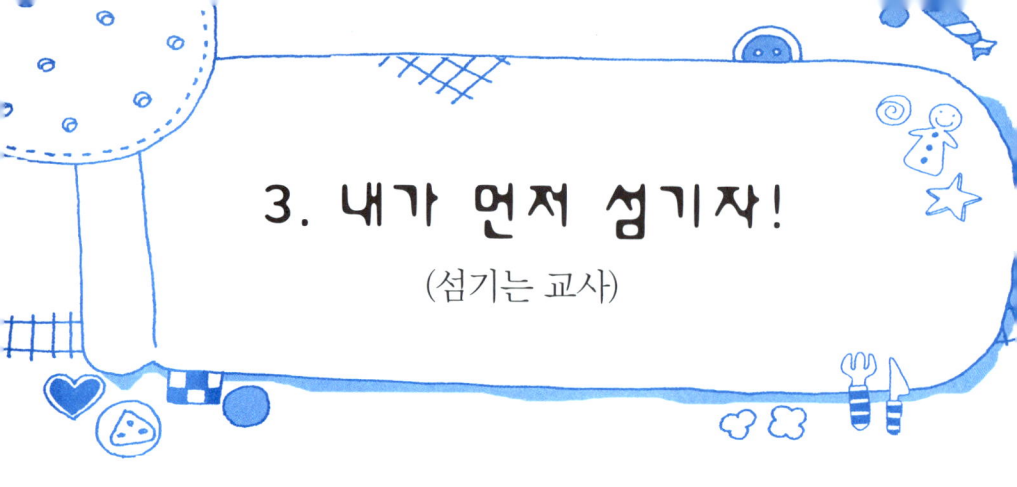

3. 내가 먼저 섬기자!
(섬기는 교사)

 내가 간호학 수업을 듣기 시작한 지 두 달 남짓 되었을 때, 수업시간에 퀴즈 시험을 보게 되었다. 나는 세심한 학생이었는데, 시험지를 대강 훑어보고는 웃음을 짓지 않을 수 없었다. 왜냐하면 마지막 문제가 '우리 학교에서 청소하는 그 여자의 이름은 무엇이냐' 는 것이었기 때문이다. 이것은 틀림없이 학생들에게 웃음을 주는 것이었다.

 나는 청소하는 여자를 여러 번 본 적이 있다. 키가 크고 검은 머리였으며 나이는 50대 정도였던 것 같다. 그러나 내가 그녀의 이름을 어떻게 알 수 있겠는가? 나는 마지막 문제의 답을 쓸 수 없었고, 그 문제는 공란으로 해서 답안지를 제출했다. 수업이 끝나기 전 한 학생이 마지막 문제가 퀴즈 점수에 포함되는지를 물었다.

 그러자 교수님은 당연히 그렇다고 대답하며 이렇게 말했다. "여러분은 앞으로 많은 사람들을 만나게 될 것입니다. 모든 사람은 다 중요한 사람입니다. 단지 여러분들이 할 수 있는 것이 미소를 짓고 인사하는 정도일지라도 그들은 모두 여러분의 관심과 돌봄을 받을 가치가 있는 사람들입니다."

나는 이 교훈을 결코 잊을 수가 없다. 후에 나는 우리 학교에서 청소하는 그 여자분의 이름이 도로시라는 것을 알게 되었다.

예수님께서는 '목자는 양의 이름을 각각 불러내어 인도한다' 고 말씀하신다 (요 10:3). 우리가 다른 사람을 섬긴다고 할 때, 그 사람의 이름을 기억하는 것은 그 사람에 대해 관심이 있음을 증거하는 것이다(Kathy Cooksey).

▶ 예화를 읽고 무엇을 느꼈습니까? 자유롭게 이야기를 나누어봅시다.

• 주제 연구 가이드

'Hook' 부분을 읽을 때, 때로는 목소리 좋은 사람이나 그 이야기의 주제와 관련된 사람이 있다면 그 사람이 학습자들을 대표해서 읽게 하는 것도 좋은 방법 중 하나입니다.

 문제 설명

섬김은 큰 것이 아니라 작은 관심에서부터 시작됩니다. 그리고 그 작은 관심은 그 사람의 이름을 부르는 것에서부터 시작됩니다.

과연 나는 교사로 우리 반 어린이들을 섬기고 있는지 생각하고, 그에 따른 실천적 의미를 깨닫고 행동하게 하는 것이 중요합니다.

Book 주제 연구

★ **읽을 말씀**

마태복음 20:20~28

20그때에 세베대의 아들의 어머니가 그 아들들을 데리고 예수께 와서 절하며 무엇을 구하니 21예수께서 이르시되 무엇을 원하느냐 이르되 나의 이 두 아들을 주의 나라에서 하나는 주의 우편에, 하나는 주의 좌편에 앉게 명하소서 22예수께서 대답하여 이르시되 너희는 너희가 구하는 것을 알지 못하는도다 내가 마시려는 잔을 너희가 마실 수 있느냐 그들이 말하되 할 수 있나이다 23이르시되 너희가 과연 내 잔을 마시려니와 내 좌우편에 앉는 것은 내가 주는 것이 아니라 내 아버지께서 누구를 위하여 예비하셨든지 그들이 얻을 것이니라 24열 제자가 듣고 그 두 형제에 대하여 분히 여기거늘 25예수께서 제자들을 불러다가 이르시되 이방인의 집권자들이 그들을 임의로 주관하고 그 고관들이 그들에게 권세를 부리는 줄을 너희가 알거니와 26너희 중에는 그렇지 않아야 하나니 너희 중에 누구든지 크고자 하는 자는 너희를 섬기는 자가 되고 27너희 중에 누구든지 으뜸이 되고자 하는 자는 너희의 종이 되어야 하리라 28인자가 온 것은 섬김을 받으려 함이 아니라 도리어 섬기려 하고 자기 목숨을 많은 사람의 대속물로 주려 함이니라

1. 여자가 자신의 아들들(세베대의 아들들)을 위하여 예수님께 간구한 것은 무엇이었습니까?(마 20:21)
   정답 : 주의 나라에서 하나는 우편에, 하나는 좌편에 앉게 해 달라.

문제 설명

여기서 세베대의 아들들은 야고보와 요한을 말합니다. 즉, 여기서 등장하는 여자는 야고보와 요한의 어머니입니다. 당시에는 유대와 헬라 문화 양쪽 다 어떤 요청을 하고자 할 때, 남자가 직접 나서서 간청하기보다는 어머니 같은 여성이 간접적으로 부탁하는 것이 더 효과적인 경우가 많았습니다.

2. 여자가 청한 예수님의 우편과 좌편의 자리와 예수님이 생각하시는 좌우편은 차이가 있습니다. 그 차이는 무엇입니까?
 (마 20:22~23,25 참고)
 정답 : 여자는 세상에서 군림하는 권력을 잡는 자리를 말했고
 예수님은 십자가의 고난과 섬김의 자리로 말씀하고 계신다.

문제 설명

야고보와 요한의 어머니가 말하는 우편과 좌편의 자리와 예수님께서 말씀하시는 좌우편 자리는 확연하게 차이를 보이고 있습니다. 이렇게 차이가 나는 이유는 '주의 나라'에 대한 개념 차이에서 오는 것입니다.

이 말은 당시 예수님을 죄로부터의 구원자로 생각하기보다는 로마의 속국에서 정치적, 경제적 해방을 이루어줄 인간적 왕으로 생각했음을 보여줍니다. 그래서 '오병이어'의 사건에서도 군중들은 예수님을 세상 나라의 왕으로 삼으려고 했던 일이 있었습니다. 즉, 예수님이 유대 민족을 로마로부터 구원해 새로운 나라를 세우면 자신의 아들들을 특별히 기억하여 좋은 자리를 달라는 청탁입니다.

그러나 예수님께서는 자신의 우편과 좌편은 하나님이 예비하시고 세우시며(주권적 권한), 그 자리는 예수님의 본을 받는 십자가의 고난의 길이며 섬김의 자리임을 분명하게 말씀하십니다. 이와 같이 나를 교사로 세우신 것은 하나님의 주권적 은혜로 된 것입니다. 그리고 교사의 자리는 예수님을 본받아 십자가의 고난의 길을 가며 섬기는 자리입니다.

3. 이 여자가 예수님께 청한 것을 들은 나머지 열 제자의 반응은 어떠했습니까? 그리고 그러한 반응을 보인 이유는 무엇이라고 생각합니까?(마 20:24)

① 반응 : 분히 여김
② 이유 : 모두가 그 자리를 탐내고 있었기 때문에(높아지고 싶어서)

 문제 설명

다른 열 제자들이 분히 여긴 이유는 자신들도 동일하게 높아지고 싶고, 예수님의 나라에서 좋은 자리에 앉고 싶은 마음이 있었기 때문입니다. 그런데 그 자리를 빼앗기게 되었기 때문에 화가 난 것입니다. 한편으로 "우리 어머니나 아내는 뭐하나? 미리 미리 예수님께 청탁을 넣어야지!"라고 생각했을지도 모릅니다.

• 주제 연구 가이드

제자들이 분히 여긴 이유가 성경에 분명하게 나와 있지는 않습니다. 그러나 글의 문맥을 통하여 충분히 생각해 볼 수 있습니다. 그러므로 그 '이유'에 대한 해답을 다르게 표현할 수도 있습니다. 그러므로 문맥에서 벗어나지만 않으면 어떤 표현도 긍정해주는 것이 좋습니다. 또는 이 부분을 인터뷰하듯이 인도자가 인터뷰 진행자가 되고 학습자가 열 제자가 되어 그 이유를 말하게 하는 것도 흥미를 유발할 수 있습니다.

4. 이 사건에서 예수님의 가르침은 무엇이라고 생각합니까?
(마 20:25~28)

정답 : 섬기라.

 문제 설명

본문에서 '섬김'이라는 개념은 지도자, 리더와 연관하여 생각해야 합니다. 예수님께서 '섬기는 자가 되라'고 말씀하신 이유는 이들이 모두 높아지려고 했기 때문입니다. 즉, 이들은 모두 하나님 나라에서 권위 있는 지도자, 리더가 되고 싶어 했습니다. 이를 아신 예수님께서 세상적인 지도자와 하나님 나라에서의 지도자는 다르다는 것을 분명하게 말씀하고 계신 것입니다. 그리고 그 차이는 바로 '섬김'인 것입니다. 당시 세상에서 집권자(지도자, 리더)는 다른 사람을 자신의 임의대로 마음껏 권세를 부리며, 자신의 발 아래 두어 대접을 받는 자리였습니다(25절).

그러나 하나님의 나라에서 높아지는 자(지도자, 리더)는 반대로 그들을 섬기고 돌보는 사람임을 분명히 하셨습니다. 예수님은 최고의 섬김으로 자신의 목숨을 대속물로 주었다고 말합니다(28절). 참된 섬김은 자기 목숨을 내어주는 것입니다. 그리고 이러한 예수님의 섬김을 본받아 오늘날 우리도 이와 같이 섬기는 자가 되라고 하십니다. 그러므로 오늘날 이 섬김은 바로 우리들의 몫입니다. 어떻게 섬기겠습니까?

Look 적용점 살피기

1. 교사로 봉사하면서 담당 교역자에게 다른 교사들보다 더 인정받고 싶은 마음이나 경험이 있다면 나누어봅시다.

2. 교사(지도자, 리더, 구역장 모두 포함)는 섬기는 자라고 합니다. 나는 현재 어떤 부분에서 얼마나 섬기고 있습니까? 또는 앞으로 어떤 부분을 더 섬기기 원하는지 이야기해 보세요.

3. 예수님이 오신 목적과 내가 교사로 세워진 목적은 어떤 관계가 있는지 나누어보세요.

문제 설명

예수님이 오신 목적은 우리를 죄에서 구원해 주시기 위해서입니다. 이것을 본문에서는 예수님의 '섬김'이라고 표현합니다. 즉, 내가 교사로 세워진 이유도 예수님의 섬김과 같이 목숨을 내어 놓는 헌신과 결단으로 어린 영혼과 그 어린이가 속한 가정을 구원하는 일로 섬기기 위한 것입니다.

 **Took** 실천사항 찾기

한 주간 동안 실천할 수 있는 구체적인 내용을 3가지씩 적어보고 그 결과를 점검해봅시다.

	실천할 내용 (구체적으로 기록하세요)	점검 (10기준)	느낌 및 다짐
1			
2			
3			

기도하겠습니다.

* 오늘 나눔을 통하여 깨달은 점을 생각하며 기도문을 작성해보세요.

♡ 교사를 위한 잠언 ♡

교육의 비결은 학생들을 존중하는 것이다.
— 에머슨

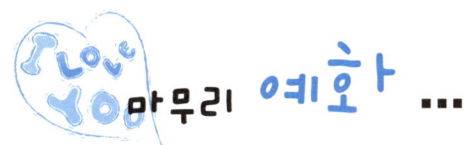

JOY의 참 뜻

우리 삶의 색은 소망의 색깔이 되어야 합니다.
'나는 반드시 승리한다. 잘된다. 성공한다.'
이런 색채를 '조이-컬러(joy-color)' 라고 합니다.
성경은 우리에게 "항상 기뻐하라...범사에 감사하라(살전 5:16)"고 가르칩니다.
기쁨(joy)은
J - Jesus : "예수님을 앞세운 사람"
O - Others : "다른 사람을 위해 일할 수 있는 사람"
Y - You : "당신을 위해 일할 수 있는 사람"을 가리킵니다.
우리는 모든 일에서 예수님이 우선순위여야 합니다. 이런 사람에게 진정한 기쁨이 있습니다.

교육 자료 3

이 부분은 필요할 때 특강 강의안으로 사용 가능합니다.
'Book' 또는 'Look' 전·후 부분을 나눌 때 참고하면 좋습니다.

바울의 지도자론(섬김)

고린도전서 3~4장에서 우리는 바울의 지도자론에 대하여 고찰할 수 있다. 당시 고린도교회의 지도자들은 그리스도 안에서 어린아이와 같고 육신에 속한 자와 같이 시기하고 질투하는 자들이었다. 이런 이들에게 바울은 신앙 공동체 안에서 참된 신앙의 지도자는 어떠해야 하는지 보여주고 있다.

1. 지도자의 자랑 : 예수 그리스도(고전 3:21~23)

세상의 지도자들은 자신이 어느 대학을 나왔는지, 얼마나 유능한 사람인지 스스로 증명하려 애를 쓴다. 그래서 자신의 이력을 좋게 꾸미는 일에 최선을 다한다.

그러나 신앙 공동체 안에서의 지도자는 세상적인 환경(돈, 명예, 권력 등)과 이력의 자랑이 아니라, 오직 내 안에 살아서 역사하시고 나를 구원하신 예수 그리스도만을 자랑해야 한다. 어떤 이들은 예수 그리스도의 이름을 부끄러워하고 그리스도인인 것을 숨기거나 부끄러워하며 회사생활과 학교생활을 한다.

그러나 오직 예수 그리스도의 이름만이 우리의 능력이자 자랑임을 잊어서는 안 된다.

2. 지도자의 자세 : 섬기라(고전 3:22)

당시 고린도교회에서는 지도자들에 따른 당파가 생겨서 아볼라파, 바울파, 게바파 등 서로 나누어 싸우는 일이 있었다.

이런 이들을 향하여 바울은 그들은 모두 너희를 섬기는 자이지 그 이상도 이하도 아니라고 말한다.

즉, 그들은 모두 자신에게 주어진 은사에 따라 심고, 물을 주는 것뿐이지 모든 것을 자라게 하시는 참된 주인은 여호와 하나님임을 분명히 하고 있다. 즉, 지도자는 여러 모양으로 성도(어린이)를 그리스도의 장성한 분량까지 성장하도록 돕는 것뿐이다.

3. 지도자의 정체성 : 하나님, 그리스도의 소유(고전 3:23)

모든 것은 다 하나님의 것임을 깨달아야 한다. 나에게 맡겨진 성도(어린이)들도 역시 하나님의 것이다. 단지 나에게 맡겨진 것뿐이다. 그러므로 지도자는 성도(어린이)를 임의로, 자신의 유익을 위하여 이용해서는 안 된다.

4. 지도자의 태도 : 충성(고전 4:1)

① 그리스도의 일꾼

여기서 '일꾼'의 원어적 표현은 '배 밑에서 노를 젓는 상노예'를 의미한다. 즉, '그리스도의 일꾼'이라는 표현은 내가 그리스도의 명령에만 복종하며 맡은 일에 최선을 다하는 종이라는 뜻이다.

그 일이 힘이 들든지, 죽는 일이든지 그것은 상관없다. 오직 명령에 따라 노를 젓는 것처럼 주의 명령만 따라가는 충성된 자여야 한다.

② 하나님의 비밀을 맡은 자

교회 지도자는 하나님의 비밀을 맡은 자로 그 비밀을 잘 전달해야 하는 자이다. 또한 하나님의 비밀을 맡은 자에게 합당한 삶을 충성되게 살아야 한다.

5. 고린도교회 지도자들과 바울의 비교(고전 4:7~13)

고린도교회 지도자	↔	바울
지혜 있는 자	↔	미련한 자
강한 자	↔	약한 자
존귀한 자	↔	비천한 자

좌측 칸을 얼핏 보면 고린도교회 지도자들은 대단한 것 같고 바울은 별 볼 일 없는 자처럼 보인다. 그러나 그렇지 않다.

고린도교회 지도자들은 세상적인 관점에서 자신들을 내세우고 드러냈지만 바울은 오직 그리스도 안에서 자신을 드러내고 있다. 바울과 같은 그리스도 안에서의 자신에 대한 겸손한 인식이 바로 우리의 모습이 되어야 한다.

결론적으로(고전 4:14~21), 예수님 안에서 자신을 낮추며, 하나님의 성도(어린이)를 섬기는 바울을 본받아 우리도 예수님 안에서 참된 섬김으로 건강하고 든든히 서가는 교회 공동체를 만들어야 한다.

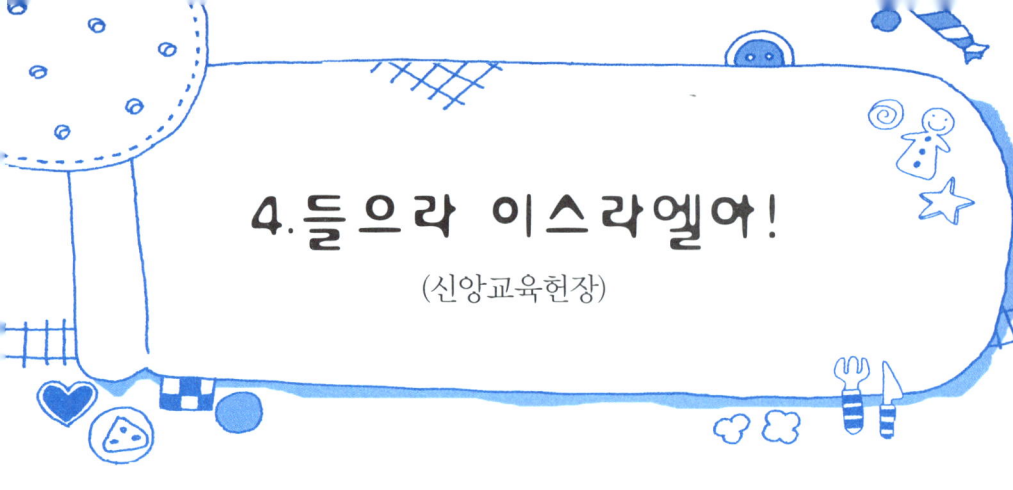

4. 들으라 이스라엘아!
(신앙교육현장)

한 조사기관에서 성도들을 대상으로 "언제부터 교회에 다니게 되었는가?"라는 설문조사를 실시했습니다. 그 결과는 다음과 같았습니다.

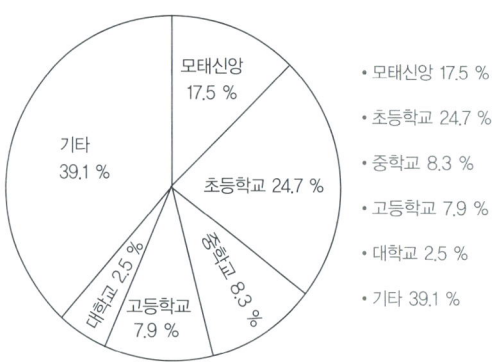

- 모태신앙 17.5 %
- 초등학교 24.7 %
- 중학교 8.3 %
- 고등학교 7.9 %
- 대학교 2.5 %
- 기타 39.1 %

▶ 당신은 이 설문의 결과가 무엇을 의미한다고 생각합니까? 서로의 생각을 나누어보세요!

문제 설명

학습자의 주의를 끌기 위한 작업이므로 지도자는 부담감을 주지 않도록 주의해야 합니다. 좀 더 효과적인 나눔을 위해서 학습자 중 적극적이고 이야기 잘하는 사람을 먼저 시키는 것이 좋습니다.

모태신앙에서 초등학교까지 예수를 믿고 교회에 다니게 된 비율이 무려 42.2%입니다. 여기에 중·고등부 시기까지 합치면 58.4%였습니다. 즉, 우리가 일반적으로 이야기하는 교회학교(영아~중·고등부)의 시기에 교회에 다니게 된 성도가 절반이 넘습니다. 그만큼 중요하다는 의미도 됩니다. 지금 내가 서 있는 자리는 그만큼 중요한 자리라고 볼 수 있습니다.

Book 주제 연구

• 주제 연구 가이드

교회 교육의 중요성에 대해 성경에서 언급하고 있는 내용들을 통해 확인하는 시간입니다. 먼저 성경 본문을 읽고 함께 문제를 풀어 가십시오. 또는 집에서 예습하게 해서 시간을 절약하고 적극적인 참여를 유도할 수도 있습니다.

• 주제 연구 가이드

하나님은 가나안 땅을 향해 가는 이스라엘 백성들을 광야에서 준비시키십니다. 광야는 애굽에서의 종 된 습성, 우상숭배, 불평, 불만의 모든 체질을 바꾸는 신앙 교육의 학교였습니다. '쉐마'는 '들으라'는 뜻입니다. 즉, 하나님께서 이스라엘 백성들을 어떻게 체질 개선할 것인가에 대한 것을 본문을 통해 말씀하고 계십니다. 그러므로 이스라엘 백성을 향하여 들으라고 명하십니다.

★ 읽을 말씀

신명기 6:1~9

¹이는 곧 너희의 하나님 여호와께서 너희에게 가르치라고 명하신 명령과 규례와 법도라 너희가 건너가서 차지할 땅에서 행할 것이니 ²곧 너와 네 아들과 네 손자들이 평생에 네 하나님 여호와를 경외하며 내가 너희에게 명한 그 모든 규례와 명령을 지키게 하기 위한 것이며 또 네 날을 장구하게 하기 위한 것이라 ³이스라엘아 듣고 삼가 그것을 행하라 그리하면 네가 복을 받고 네 조상들의 하나님 여호와께서 네게 허락하심같이 젖과 꿀이 흐르는 땅에서 네가 크게 번성하리라 ⁴이스라엘아 들으라 우리 하나님 여호와는 오직 유일한 여호와이시니 ⁵너는 마음을 다하고 뜻을 다하고 힘을 다하여 네 하나님 여호와를 사랑하라 ⁶오늘 내가 네게 명하는 이 말씀을 너는 마음에 새기고 ⁷네 자녀에게 부지런히 가르치며 집에 앉았을 때에든지 길을 갈 때에든지 누워 있을 때에든지 일어날 때에든지 이 말씀을 강론할 것이며 ⁸너는 또 그것을 네 손목에 매어 기호를 삼으며 네 미간에 붙여 표로 삼고 ⁹또 네 집 문설주와 바깥 문에 기록할지니라

1. '쉐마'의 기록 목적은 무엇입니까?(신 6:1)
   정답: 건너가서 차지 할 땅(가나안)에서 지킬 명령과 규례와 법도

 문제 설명

하나님께서는 이스라엘 백성을 가나안 땅, 즉, 하나님이 약속하신 축복의 땅으로 이끌어 가십니다. 이때, 가나안은 이미 모든 것이 풍성하고 우상숭배가 넘쳐났던 곳입니다. 그러므로 이스라엘 백성이 가나안에서 우상숭배와 물질의 풍부함 속에서도 하나님을 잊지 않고 그 가운데서 하나님을 기억하여 하나님의 백성으로서 하나님의 하나님 되심을 선포하길 원하셨습니다.

하나님께서는 가나안 거민들의 우상숭배와 음란함에 물들지 않게 하기 위해 하나님의 말씀으로 무장하길 원하신 것입니다. 이것이 본문을 주신 목적입니다.

2. 교육 대상자는 누구라고 지칭하고 있습니까?(신 6:2)

정답 : 너와 네 아들과 네 손자들

 문제 설명

'너와 네 아들, 그리고 네 손자' 라는 말은 결국 후손들 대대로 계속해서 전수되어야 함을 의미합니다. 처음엔 자녀로서 배워야 합니다. 그러나 장성하면 이제는 교사의 모습으로 내 자녀를 가르쳐야 합니다. 그리고 가르치기 위해 계속해서 자신을 교육해야 합니다. 그러므로 신앙은 평생교육인 것입니다.

여기서 또한 교육의 중요한 부분을 발견하게 되는데, 그것은 신앙 교육은 가정에서부터 시작되고 있다는 것입니다. 신앙 교육에서 가장 중요한 1차 교사는 바로 부모입니다. 그러므로 교사는 자신에게 맡겨진 학습자의 가정이 먼저 복음화되는 데 최선을 다해야 합니다.

3. 신앙 교육의 목적은 무엇입니까?(신 6:2)

① 평생에 네 하나님 여호와를 경외하며

② 하나님이 명하신 모든 규례와 명령을 지키게 하며

③ 네 날을 장구하게 하기 위함

 문제 설명

하나님께서는 이스라엘 백성이 하나님을 경외하며, 하나님의 말씀을 지켜 행함으로 하나님의 하나님 되심을 선포하기를 원하셨습니다. 이를 위해 열심히 신앙 교육을 해야 합니다. 이러한 행위는 피조물인 우리에게 너무나 당연한 것입니다. 그런데

하나님께서는 너무나 감사하게도 이런 당연한 의무를 다하는 우리에게 한 가지 약속을 더 주십니다. 그것은 우리의 날을 '장구(長久)'하게 하신다는 것입니다. 이 말은 단순히 오래 산다는 의미가 아니라 오래 오래 하나님이 주시는 복을 누리며 산다는 복된 약속입니다.

4. '쉐마'에서 소개되는 신앙 교육의 내용은 무엇입니까?(신 6:4~5)
    ① 오직 유일한 하나님 여호와(유일신관)
    ② 마음과 뜻과 힘을 다하여 여호와를 사랑하라(전인격).

 문제 설명

본문에서는 신앙 교육의 내용을 크게 두 가지로 나눌 수 있습니다. 그 첫 번째는 모든 것의 근본 되시는 하나님에 대한 것이고, 둘째는 피조물인 우리가 그 하나님을 어떻게 경외할 것인가에 대한 것입니다. 신명기 6:4~5에서 하나님은 다른 어떤 우상의 신들과 비교조차 할 수 없는 참되고, 유일하신 하나님이시며, 피조물 된 우리는 하나님을 전인격적으로 삶에서 최선을 다해 정성껏 섬겨야 한다는 신앙의 중요한 원리를 가르쳐 주고 있습니다.

5. '쉐마'에서 소개되는 교육 방법은 어떤 것들이 있습니까?(신 6:6~9)
    ① 마음에 새기고
    ② 항상 강론하며
    ③ 손목에 매어 기호를 삼으며
    ④ 미간에 붙여 표로 삼고(경문갑)
    ⑤ 문설주와 바깥 문에 기록(메주자)

문제 설명

본문의 말씀은 하나님의 말씀을 단순한 지식으로 배우는 방법이 아닌 마음에 새겨 삶으로 적용할 수 있는 방법들과 이를 위해 항상 가르치고 배우고 나눌 수 있는 시간과 언제라도 하나님의 말씀을 생각하고 볼 수 있는 다양한 방법들을 총체적으로 이야기하고 있습니다. 위에서도 언급했듯이 하나님은 인격적인 분이시므로 우리의 한 부분이 아닌 전인격을 원하십니다.

이와 같이 우리의 모든 것이 하나님께 향하길 원하셨습니다. 이를 위해 다양한 교육의 방법을 사용하셨습니다. 이와 같이 우리의 가르침에 있어서도 다양한 교육의 방법이 사용되어야 합니다. 따라서 과연 나는 몇 가지 방법을 사용하여 가르치고 있는지 생각해 볼 필요가 있습니다.

실제 유대인들은 위의 내용을 직접적인 말씀으로 듣고 실천하고 있습니다. 유대인들은 말씀을 담은 작은 각을 머리에 달 수 있도록 경문갑을 만들어 실제 착용하기도 하고, 옷 수술에 말씀을 기억할 수 있도록 술처럼 달고 다니기도 합니다.

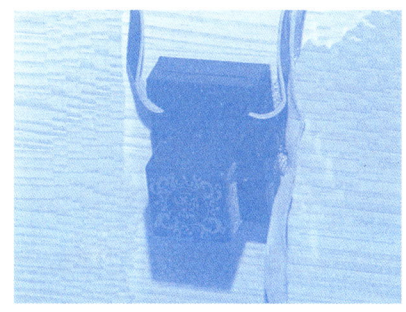

경문갑

메주자

1. 나는 왜 교회학교에서 가르치고 있는지 이야기해 봅시다.

2. 나는 내가 무엇을 가르치고 있는지 분명하게 알고 있습니까? 알고 있다면 무엇인지 간략하게 설명해 봅시다.

3. 나는 교사로서 학습자에게 학습 내용을 좀 더 효과적으로 잘 전달하기 위해 몇 가지 교육 방법을 사용해 보았습니까? 내가 알고 있는 교육 방법은 몇 가지가 있는지 나누어 봅시다.

문제 설명

교육 방법은 수도 없이 많습니다. 그렇지만 가르치고자 하는 내용과 교실 환경, 그리고 학습자의 상태 등 모든 것이 고려될 때, 방법론들은 가장 효과적일 수 있습니다. 교육 방법의 대표적인 것을 몇 가지 이야기하면 다음과 같습니다.

강의, 질의 응답법, 시청각 교육, 협동 학습, 수준별 단계별 학습, 프로젝트 학습법, *브레인 스토밍 등이 있습니다.

* 브레인 스토밍(brainstorming) :
한 주제를 선정하고 서로의 생각을 아무런 제약 없이 떠오르는 대로 이야기하며 생각을 모으는 방법으로 프로젝트 수업이나 광고 마케팅에 많이 사용됩니다.

• 주제 연구 가이드
학습자가 한 가지씩 조사해 온 뒤 다음 주에 발표하게 하는 것도 효과적입니다.

 **Took** 실천사항 찾기

한 주간 동안 실천할 수 있는 구체적인 내용을 3가지씩 적어보고 그 결과를 점검해봅시다.

	실천할 내용 (구체적으로 기록하세요)	점검 (10기준)	느낌 및 다짐
1			
2			
3			

기도하겠습니다.

* 오늘 나눔을 통하여 깨달은 점을 생각하며 기도문을 작성해보세요.

> ♡ 교사를 위한 잠언 ♡
>
> 주일학교는 교회의 모판과 같다.
> 모판을 우습게 여기면 가을날 수확도 없다는 사실을
> 우리는 마음 깊이 새겨야 한다.
>
> - 김동호 목사

다이아몬드

여성이라면 누구나 갖고 싶어 하는 보석이 바로 다이아몬드입니다. 다이아몬드는 숯과 같은 성분으로 땅속 깊은 곳에 있습니다. 이것이 수천 년 동안 땅의 압력과 뜨거운 열기를 받아 보석이 되는 것입니다.

그 물질이 다이아몬드가 되기 위해서는 150만 파운드의 압력과 섭씨 2700도의 열이 필요하다고 합니다.

다이아몬드는 중량에 따라 큰 차이가 납니다. 색깔이 맑고 투명해야 귀하고, 커팅과 세공을 거쳐야 그 가치가 더욱 빛나게 됩니다. 또한 흠이 없고 점이 없어야 깨끗하고 좋은 다이아몬드가 됩니다.

하나님은 숯과 같은 우리를 다이아몬드 같은 소중한 존재로 만들기를 원하십니다.

교육 자료 4

이 부분은 필요할 때 특강 강의안으로 사용 가능합니다.
'Book' 또는 'Look' 전·후 부분을 나눌 때 참고하면 좋습니다.

1. 교회 교육이란?

교육은 사람을 변화시키기 위한 계획적인 노력이다. 교회 교육 역시 변화를 일으키는 사역이다. 그런데 사람이 사람을 변화시킬 수는 없다. 사람에게 변화를 일으키고 자라게 하시는 분은 오직 하나님이시다(고전 3:7). 교사는 하나님의 동역자(고전 3:9)들로 씨앗을 심고, 물을 주고, 가꾸는 일을 하는 사람이다. 교사가 할 수 있는 것은 눈물의 기도로 심고, 뿌리고, 가꾸는 일이다.

2. 교회 교육의 목표

① **교육의 사전적 의미**
사람이 살아가는 데 필요한 모든 행위를 교수·학습하는 일과 그 과정으로서 인간을 인간답게 만드는 중요한 활동이다.

② **교회 교육에 적용해 본다면**
구원받은 성도가 신앙생활을 하는 데 필요한 모든 덕목을 가르치며, 그리스도인을 그리스도인답게 만드는 총체적 과정이다. 즉, 하나님께서 그리스도의 몸 된 교회에 맡기신 주님의 자녀들을 진리의 말씀으로 양육하여 전인격적인 그리스도인으로 성장하도록 이끄는 일, 즉 '그리스도의 장성한 분량이 충만한 데까지' 이르도록 돕는 것이 교회 교육이다(엡 4:13). 이를 위해 다음과 같이 기초적인 신앙관이 확립되도록 도와야 한다.

· **인생관 확립** : 구원의 확신, 새 사람
· **세계관 확립** : 하나님 주권 사상
· **가치관 확립** : 분별

3. 교회 교육의 중요성
① 하나님의 명령이기 때문이다.
② 영혼을 구원하는 일이기 때문이다.
③ 사람의 근본을 알게 하는 일이기 때문이다.
④ 성경적인 삶의 소중함을 알아가도록 하는 일이기 때문이다.

4. 교회 교육의 내용
　우리 자녀들은 교회 교육을 통해 그리스도인의 인생관과 성경적 세계관, 그리고 기독교적 가치관을 배워야 한다. 그러면 구체적으로 어떤 내용들을 습득해야 할까?

① 하나님을 아는 것
　진리의 말씀(시 19:7~10), 사랑의 하나님(요 3:16), 올바른 예배(요 4:23), 성경(딤후 3:15)

② 세상을 아는 것
　세상의 시작(창 1:1), 하나님의 주권(대상 29:11~13), 복음의 증인(행 20:24), 세상의 소금과 빛 된 삶(마 5:13~16), 성경을 통한 유익(딤후 3:16) 등.

③ 자신의 가치를 아는 것
　하나님의 형상을 따라 창조된 인간(창 1:27), 회복된 자화상(벧전 2:9), 세상과 구별된 삶(롬 12:1), 미래의 꿈과 비전(빌 2:13), 성경말씀으로 양육(딤후 3:17)

④ 무엇을 해야 하는지 아는 것(vision)
　분명하고 바른 비전이 제시되지 않으면 자신이 무엇을 해야 하는지(고전10:31), 무엇을 향해 달려가야 하는지 혼란스러워 방황하게 된다.

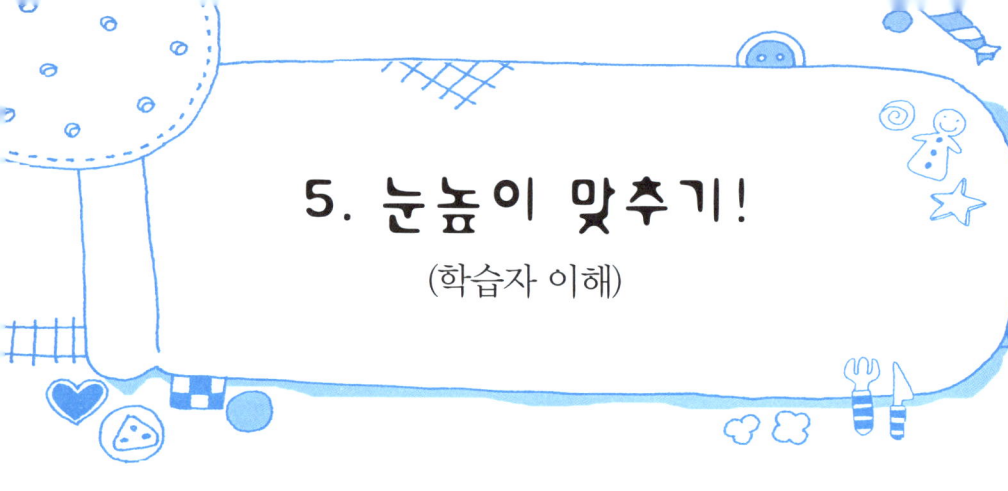

5. 눈높이 맞추기!
(학습자 이해)

"우는 아이를 유순한 말로 달래다가 듣지 않으므로 야단쳤다.
그래도 그치지 않아서 한두 대 때렸더니 점점 더 크게 울었다.
말을 듣지 않는다고 격분하여 여러 대를 때렸더니 아이는 더 크게 울며 몸부림을 쳤다. 이대로 두면 아이는 죽은 후에나 울음을 그칠 것 같았다. 나는 이 아이의 아버지가 될 자격이 없는 사람이다.
더욱이 학생들을 교육하는 사람으로서 부족한 것이 너무나 많다. 마음으로 깨닫고 회개하였다.
인간 교육의 어려움을 깨달을 때 나에게 베푸시는 하나님의 교육이 얼마나 완전한 것인지 깨닫게 되고, 그 은총이 무한히 크심에 저절로 눈물이 흘러나온다. 오, 주의 크신 사랑이여!"

▶ 일제시대 독실한 신앙인이요 교육자였던 김교신의 글입니다.
느낀 바가 있다면 무엇입니까?

• 주제 연구 가이드

때로는 학습자가 본 내용과 전혀 다른 이야기를 할 수도 있습니다. 그렇다고 핀잔을 주지 마시고 그냥 그대로 존중해주세요.

문제 설명

하나님은 우리를 너무나 잘 아시는 분이십니다.
얼마나 잘 아시는지 머리털까지 세신 바(눅 12:7) 되었다고 합니다.
하나님은 우리를 만드신 분이시기에 어느 누구보다 우리를 잘 아십니다. 그러기에 주님은 언제나 우리의 눈높이에 맞추어 다가오십니다. 우물가의 여인에게도 그러하셨습니다. 그리고 저 높고 높은 하늘 보좌에서 낮고 낮은 인간의 모습으로, 우리의 눈높이에 맞추어 오셨습니다.
그러나 여기서 기억해야 할 것은, 학습의 높이가 눈높이라는 것이지 교육의 목적이나 목표가 눈높이라는 것은 아닙니다.
예수님은 언제나 우리의 눈높이로 다가오셨습니다. 그러나 그분의 가르침은 언제나 새로웠고, 하늘 아버지에 대해 알게 하는 것이었습니다. 그분의 가르침은 깊이가 있으셨습니다.

 **Book** 주제 연구

★ 읽을 말씀

마가복음 10:13~16
13 사람들이 예수의 만져 주심을 바라고 어린아이들을 데리고 오매 제자들이 꾸짖거늘 14 예수께서 보시고 노하시어 이르시되 어린아이들이 내게 오는 것을 용납하고 금하지 말라 하나님의 나라가 이런 자의 것이니라 15 내가 진실로 너희에게 이르노니 누구든지 하나님의 나라를 어린아이와 같이 받들지 않는 자는 결단코 그곳에 들어가지 못하리라 하시고 16 그 어린아이들을 안고 그들 위에 안수하시고 축복하시니라

1. 본문을 통해 우리는 당시 사람들이 어떤 시각으로 어린이를 보았는지 짐작해 볼 수 있습니다. 제자들은 예수님께 나아온 어린아이들에게 어떻게 행동했습니까?(13절)
   정답 : 꾸짖음

• 주제 연구 가이드

당시 어린아이는 매우 하찮은 존재였습니다. 오늘과 같이 어린이의 인권이 중요시되고 인정받던 시대가 아니었습니다. 부모 때문에 자식이 노예로 팔려가는 것이 당연한 시대였습니다.

그런데 그들 중에 예수님이 자신의 자녀를 만져주길 원하는 부모들이 있었습니다. 그래서 자녀들을 데리고 예수님께 가까이 가려 하자 분위기는 순식간에 복잡해지고 시장처럼 변했던 것입니다. 그러자 예수님의 제자들은 분위기를 다시 정리하기 위해 나섰고 그때, 어린아이들이 제자들의 표적이 되어 꾸짖음을 듣게 되었던 것입니다.

2. 예수님은 제자들의 이러한 태도를 보시고 어떻게 반응하셨습니

까?(14절)

정답 : 노하시고 어린이들을 가까이 오게 하심

 문제 설명

예수님은 이런 상황을 지켜보시고 너무나 화가 나셨습니다. 그 이유는 예수님에게 있어서 어린아이의 가치는 어른의 가치와 동일하게 천하보다 귀하며, 하나님의 형상대로 창조된 보배롭고 존귀한 자이기 때문입니다.

오히려 예수님은 억압받고 누군가를 의지하지 않으면 안 되는 사람(창기, 세리, 왕따 등)을 더 긍휼히 여기시고 함께해 주셨습니다. 이와 같은 예수님의 사랑은 역시 어린아이들에게도 동일하게 적용되었습니다. 그러므로 제자들의 행위를 보시고 예수님이 화를 내셨던 것입니다.

3. 예수님의 아이들에 대한 태도를 볼 때, 교회(자신)의 태도는 어떠해야 한다고 생각합니까?

정답 : 예수님같이 어린아이 한 사람 한 사람을 존중하고 인정해야 한다.

 문제 설명

오늘날 어린이의 위상과 인권이 많이 높아졌다고는 하나 아직도 교회에서 어린이의 위치는 그리 높지 않습니다. 예를 들어, 어른들의 행사에 의해 어린이 예배는 수시로 시간과 장소를 변경해야 하는 경우가 많습니다.

장년부 예배 시간과 어린이 예배 시간을 분리하여 드리면서 장년부 예배에 떠드는 아이들을 방지하기 위해 때로는 거의 감금 수준의 돌봄을 하고 있는 경우도 있습니다. 우리는 예수님의 마음으로 어린아이들을 바라보고 돌봐주어야 할 책임과 의무가 있습니다. 교회의 모든 어린아이들이 내 아이라는 마음을 가진다면 조금 더 쉬워질 것입니다.

4. 예수님은 '하나님의 나라가 어린아이와 같은 자들의 것'이라고 말씀하셨습니다(14절). 그렇다면 여기서 '어린아이와 같은'은 어떤 의미인가요?

   정답 : 하나님 나라를 받드는 자

5. 그 외 다른 성경구절에 소개된 어린아이의 성품을 찾아보세요.

   ① 마태복음 18장 4절

   정답 : 자기 자신을 낮추는 자

   ② 베드로전서 2장 2절

   정답 : 순전하고 신령한 젖을 사모하는 이

문제 설명

　예수님은 성경의 여러 곳에서 어린아이와 같은 자가 천국을 소유한다고 합니다. '어린아이와 같아야 한다.'라고 이야기할 때는 어린아이의 전인격적인 모든 부분을 언급하는 것이 아니라 어린아이의 특성인 한 부분을 지칭하는 것입니다.
　그것은 위 문제에서도 풀었듯이 어린아이가 부모를 의지하여 성장하고 자라나듯 하나님을 전적으로 의지하고 믿고 따라가는 마음이 우리에게 있어야 함을 강조하고 있는 것입니다.
　또한 어린아이는 자신을 높이고 싶어도 스스로 높아질 수 없습니다. 누군가 높여주어야만 높아질 수 있습니다. 이와 같이 스스로를 높이려고 하지 말고, 하나님이 높여주실 때만 높아질 수 있다는 사실을 인정하고 겸손해지려는 노력이 필요합니다. 지금 나는 어린아이와 같습니까?

6. 예수님께서는 자신에게 나아온 아이들에게 어떻게 하셨습니까?(16절)

   정답 : 안아주시고, 안수하시고, 축복하심

문제 설명

예수님께서는 어린아이들을 사랑으로 품어주시고, 그들을 위해 기도해 주시며, 그들을 축복해 주셨습니다. 이를 볼 때, 어린아이들은 축복의 대상이며, 축복해주는 것이 당연합니다. 그 축복이 어린아이들의 삶에서 열매 맺을 것을 생각해 보십시오. 기대가 되지 않습니까?

• 주제 연구 가이드

선생님들에게 반 어린이들을 한 명씩 품에 안고 사랑한다고 고백하고 축복기도를 해주는 것을 한 주간의 과제로 내주는 것도 적용을 위한 좋은 방법이 될 것입니다.

Look 적용점 살피기

1. 어린아이들 때문에 교회가 피해를 입거나 문제가 되었던 경험이 있으십니까? 있으면 이야기해 봅시다.

문제 설명

어린아이들이 물건을 사용하면 때로는 망가지고, 부서지고, 지저분해지고, 시끄럽기도 합니다. 그래서 이를 싫어하거나 자제시킨다면 소망이 사라지는 것입니다. 예를 들어, 외양간에 소가 없다면 모든 것이 깨끗할 수 있습니다. 그러나 그 집은 소로 인하여 얻어지는 소망도 함께 사라지는 것입니다.

2. 우리 교회에서 어린이의 위치는 어떻다고 생각합니까?

3. 예수님과 같이 어린이를 축복한다고 할 때, 내가 축복할 수 있는 방법은 구체적으로 무엇이 있습니까?

5. 눈높이 맞추기 71

 **Took** 실천사항 찾기

한 주간 동안 실천할 수 있는 구체적인 내용을 3가지씩 적어보고 그 결과를 점검해봅시다.

	실천할 내용 (구체적으로 기록하세요)	점검 (10기준)	느낌 및 다짐
1			
2			
3			

기도하겠습니다.

* 오늘 나눔을 통하여 깨달은 점을 생각하며 기도문을 작성해보세요.

> ♡ 교사를 위한 잠언 ♡
>
> 교육의 비결은 학생들을 존중하는 것이다.
>
> — 에머슨

비전이 걸작을 만든다

위대한 조각가 미켈란젤로가 뒤뜰에 있는 큰 바위를 보았습니다. 반은 땅속에 묻혀 있고 반은 나와 있어서 걸림돌이 되었습니다. 사람들에게는 불필요한 돌이었지만 미켈란젤로는 그 돌을 보았고 그 돌 속에서 사람이 나오게 했습니다.

"저 돌 속에 다윗(David)이 들어 있다. 다윗, 나오라."

미켈란젤로는 그때부터 수만 번 정을 쪼아가면서 거대한 돌을 위대한 다비드(David)상으로 만들어냈습니다.

미켈란젤로는 그 쓸모없는 바위를 자신의 비전의 근원지로 삼았습니다. 그리고 바윗돌을 깨고 부수고 다듬어 걸작을 만들어냈습니다. 우리는 비전을 찾아야 합니다. 그리고 그것을 위해 계속 노력해야 합니다. 그래서 결국엔 걸작을 만들어내야 합니다.

교육 자료 5

이 부분은 필요할 때 특강 강의안으로 사용 가능합니다.
'Book' 또는 'Look' 전·후 부분을 나눌 때 참고하면 좋습니다.

알고 가르칩시다(학습자 이해)

"예수는 지혜와 키가 자라가며 하나님과
사람에게 더욱 사랑스러워 가시더라"(눅 2:52).

성경은 예수님의 어린 시절을 묘사하고 있습니다.
누가복음 2:52을 통하여 우리는 아이들이 지적(지혜), 신체적(키가), 영적(하나님과), 사회적(사람에게)으로 발달(더욱 사랑스러워)하는 것을 알 수 있습니다.
'눈높이 교육'이라는 말이 있습니다. 어린이의 위치에 서서 그들을 이해하지 않고서는 참다운 의사소통을 할 수 없다는 뜻입니다.
어린이에 대한 이해와 노력이 담긴 의사전달을 통하여 아이들의 심령에 예수 그리스도(생명)를 심어줄 수 있는 교사가 되어야 합니다.

어린이 이해

1. 어린이의 정체성

모든 교육은 '대상 이해'를 전제로 합니다. 주일학교 교사에게는 교육자 차원의 준비가 필요함과 동시에 피교육자를 알아가는 과정이 있어야 합니다. 예수님도 하나님의 구원 대상인 인간을 이해하시기 위해 인생의 모든 희로애락(喜怒哀樂)을 맛보셨습니다. 그렇다면 어린이란 어떤 존재일까요?

① **독립된 인격(personality)**
어린이는 어른과 동등한 인격을 지닌 존재입니다.

② **한 세계(world)**
어린이는 그들 나름대로의 세계를 갖고 있습니다.

③ **한 개성(character)**
어린이도 각자 자신의 개성을 지니고 있습니다.

④ **하나님의 형상(image)**
모든 어린이는 하나님의 형상대로 지음받았습니다.

⑤ **죄인(sinner)**
모든 어린이는 하나님 앞에 전적으로 타락한 죄인입니다.

⑥ **회복(restoration)**
어린이도 예수님을 통해 죄에서 회복되어야 하는 인간입니다.

2. 예수님의 어린이 이해

예수님은 신실하게 제자들을 섬기셨을 뿐 아니라 어린이들을 아끼고 사랑하셨습니다. 예수님께서 어린이를 보시는 시각은 여느 사람들과는 달랐습니다.

어린이와 관련된 성경의 사건들을 통해 우리는 예수님께서 이해하신 어린이의 모습을 발견할 수 있습니다.

① 섬김의 대상(막 9:37)

제자들이 '누가 더 큰 자인가'에 대해 서로 다툴 때(막 9:33~34), 예수님께서는 섬기는 자세의 중요성에 대해 어린이를 예로 들어 말씀하셨습니다. 그리고 어린이와 자신을 동일시하시며 어린아이를 영접하는 것이 예수님과 하나님을 영접하는 것이라고 가르치셨습니다.

② 초청의 대상(막 10:14)

예수님께서는 어린이를 친근하게 대하셨으며 가까이 두려고 하셨습니다. 예수님께 있어서 어린이는 중요한 존재요 초청의 대상이었습니다. 그러므로 어린이를 예수께로 '초청하는' 교사야말로 하늘나라에 합당한 사역자요, 일꾼입니다.

③ 애정의 대상(막 10:16)

예수님께서는 어린이들과 함께 계실 때 그들을 만져주시고 안아주셨습니다. 안아 올려서 눈을 맞추시고, 무릎에 앉히시며, 따뜻한 품으로 감싸주셨습니다. 어린이는 애정이라는 양분을 공급받으며 자라는 존재임을 아셨기 때문입니다.

④ 축복의 대상(막 10:16)

예수님은 어린이를 축복하셨습니다. 그들의 미래가 잘되기를 소원하셨고, 하나님과 사람들에게 꼭 필요한 존재로 성장하도록 기도해 주셨습니다. 아이들을 축복해 주심으로 그들이 하나님께 특별한 존재라는 것을 일깨워 주신 것입니다.

3. 어린이 이해의 방법들

① 관찰(watching)

어린이의 생활 태도와 관심사, 고민 등을 관심과 사랑으로 끊임없이 지켜보는 것입니다. 교사의 관찰은 어린이가 능동적으로 배워갈 수 있도록 돕는 역할을 합니다.

② 놀이(playing)

놀이는 어린이에게 있어 일, 또는 공부와 같습니다. 어린이는 놀이문화를 통해 인지가 발달하고 사회성이 길러집니다. 어린이와 놀아줄 때 그들과 친숙하게 됩니다.

③ 지식(reading)

관찰과 놀이를 통한 어린이 이해에는 한계가 있습니다.

어린이의 발달 상황과 신체적 특성, 건강 등에 대한 사전지식을 얻기 위해 전문 서적이나 인터넷 자료의 도움을 받아야 합니다.

④ 대화(talking)

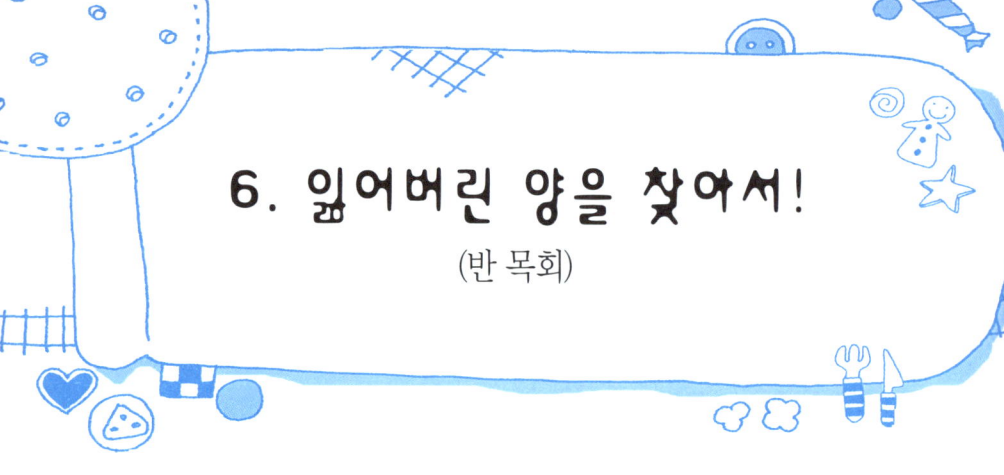

6. 잃어버린 양을 찾아서!
(반 목회)

Hook 주의 끌기

    주일학교 선생님이었던 에드워드 킴볼(Edward Kimball)은 난폭한 아이들을 위해 기도했으며, 그들이 주님을 알기를 원했다. 이런 아이들을 대할 때마다 포기하고 싶은 생각이 들 때도 있었다.
    그러던 중 한 젊은이가 복음을 이해하지 못하자, 그가 일하는 구두가게에 찾아가 예수님과의 개인적인 관계의 중요성을 가르친 일도 있었다. 토요일 오후, 일하던 가게에서 예수 그리스도를 자신의 구주로 받아들인 그 젊은이가 바로 드와이트 무디(Dwight L. Moody)였다.
    그러나 이야기는 여기서 끝나지 않는다. 무디의 영향 아래 또 한 사람의 복음 전도자가 나타났다. 수많은 사람들에게 설교를 했던 윌버 채프만(Wilbur Chapman)이라는 사람이었다. 그리고 어느 날 채프만이 인도하는 모임에 한 야구선수가 참석하여 회심하게 되는데, 그의 이름은 빌리 선데이(Billy Sunday)였다. 회심한 빌리는 야구를 그만두었고, 채프만과 함께 사역을 시작하였다.
    또 다른 한 젊은이가 회심을 하게 되었다. 모르데카이 햄(Mordecai Ham)이었다. 박식하고 위엄을 갖춘 신사였던 이 복음 전도자가 노스캐롤라이나 샬럿(Charlotte)에서 복음을 전할 때, 고등학교에 다니던 옅은 갈색 머리의 한 호리호리한 젊은이가 있었다. 빌리 프랭크(Billy Frank)라고 불렸던 그 젊은이는 설교하는 데는 가지 않겠다고 맹세를 했지만, 결국은 그 모임에 참석하게 되었다.

그 지역의 학생들이 집회를 방해하려고 했는데, 사실 무슨 일이 일어나는지 보기 위해 참석했지만, 다음날 그는 주님의 초대에 응하여 회심하게 되었다. 빌리 프랭크는 후에 빌리 그래함(Billy Graham)으로 더 잘 알려졌다.

"사과나무에 열린 사과의 갯수는 셀 수 있지만, 사과 씨 속에 있는 사과의 갯수는 셀 수 없다"라는 오래된 격언이 있다(Stanley Derickson).

▶ 위의 예화를 읽고 느낀 점이나 배울 점이 있다면 나누어봅시다.

• 주제 연구 가이드

'Hook'은 '주의 끌기' 단계로 학습자들이 흥미를 갖고서 오늘의 학습 주제와 연관된 내용을 생각해 보게 하는 단계이므로 강압적인 분위기나 말꼬리 잡는 식의 소비적인 시간이 되지 않도록 주의해야 합니다.

 문제 설명

위의 이야기를 통해 깨달아야 할 것은, 잃어버린 한 영혼이 보여줄 수 있는 영향력이 이와 같다면 나는 한 영혼을 잃어버린 것이 아니라 셀 수 없는 가치를 잃어버린 것이라는 것입니다. 그러므로 우리는 한 마리 양이라도 잃어버리지 않도록 노력해야 합니다.

• 주제 연구 가이드

한 교회를 책임지는 목사가 있고, 한 부서를 책임지는 교역자가 있는 것처럼, 한 반을 책임지는 교사가 있습니다. 이들 모두가 하나님의 나라를 확장하는 중요하고도 소중한 사역자들입니다.

그래서 본 장에서는 '반 관리', '반 운영'이라는 용어보다는 '반 목회'라는 용어를 사용하였습니다. 지금부터 어떻게 하면 좀 더 효과적인 반 목회를 할 수 있는지 살펴보고 나누겠습니다.

> ★ 읽을 말씀
>
> **마태복음 18:12~14**
> ¹²너희 생각에는 어떠하냐 만일 어떤 사람이 양 백 마리가 있는데 그중에 하나가 길을 잃었으면 그 아흔아홉 마리를 산에 두고 가서 길 잃은 양을 찾지 않겠느냐 ¹³진실로 너희에게 이르노니 만일 찾으면 길을 잃지 아니한 아흔아홉 마리보다 이것을 더 기뻐하리라 ¹⁴이와 같이 이 작은 자 중의 하나라도 잃는 것은 하늘에 계신 너희 아버지의 뜻이 아니니라

1. 본문은 예수님께서 제자들에게 교사의 사명에 대해 가르치신 부분입니다. 예수님이 제자들에게 하신 말씀을 따른다면 '양 백 마리를 소유한 사람에게서 한 마리가 없어졌을 때 그가 마땅히 취해야 할 태도'는 무엇입니까?(12절)

   정답 : 길 잃은 양을 찾으러 감.

2. 그 양을 찾았을 때의 기쁨은 어느 정도라고 말씀합니까?(13절)

   정답 : 길을 잃지 아니한 아흔아홉 마리보다 기쁘다.

3. 성경의 다른 부분을 보면 잃어버린 양을 찾아 어깨에 메고 집으로 돌아온 후 이웃과 어떻게 그 기쁨을 나눈다고 기록되어 있습니까? (눅 15:6 참조)

   정답 : 그 벗과 이웃을 불러 모으고 함께 즐김(잔치함).

 문제 설명

본문에서 강조되어야 할 의미는 한 영혼을 천하보다 귀하게 여기시는 하나님 아버지의 마음입니다. 탕자의 비유에서와 같이 잃은 아들을 찾았을 때 이웃을 불러 모아 잔치를 베푸는 아버지처럼 목자에게 양은 자녀와 같습니다.

• 주제 연구 가이드

지도자는 위의 질문을 다시 학습자에게 '나는 지금 목자, 아버지의 기쁨을 동일하게 느끼고 있는가?' 라고 물어봄으로써 본문의 내용을 좀 더 구체화시킬 수 있습니다.

4. 14절에 나오는 '이 작은 자'는 구체적으로 누구를 가리키고 있습니까?(2절 참조)
정답 : 어린아이

 문제 설명

본문에서 '작은 자'(14절)는 '어린아이'(2절)와 그 의미가 같습니다. 당시 어린아이는 수에도 들어가지 않았으며, 오늘날같이 인권이 존중되지도 않았습니다.
그러므로 본문에서 작은 자, 어린아이는 누군가의 도움이 없이는 살 수 없는 이들, 누군가의 올바른 인도와 보살핌이 필요한 모든 이들을 지칭한다고 볼 수 있습니다. 이를 조금 더 확대시키면, 오늘 나에게 맡겨진 아이들, 내가 보살피고 돌봐주어야 할 모든 이들로 볼 수 있습니다.

5. 하나님께서 맡기신 양들을 돌보는 목자들을 향한 하나님의 뜻은 무엇입니까?(14절)

 문제 설명

첫째는 잃어버리지 않고 잘 돌보는 것입니다. 두 번째는 혹시라도 잃어버린 양이 있다면, 내 자식과 같은 마음으로 그들을 찾으려는 열정과 사랑, 용기 있는 행동이 있어야 합니다.

1. 나에게 맡겨진 아이들의 이름과 연락처를 기억하여 적어봅시다.

 문제 설명

나에게 맡겨진 아이들의 이름을 불러주는 것은 소속감과 함께 자신이 얼마나 사랑과 관심을 받고 있는지 인식시켜 주는 중요한 일입니다.
그리고 그들의 연락처를 안다는 것은 결국 얼마나 심방을 하고 있는지와 연관되어 있습니다. 아이들의 이름과 연락처를 바로 적지 못한다면, 일정 기간을 정해주고 암기할 수 있도록 도와야 합니다.

2. 혹시 나에게 잃어버린 양이 있습니까? 있다면 누구입니까? 그리고 잃어버린 양을 찾기 위한 나의 전략은 무엇입니까?

3. 주님께서 맡겨주신 양들을 돌보는 사명을 가진 교사로서, 본문에 비유로 등장하는 목자의 모습과 나의 모습을 비교해 볼 때 어떤 마음이 듭니까?

 **Took** 실천사항 찾기

한 주간 동안 실천할 수 있는 구체적인 내용을 3가지씩 적어보고 그 결과를 점검해봅시다.

	실천할 내용 (구체적으로 기록하세요)	점검 (10기준)	느낌 및 다짐
1			
2			
3			

기도하겠습니다.

* 오늘 나눔을 통하여 깨달은 점을 생각하며 기도문을 작성해보세요.

♡ 교사를 위한 잠언 ♡

완벽한 교사가 우리 앞에 있다.
위대한 교사이자 최고의 모범이신
예수 그리스도를 더 깊이 연구하자.

– 하워드 헨드릭스

삶 속에서 진리를 발견하자

실존주의 철학자 키에르케고르는 '온 세계가 다 무너져도 내가 붙들고 놓지 않을 진리, 그것을 위해 살고 그것을 위해 죽을 수 있는 진리를 나는 발견해야 된다'고 말했습니다. 우리도 하나님에 대한 지식을 알아감으로써 참 진리를 발견해야 합니다.

세상에는 다양한 것이 공존합니다. 신실하게 믿음으로 살아가려는 사람들이 있는가 하면, 탕자처럼 죄에서 허우적대는 사람들도 많습니다. 우리가 어느 편에 서야 하는지는 자명합니다. 우리는 오로지 진리의 말씀을 마음에 채워야 합니다. 삶 속에서 진리를 발견해야 합니다. 하나님의 말씀 중에서 어떤 말씀이 나를 변화시키고 감동을 줍니까? 내게 도전을 주고 심령을 변화시켰던 진리의 말씀을 붙들고 살아가야 합니다. 이것이 우리의 신념이 되어야 합니다.

교육 자료 6

이 부분은 필요할 때 특강 강의안으로 사용 가능합니다.
'Book' 또는 'Look' 전·후 부분을 나눌 때 참고하면 좋습니다.

1. 성공적인 반 목회 선언문

> ♡ 반 목회 선언문 ♡
>
> "우리가 이같이 너희를 사모하여 하나님의 복음뿐 아니라 우리의 목숨까지도 너희에게 주기를 기뻐함은 너희가 우리의 사랑하는 자 됨이라"(살전 2:8).

데살로니가전서 2장 8절 말씀은 '반 목회 선언문'이라 할 수 있습니다.
이 말씀을 통해 반 목회에 필요한 성경의 교훈을 얻을 수 있습니다.

1. "우리가 이같이 너희를 사모하여" – 사랑반(공동체)

학급의 존재 목적은 결국 학생들을 향한 하나님의 사랑을 표현하는 일입니다.

2. "하나님의 복음뿐 아니라" – 복음반(공동체)

교사가 학생과 나누는 최대의 가치는 복음 그 자체입니다.

3. "우리의 목숨까지도" - 희생반(공동체)

　교사는 학생과 자신의 삶을 나누며 인격적인 관계가 형성되도록 힘써야 합니다.

4. "너희에게 주기를" - 나눔반(공동체)

　무엇이든 자신의 것을 나누는 일은 서로를 가치 있는 존재로 인정하는 행위입니다.

5. "기뻐함은" - 기쁨반(공동체)

　학생이 영적으로 성장하는 것을 지켜보는 일보다 큰 기쁨은 없습니다.

6. "너희가 우리의" - 일치반(공동체)

　반의 울타리 안에는 홀로 있는 사람이 있을 수 없습니다.

7. "사랑하는 자 됨이라" - 구비반(공동체)

　교사는 학생을 모든 사람이 '사랑하는 자'가 되도록 이끌어야 합니다.

2. 성공적인 반 목회를 위한 연구

1) 반 목회의 정의

반 목회는 주일학교에서 한 명의 교사가 주어진 한 반을 담당하여 사명감을 가지고 아이들에게 하나님의 말씀을 가르치며 올바른 신앙생활을 지도하고 예수님을 닮은 온전한 신앙의 인격자로 만드는 일입니다. 그러므로 반 목회는 종합적인 교육이라 할 수 있습니다.

2) 반 목회의 중요성

① 주일학교 성장의 원동력

교회의 부흥이 성도 하나 하나의 부흥으로부터 시작되듯이 주일학교의 부흥은 한 반의 성장이 없이는 이루어질 수 없습니다. 교회 조직에 있어서 구역 등의 소그룹의 위치가 중요한 만큼 주일학교에서 반의 위치는 대단히 중요하다고 볼 수 있습니다.

② 작은 사역지

교사에게 있어서 반은 작은 목회가 이루어지는 곳이며, 성경 말씀을 가르치고 그들의 반응을 살피고, 그들이 성장하도록 도와주는 최고의 기관이라 할 수 있습니다.

진정한 교제는 학생들이 그리스도의 몸 안에서 양육받으며, 소중히 여김을 받고, 진리의 길로 인도되는 소그룹 안에서 이루어집니다. 반 목회는 결코 주일학교의 지엽적인 사역이 아니라 주일학교 사역의 출발점과 동시에 전체를 포함하고 있는 사역입니다.

3) 반 목회의 목표

예수님은 승천하시면서 제자들에게 앞으로의 사역 목표(방향)를 제시해 주셨습니다. "제자를 삼아 가르치고 지키게 하라"(마 28:19~20)고 명령하셨습니다. 또한 바울은 "우리가 다 하나님의 아들을 믿는 것과 아는 일에 하나가 되어 온전한 사람을 이루어 그리스도의 장성한 분량이 충만한 데까지 이르리니"(엡 4:13)라고 기독교 교육의 목표를 제시하고 있습니다.

그러므로 반 목회의 목표는 하나님을 만나 예수 그리스도를 개인의 구주로 영접하도록 인도하여 주님이 오시는 날까지 그리스도인다운 삶을 살도록 하며, 더 나아가 예수 그리스도의 증인이 되도록 하는 것입니다.

4) 반 운영

① 준비 활동
  ㉠ 1년 계획 : 1년간의 교사 활동 계획을 세웁니다.
  ㉡ 신상 파악
    이름과 학교, 가정 환경, 교회 활동, 신앙 성숙도, 성경, 취미, 교우 관계, 고민이나 기도 제목 등의 모든 관련 정보를 수집합니다.

② 주일 활동
  ㉠ 예배 지도 : 교사가 먼저 예배자의 모습을 보여야 합니다.
  ㉡ 분반 활동 : 반별로 이루어지는 활동은 학급 운영의 꽃입니다.
  ㉢ 결석 학생 관리
    주일 오후에 바로 연락하는 것이 좋습니다.

ⓔ 시설 준비

둥근 탁자, 칠판 등이 준비되면 효과를 높일 수 있습니다.

③ **주중 활동**

㉠ **기도노트**

학생을 관리하는 데 가장 효과적인 기록부는 기도노트입니다.

㉡ **통신**

엽서나 이메일, 미니홈피, 문자 등을 활용하여 주중에도 연락을 해 보세요.

㉢ **방문**

반드시 부서에서 교사들을 대상으로 사전 교육을 실시해야 합니다 ("어린이 심방 및 상담" 자료 참고, pp.96~99).

ⓔ **학부모 관계**

주일학교에 대한 학부모의 관심과 격려가 의외로 높습니다. 서로 부담 없이 학생을 위한 유대관계를 맺도록 합니다.

④ **전도 훈련**

학생들은 의미 있는 일에 마음을 둡니다. 그러므로 우선 전도에 대한 동기 부여가 중요합니다. 한 영혼을 구원하는 것만큼 가치 있는 일은 없으며, 전도는 그리스도인의 책임일 뿐 아니라 특권이라는 것을 심어줍니다.

㉠ **대상 선정**

1년 동안 전도할 친구를 정하게 한 후 명단을 나누어 가집니다.

ⓒ 복음전도

자신의 신앙을 소개하고 신앙생활에 필요한 안내를 합니다.

ⓒ 초청

부활절과 같은 특별 절기, 또는 아이들의 생일에 초대장을 만들어 나누어 주고 초청하게 합니다.

㉣ 관리

새신자는 가급적 새신자반에 등록시켜 관리하도록 합니다. 인도해 온 친구와 선생님은 주중에 전화를 걸어 안부를 묻고 다음 주 예배에 대한 안내와 참석을 주지시켜 줍니다.

5) 효과적인 학생 관리

가끔씩 문제를 일으키는 학생들이 있습니다. 교사는 그들에게 무관심해서는 안 되며 학생들 간에 올바른 친구관계를 맺도록 가르쳐야 합니다. 그리스도인으로서 합당한 자세와 태도를 지니도록 도와주는 것입니다.

〈효과적인 학생 관리 수칙〉
① 연초에 모든 학생들과 함께 기본적인 규칙을 정합니다.
② 정한 규칙은 일관성을 갖고 지켜 나갑니다.
③ 규칙을 어기는 경우 적극성과 단호함을 보여줍니다.
④ 분명한 목적을 갖고 말씀과 훈계로 일깨워 줍니다.
⑤ 최종 해결자는 하나님이시므로 끝까지 기도합니다.

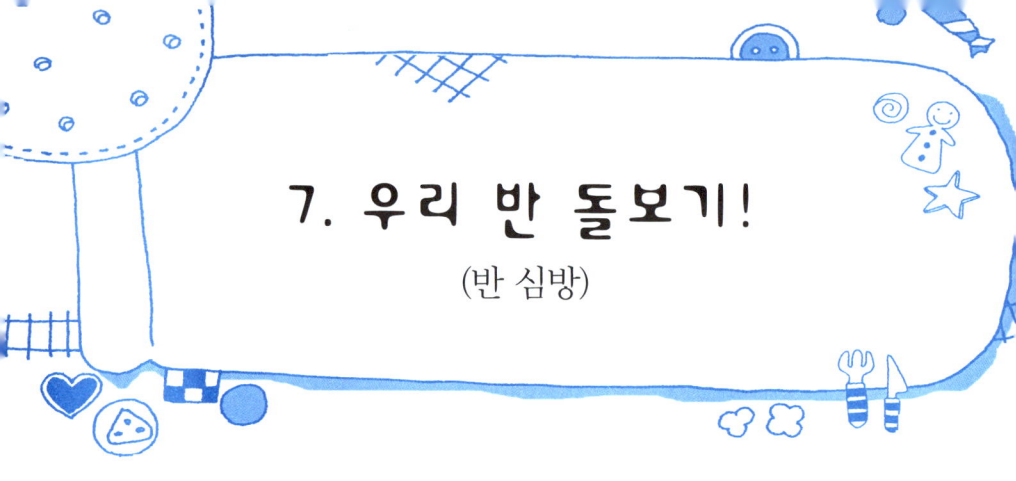

7. 우리 반 돌보기!
(반 심방)

 **Hook** 주의 끌기

한 은퇴한 선생님의 집에 제자가 찾아왔습니다. 이야기를 나누다가 대화의 주제가 '어린이'로 옮겨갔습니다. 제자가 말했습니다.

"선생님, 저는 아이들이 자유롭게 생각하고 행동하도록 내버려 두어야 한다고 생각해요. 그래야 그들이 일찍부터 스스로 결단하는 법을 배우거든요. 어린이들 스스로 잠재력을 키워가는 유일한 길은 바로 이런 것이라고 믿어요." 여기서 선생님은 그 제자의 말을 중단시켰습니다.

"우리 정원의 꽃을 좀 보러 갈까?"

이렇게 말하고 선생님은 제자와 함께 정원으로 갔습니다.

제자는 뜰을 한번 둘러보고는 놀라서 외쳤습니다.

"아니! 왜 여기는 잡초들밖에 없지요?"

"여기도 예전엔 꽃들로 가득했단다. 그런데 금년에는 글을 쓰기에 바빠서 손질을 못하고 내버려 두었지.

자기들이 자라고 싶은 대로 자라도록 내버려두면 정원이 어떤 모습이 되는지 한번 보고 싶기도 했고. 그랬더니 이렇게 되었단다."

▶ 마음껏 자랄 수 있도록 자유로운 환경을 조성하는 것과 그냥 방치해 두는 것은 전혀 다릅니다. 여러분의 반은 어떤 상태라고 생각합니까?

• 주제 연구 가이드

자신의 반을 정원에 비유하여 표현하는 것은 자신의 반 상태를 점검해 볼 수 있는 계기가 될 것입니다. 이를 더 구체화시키고 싶다면 말이 아닌 그림으로 표현하게 지도하세요.

자신의 반 상태가 어떤 정원의 모습인지 그림으로 그리게 한다면, 좀 더 구체적으로 생각해야 하기 때문에 반을 점검하는 데 큰 도움이 될 것입니다.

🔍 문제 설명

나는 얼마나 우리 반 어린이들에 대해 관심과 사랑을 가지고 돌보고 있는지 생각해 봐야 합니다.

Book 주제 연구

★ 읽을 말씀

예레미야 23:1~2
1 여호와의 말씀이니라 내 목장의 양 떼를 멸하며 흩어지게 하는 목자에게 화 있으리라 2 그러므로 이스라엘의 하나님 여호와께서 내 백성을 기르는 목자에게 이와 같이 말씀하시니라 너희가 내 양 떼를 흩으며 그것을 몰아내고 돌보지 아니하였도다 보라 내가 너희의 악행 때문에 너희에게 보응하리라 여호와의 말씀이니라

마태복음 25:36
36 헐벗었을 때에 옷을 입혔고 병들었을 때에 돌보았고 옥에 갇혔을 때에 와서 보았느니라

야고보서 1:27
27 하나님 아버지 앞에서 정결하고 더러움이 없는 경건은 곧 고아와 과부를 그 환난 중에 돌보고 또 자기를 지켜 세속에 물들지 아니하는 그것이니라

1. 하나님은 어떤 목자에게 화가 있다고 말씀하십니까? (렘 23:1~2)
   정답 : 양 무리를 멸하고, 흩고, 몰아내고, 돌보지 아니하는 목자

문제 설명

성경에는 목자에 대한 표상이 여러 곳(렘 23:2, 겔 34:4, 슥 11:16, 요 10:11~15, 벧전 5:2~4)에서 소개됩니다. 위의 본문도 그중 하나입니다. 칼빈은 이 구절을 번역

할 때, "이것은 분명히 양 무리를 돌보지 아니하고 기르지 않았다는 것을 말한다."라고 하였습니다. 또한 "여기서 '돌본다'는 것은 감독하는 모든 직무에까지 확대되는 것으로, 그들이 양 무리를 방치하고 배신하고 버렸다는 것을 말한 듯하다."고 덧붙였습니다. 즉, 목자의 중요한 사명 중 하나는 양 무리를 돌보는 것입니다. 그러므로 오늘날 교사는 자신에게 맡겨진 어린이들을 돌보는 심방의 사명이 있음을 깨달아야 합니다.

2. 예레미야 23:2에서 '돌보지 아니하였다' 라는 말은 쉽게 이야기하면 '심방하지 않았다'는 것을 의미합니다. 이렇게 심방하지 않는 목자들에 대한 하나님의 평가는 무엇입니까?

 정답 : 악행을 보응하리라.

문제 설명

하나님은 목자가 자신의 양 떼를 돌보지 않는 것을 악행이라고 평가하십니다. 즉, 교사가 자신에게 맡겨진 하나님의 양 떼를 잘 돌보지 않는 것은 악한 행위라고 말씀하시고 이에 대해 보응하리라고 하나님의 이름을 걸고 말씀하십니다. 그러므로 이 말씀은 교사 된 우리에게 무서운 경고인 동시에 복된 말씀인 것입니다.

3. 입을 옷이 없고 병들고 힘든 일을 겪고 있는 이들이 있다면 어떻게 해야 한다고 성경은 말합니까? (마 25:36)

 정답 : 옷을 입히고, 돌보고, 찾아가야 한다.

 문제 설명

본문의 말씀에 근거하여 종교개혁 이후의 개혁교회 전통에서는 환자와 갇힌 자를 심방하는 것을 규정으로 정하여 시행해 왔습니다. 그러나 이 본문을 더 풍성하게 나누기 위해서는 단순히 심방만 따로 떼어 생각할 것이 아닙니다. 마태복음 25: 35~36에서 소개되는 일들은 비단 목회자, 교사만 해야 할 일이 아니라 교회 전체가 힘써야 할 일입니다.

그러나 여기서 오해하지 말아야 할 것은 이것이 구원에 이르게 하는 것은 아니라는 점입니다. 이 같은 삶의 방식은 구원받은 성도의 삶이 어떠해야 하는지 잘 알려주고 있는 말씀입니다. 이것이 모든 성도가 힘써야 할 당연한 것이라면 교사들은 굳이 강조하지 않아도 그 중요성을 깨달아야 합니다.

4. 하나님 앞에서 참된 경건의 삶은 무엇이라고 말하고 있습니까?(약 1:27)

문제 설명

칼빈은 "곤고한 경우에 '돌아본다'는 것은 압박받고 있는 자들에게 구제의 손길을 편다는 뜻"이라고 하였습니다. 이 본문은 굳이 목회자, 교사가 아니라도 성도가 어떤 삶을 살아야 할 것인지를 분명히 말해주고 있습니다.

일반 성도들에게 요구되는 삶이 이러하다면, 교사에게 요구되는 삶은 오죽하겠습니까? 교사로서 우리의 시선이 누구를 향해야 하겠습니까? 우리의 마음이 하나님의 마음을 닮아야 함을 깨달아야 합니다.

Look 적용점 살피기

1. 심방이 왜 중요하다고 생각하는지 자신의 생각과 경험에 비추어 말해보세요.

2. 반 어린이들 중에 친구, 부모와의 관계, 또는 여러 가지 문제로 어려움을 겪는 어린이가 있다면 무엇 때문에 힘들어하고 어떻게 도울 수 있을지 서로 나누고 기도하세요.

문제 설명

 요즘 어린이들의 성장과 발달은 전과 비해 매우 빠르게 진행됩니다. 그로 인해 선생님들이 중·고등학교 시절에 느끼고 고민했던 것들을 벌써 느끼고 고민하는 어린이들도 많습니다. 특히, 신앙에 대해 고민하고, 친구들과 인격적 관계를 형성하지 못해서 힘들어하는 친구들도 흔히 찾아볼 수 있습니다.

 사회적으로는 편부, 편모의 가정, 두 가정이 하나로 된 가정 등 가정의 형태가 다양화되면서 가정의 문제를 가지고 있는 어린이들도 많습니다. 또한 맞벌이 부부가 늘면서 방치되어 외로움을 타는 어린이들도 많이 있습니다. 반 어린이들의 신상카드를 살펴보고 관심과 사랑을 가지고 어린이들을 본다면 이와 같은 문제를 쉽게 발견할 수 있습니다. 어린이들의 실제적이고 현실적인 문제들을 서로 나누고 다 같이 무릎을 꿇고 하나님께 맡기며 긍휼을 베풀어 달라고 기도해야 합니다.

3. 하나님은 심방하지 않고 방치함으로 우리에게 맡겨준 하나님의 양들이 힘들어하고 흩어지는 것을 원치 않습니다. 이와 같은 모습을 악행이라고 평가하십니다. 지금 하나님이 나에 대해 평가하신다면 뭐라고 말씀하실지 생각해봅시다.

 **Took** 실천사항 찾기

한 주간 동안 실천할 수 있는 구체적인 내용을 3가지씩 적어보고 그 결과를 점검해봅시다.

	실천할 내용 (구체적으로 기록하세요)	점검 (10기준)	느낌 및 다짐
1			
2			
3			

기도하겠습니다.

* 오늘 나눔을 통하여 깨달은 점을 생각하며 기도문을 작성해보세요.

> ♡ 교사를 위한 잠언 ♡
>
> 나에게는 작은 것이 다른 사람에게는 무엇보다 큰 것이 될 수 있다.
> – 이름 없는 교사

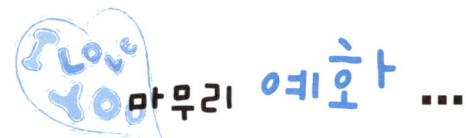마무리 예화 …

가장 귀한 것, 가장 나쁜 것

그리스의 우화 작가인 이솝은 기원전 6세기경 사모스에서 철학자 쿠잔토스의 노예로 있었다고 합니다. 그는 총명하고 지혜가 뛰어나 주인의 사랑을 받았습니다. 하루는 주인이 이솝이 얼마나 슬기로운지 시험하기 위하여 다음과 같은 질문을 하였습니다.

"세상에서 제일 귀하고 좋은 것이 무엇이냐?"

이솝은 "사람의 혀"라고 대답하였습니다. 왜냐하면 혀는 진리와 이성을 표현할 수 있는 기관이기 때문이라고 설명하였습니다.

주인은 다시 물었습니다.

"세상에서 제일 나쁜 것은 무엇이라고 생각하느냐?"

이솝은 역시 "사람의 혀"라고 대답하였습니다. 왜냐하면 혀는 남을 중상하고 모략하는 도구로 사용될 수 있는 기관이기 때문이었습니다.

교육 자료 7

이 부분은 필요할 때 특강 강의안으로 사용 가능합니다.
'Book' 또는 'Look' 전·후 부분을 나눌 때 참고하면 좋습니다.

어린이 심방 및 상담

1. 심방이란?

　주님께서는 우리에게 "네 양 떼의 형편을 부지런히 살피며 네 소 떼에게 마음을 두라"(잠 27:23)고 말씀하신다. 심방은 학생의 가정을 방문하여 그들의 상황을 개인적으로 살피고 신앙적인 도움과 위로를 주는 영적 교제이다.

2. 심방의 중요성

　　심방을 통해 교사는
　　① 어린이의 가정 환경과 영적인 분위기를 파악하며
　　② 어린이의 고민을 발견하고 기도의 제목을 찾아 작성하며
　　③ 불신 가정이라면 그 가정을 전도하는 기회로 삼고
　　④ 부모와 유대관계를 맺어 학생의 신앙 관리의 동역자로 삼아
　　　야 한다.

3. 심방 시 주의사항
   ① 생활 환경 조사서나 심방카드를 지참하여 세심하게 기록한다.
   ② 심방할 어린이의 부모에게 미리 연락하여 시간을 정해 둔다.
   ③ 옷차림을 단정히 하며 언어 사용에 유의해야 한다.
   ④ 가능한 한 저녁시간은 피하고 심방 시간은 30분을 초과하지 않도록 한다.
   ⑤ 어린이 심방에 맞는 성경 말씀, 찬송 등을 사전에 준비한다.
   ⑥ 가족들과 교제를 나눌 때 기도 제목을 받아서 기도를 한다.
   ⑦ 가정 방문이 여의치 않으면 가까운 외부 장소(놀이터, 교회, 분식집 등)에서 만나도록 한다.

4. 상담의 이해

① **고전적 이해**

상담이란 문제를 지닌 내담자와 문제의 해결을 도와주는 자, 곧 상담자와의 상호작용으로 그 문제를 해결하는 것이다.

② **성경적 이해**

성경적 상담은 꼭 문제를 지닌 피상담자가 찾아오는 것이 아니라, 지도자가 볼 때 문제를 가지고 있는 피상담자를 먼저 찾아가 문제를 해결할 수도 있으며 필요에 따라 예방 차원에서 교육하고 상담할 수도 있다.

고전적 상담은 문제를 지닌 사람이 찾아오는 것이기 때문에 '내담자'라고 표현하지만, 성경적 상담에서는 상담을 받으러 찾아오기도 하지만 때로는 필요에 따라 상담자가 찾아가야 하기 때문에 '피상담자'라고 표현한다. 여기서 중요한 것은 성경적 상담은 필요에 따라 찾아갈 수 있어야 한다는 것이다.

5. 상담 시 주의해야 할 10계명

① 기도로 준비하고 기도로 마치라.
　하나님의 도우심을 구하는 것이 기본이다. 배후에서 역사하시는 성령님의 도우심을 구하고, 나를 통해 성령님이 피상담자의 마음을 치료하시고 위로하시길 기도하라.

② 분위기를 조성하라.
　상담에 있어서 중요한 것은 분위기다. 피상담자가 편안하고 다른 사람의 눈치를 보지 않고 이야기할 수 있어야 하며, 피상담자의 시선이 분산되지 않도록 주의하라.

③ 잘 들어주라.
　잘 들어주기만 하여도 상담의 반은 성공한 것이다.

④ 적절한 질문을 사용하라.
　질문은 문제의 핵심에 효과적으로 도달할 수 있는 데 도움을 주며, 이를 통해 상담자가 피상담자의 이야기를 정확하게 이해했는지 확인할 수 있다.

⑤ 적절한 반응을 하라.
　피상담자의 이야기에 "아, 그랬구나", "너 정말 속상했겠다" 등의 반응을 보여주면 피상담자가 이야기하는 것을 효과적으로 도울 수 있다.

⑥ 문제를 정확히 파악하라.

대부분의 피상담자는 문제를 직접적으로 표현하지 못하고 돌려서 이야기할 때가 많다. 그러므로 상담자는 근본적인 문제가 무엇인지 파악하려고 노력해야 한다.

⑦ 어휘 선택에 신중하라.

강요나 지시의 어휘보다는 격려와 설득, 위로의 말을 사용하라.

⑧ 성급하게 결론을 내리지 말라.

피상담자가 이야기하는 도중 상담자가 벌써 결론을 지어 버린다면 피상담자는 금방 마음의 문을 닫아버리게 된다.

⑨ 지속적으로 관리하라.

상담이 단회적으로 끝나는 경우는 드물다. 지속적으로 관심과 사랑을 가지고 격려하고 함께 시간을 갖도록 해야 한다.

⑩ 구원과 성장의 기회로 삼으라.

상담을 통해 참된 문제의 해결은 오직 예수 그리스도에게 있음을 인식시키고, 예수님을 전하고 구원과 신앙 성장의 기회로 이끌어 주어야 한다.

〈부록〉

학생이 교사에게 바라지 않는 것 12가지

1. 자신의 삶은 변화되지 않으면서 오로지 가르침에만 관심을 두는 것은 원하지 않는다.

   디모데전서에 나타나는 말씀처럼 단지 율법의 선생이 되려는 마음으로 다른 사람 위에 군림하여 교사의 역할을 하고자 하는 마음으로 일하고 있는 교사는 진정한 교사라 할 수 없다. 학생은 교사가 자신을 모델로 제시할 때 비로소 교사로 받아들이게 된다.

2. 가르침이 허공을 치는 것처럼 삶에 적용되지 않는 것만을 가르치는 것을 원하지 않는다.

   막연한 이론, 추상적 개념 등이 가득한 가르침은 학생들로 하여금 결국 좌절감이나 자학에 빠지게 만든다.

   그럴듯한 가르침임에도 불구하고 그것이 단순히 추상적인 개념에서 나온 것일 뿐 실제 생활에 적용될 수 없을 때 학생들은 좌절감을 맛보게 되고, 결국은 자신을 학대하는 경우까지 발생하게 될 수도 있다. 그러므로 교사의 가르침은 구체적이며 삶에 적용될 수 있어야 한다.

3. 자신이 이야기한 모든 것을 학생들이 다 배웠다고 생각하는 태도를 원하지 않는다.

   학생을 무시하고 자신의 스타일을 고집하며 자신의 주관대로만 학습을 지도해 나가는 교사는 학생들이 가장 싫어하는 스타일 중 하나라 할 수 있다. 학생들이 어떻게 배웠는지를 점검하고 상호교류하는 교사가 인격적인 교사로 인정될 수 있다.

4. 학생의 삶에는 관심을 두지 않으면서 교사라고 생각하는 것을 원하지 않는다.

말로만 학생들을 사랑한다고 하는 것은 공허한 말일 뿐이다. 학생들 역시 이러한 말뿐인 교사의 허울 좋은 관심과 사랑을 알아차린다.

학생들은 자신들을 향한 진정한 애정을 느낄 수 있다. 자신들의 삶에 관심을 두고 그것을 점검하며 도와주는 교사에게 학생들은 사랑받는다고 느끼게 된다.

5. 가르침에 있어서 변화, 성장하지 않는 교사를 원하지 않는다.

매번 같은 가르침, 항상 똑같은 스타일, 항상 같은 교수법 등은 학생들의 기대를 무너뜨린다. 학생들은 이런 교사에게 더 이상 귀를 기울이려 들지 않는다.

6. 자신들의 특별한 개성을 이해해 주지 못하는 교사를 원하지 않는다.

각자의 개성을 이해해 주지 않을 때 학생은 교사에게 마음을 열지 않는다. 그 이유는 자신이 그 교사에게 받아들여지지 못하고 있다고 느끼기 때문이다. 학생은 교사로부터 "그럴 수 있어. 너의 그런 점도 이해할 수 있단다."라는 말을 듣고 싶어한다.

7. 학생들은 자신들을 내려다보는 것을 원하지 않는다.

학생들은 자신들이 동등한 인격체, 완성된 인격체로서 존중받기를 원한다. 어린아이 취급하거나 "넌 아직 몰라"라고 쉽게 취급해 버리는 교사에게는 다가가지 않는다.

8. 학생들은 일관성 없는 교사를 싫어한다.

교사의 가르침이 경우에 따라 달라질 때, 혹은 사람에 따라, 또는 자신의 상태에 따라 달라지는 모습을 보게 될 때, 교사는 신뢰를 상실하게 된다. 학생은 더 이상 교사를 믿으려고 하지 않게 된다.

9. 웃지 않는 교사를 원하지 않는다.

항상 냉정하고 빈틈없어 보이는 교사를 학생들은 결코 존경하지 않는다. 학생들은 자신들을 향해 웃어주고, 또 자신들에게 재미있는 모습을 보여주기도 하는 편안한 교사를 원한다. 그런 모습을 통해 학생은 교사의 인간미를 느끼게 되는 것이다.

10. 감각이 없는 교사는 원하지 않는다.

학생은 교사가 외적으로 단정한 이미지를 나타낼 때 그로부터 매력을 느끼게 된다. 만일 언제나 똑같은 복장을 하고, 단정하지 못하며, 유행에 뒤쳐지는 모습을 하고 있다면 그 교사 주변에는 학생들이 그리 많지 않게 될 것이다.

11. 적절히 권위를 나타내지 못하는 교사를 존경하지 않는다.

자신의 권위를 나타내야 할 때와 그렇지 않을 때를 구분하지 못하는 교사를 학생들은 존경하지 않는다.

12. 필요할 때 방패가 되어 주지 못하는 교사를 원하지 않는다.

학생이 느끼기에 위기의 순간에 학생들과 똑같이 연약함을 보이는 교사를 학생들은 의지하지 않게 된다.

주일학교 교사 바로 세우기 2

-지도자 가이드북-

가르침의 기술

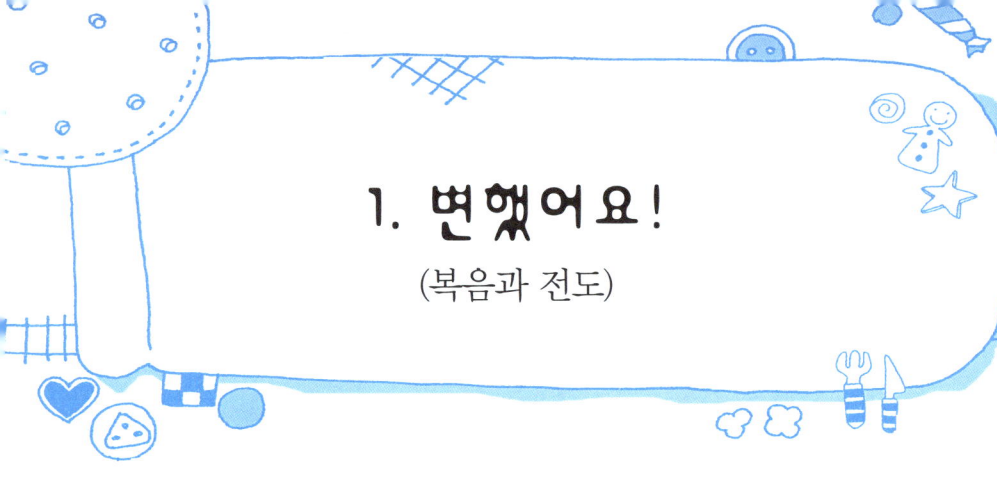

1. 변했어요!
(복음과 전도)

※ 「주일학교 교사 바로 세우기 3」은 전도에 대한 좀 더 구체적인 가르침과 나눔입니다. 본 과와 「주일학교 교사 바로 세우기 3」을 연결해서 집중적으로 진행하고, 「주일학교 교사 바로 세우기 2」의 2과 '하나님의 자녀가 됐어요'로 넘어가도 무방합니다. 인도자가 교회의 상황과 판단에 따라 지혜롭게 진행하세요.

Hook 주의 끌기

아주 부자이지만 자녀가 없는 노(老) 부부가 있었습니다. 하루는 평소 자신들이 도와주던 고아원에 찾아가, 아이들을 불러 모으고 한 가지 소원을 들어주기로 했습니다. 고아원 아이들은 너무나 좋아하며 평소 자신이 먹고 싶은 것, 갖고 싶은 것을 이야기했습니다. 노(老) 부부는 이 아이들의 소원을 모두 들어주었습니다. 이제 마지막 소년의 차례가 되었습니다. 노(老) 부부는 그 소년에게 물었습니다. "네 소원이 무엇이니?"

그러자 그 소년은 한참을 고민하더니 빙그레 웃으며 대답했습니다. "나는 장난감, 맛있는 것, 어떤 것이든지 내가 원할 때면 모든 것을 사주고 나를 사랑해 주는 엄마, 아빠가 갖고 싶어요! 나의 엄마, 아빠가 되어 주세요! 이것이 나의 소원이에요!"

▶ 여러분은 이 소년의 대답에 대해 어떻게 생각하시나요?
　이 소년은 노(老) 부부의 양자가 된 이후 어떻게 삶이 변했을까요?

• 주제 연구 가이드

이야기를 나눌 때, 늘 긍정적인 사고를 갖고 표현할 수 있도록 지도해 주세요!

문제 설명

이 소년과 같이 우리는 죄로 인하여 하나님 아버지와의 관계가 깨지고 고아와 같이 인생의 무게에 근심과 걱정, 불안과 고통 속에 살아가는 불쌍한 인생이었습니다. 그런 우리에게 하나님은 친히 찾아오셨습니다.

예수 그리스도를 통해 우리의 죄의 문제를 해결받게 하시고 하나님의 자녀가 되는 권세를 주셨습니다. 고아였던 우리가 이제는 양자가 되어 멋진 인생을 살게 되었습니다. 이것이 바로 '복음'입니다. 이 시간은 복음과 전도에 관하여 함께 나누어 보고자 합니다.

• 주제 연구 가이드

복음이 무엇이라고 생각하십니까? 복음에 대하여 나누기 전에 먼저 교사들의 생각을 이야기해 봄으로 복음에 대한 교사들의 인식 정도, 확신 정도가 어느 정도인지 점검하는 것도 매우 의미 있는 시간이 될 것입니다.

★ 읽을 말씀

1) 누가복음 4:18~19
18주의 성령이 내게 임하셨으니 이는 가난한 자에게 복음을 전하게 하시려고 내게 기름을 부으시고 나를 보내사 포로 된 자에게 자유를, 눈먼 자에게 다시 보게 함을 전파하며 눌린 자를 자유롭게 하고 19주의 은혜의 해를 전파하게 하려 하심이라 하였더라

2) 요한복음 4:28~30
28여자가 물동이를 버려 두고 동네로 들어가서 사람들에게 이르되 29내가 행한 모든 일을 내게 말한 사람을 와서 보라 이는 그리스도가 아니냐 하니 30그들이 동네에서 나와 예수께로 오더라

3) 요한복음 4:39~42
39여자의 말이 내가 행한 모든 것을 그가 내게 말하였다 증언하므로 그 동네 중에 많은 사마리아인이 예수를 믿는지라 40사마리아인들이 예수께 와서 자기들과 함께 유하시기를 청하니 거기서 이틀을 유하시매 41예수의 말씀으로 말미암아 믿는 자가 더욱 많아 42그 여자에게 말하되 이제 우리가 믿는 것은 네 말로 인함이 아니니 이는 우리가 친히 듣고 그가 참으로 세상의 구주신 줄 앎이라 하였더라

1. 복음이 선포되면 어떤 일이 일어난다고 성경은 말하고 있습니까?(눅 4:18~19)

    정답 : <u>가난한 자, 포로 된 자에게 자유를, 눈먼 자에게 다시 보게 함을 전파하며 눌린 자를 자유롭게 하고 주의 은혜의 해를 전파하게 한다.</u>

문제 설명

본문은 예수님께서 나사렛에 이르러 회당에 들어가셔서 이사야 61:1~2의 말씀을 선포하신 내용입니다. 예수님께서는 이어서 이 모든 말씀이 응하였다(눅 4:21)고 말씀하십니다. 즉, 예수 그리스도를 믿고 영접함으로 구원받은 자들은 위의 내용과 같은 복된 일들을 경험하게 됩니다. 더 이상 죄의 지배를 받는 것이 아니라 이제는 복된 인생으로 바뀌었음을 말씀하고 계십니다.

2. 가난한 자, 포로 된 자, 눈먼 자, 눌린 자들은 오늘날 어떤 사람들이 겠습니까?

① 가난한 자	⇒	영적 갈급함, 물질적 가난, 인간 관계적으로 외로운 자 등
② 포로 된 자	⇒	미움, 분노, 시기, 질병, 명예 등에 갇힌 자
③ 눈먼 자	⇒	신체적, 영적으로 하나님을 보지 못하는 자
④ 눌린 자	⇒	스트레스, 학업, 공포, 불안 등

• 주제 연구 가이드

생각할 수 있는 시간을 충분히 주어야 합니다. 왜 그와 같이 생각을 하게 되었는지 자신의 생각을 이야기할 수 있는 분위기를 만들어 주는 것이 좋습니다.

문제 설명

죄 아래 있는 사람들에게 공통적으로 나타나는 죄의 형벌로 인한 대표적 증상들입니다. 어느 누구나 위의 내용 중 두세 개 정도는 경험을 했을 것입니다. 아직도 경험하고 있는 이들도 있을 것입니다. 그리고 주변에 이와 같은 경험을 하고 있는 이들도 있을 것입니다. 내가 아직도 이와 같은 것에 사로잡혀 있다면 구원의 확신을 되새기며, 예수 그리스도의 십자가의 능력을 누리도록 기도하고 말씀을 묵상해야 합니다. 그리고 내 주변에 이와 같은 이들이 있다면 그들이 복음을 필요로 하는 전도 대상자들임을 깨달아야 합니다.

3. 복음을 전함으로 은혜의 해를 전파한다는 것은 무엇입니까?(눅 4:19)

    정답 : 예수 그리스도의 십자가의 능력으로 내 죄를 사함받고 죄의 모든 고통과 형벌에서 해방

문제 설명

성경에서 '은혜의 해'는 희년, 자유, 기쁨, 해방을 의미합니다. 즉, 죄의 종 노릇 하는 것에서 해방되고, 죄의 사슬에서 자유 함을 얻어 이제는 하나님의 자녀로 복된 삶을 누리는 것을 의미합니다.

> **희년**
> 안식의 해를 7회 거듭한 후에 오는 제 50년째의 해. 또는 이스라엘에 있어서 50년째마다 찾아오는 자유와 해방의 해. 이 해에는, 팔렸던 토지는 원소유주에게로 돌아가고, 노예는 모두 해방된다. 이 제도는 사회 정의의 이상이었는데, 참된 희년(요베의 해)은 그리스도의 초림에 의해 성취되었다(눅 4:18,19).

4. 복음의 능력이 선포되고 누리도록 하기 위해 주님께서 하시는 일은 무엇입니까?(눅 4:18~19, 요 4:28~30,39~42)

    ① 복음의 능력을 체험 – 예수 그리스도와의 만남 : 구원하심(요 4:28~30)

② 성령을 부어주심 - 기름 부으사(눅 4:18~19)
③ 선포하게 하심 - 와 보라, 이는 그리스도가 아니냐(요 4:28~30)
   전파하게 하심 - 은혜의 해를 선포(눅 4:18~19)
④ 믿게 하심 - 이제 우리가 믿는 것은~ 그가 참으로 세상의 구주신 줄 앎이라(요 4:42)

문제 설명

복음의 능력을 체험하기 위해서는 예수 그리스도와의 인격적 만남이 있어야 합니다. 예수 그리스도를 통하지 않고서는 하나님께 갈 수 없고, 예수 그리스도가 아니고서는 복음의 능력을 누릴 수 없기 때문입니다. 그러므로 가장 먼저,

① 주님을 인격적으로 만나고 나의 죄를 위해 이 땅에 오신 예수 그리스도를 마음에 영접하는 것입니다(요일 1:12).

② 이와 같이 예수 그리스도를 마음에 영접한 우리들은 하나님의 자녀가 됩니다. 그리고 하나님의 자녀들은 성령 하나님의 임재를 체험하게 됩니다. 성령 하나님께서는 우리를 위하여 간구할 모든 것을 알려주시고 우리 인생의 스승이 되셔서 우리의 삶을 인도하시고 도와주십니다. 그래서 성령님의 별명이 '보혜사'(돕는 자, 위로자, 상담자)입니다.

③ 또한 성령 하나님께서는 우리가 누리는 복음에 대하여 담대하게 선포하게 하십니다. 우물가의 여인은 사람 만나는 것이 싫어서 아무도 없는 시간에 물을 길러 온 여인이었습니다. 그러나 그가 예수님을 만나고 복음의 능력을 체험하자 이제는 담대하게 '와 보라 그리스도가 여기 있다!' 라고 선포하는 사람으로 변화되었습니다. 사람을 피해 다니던 이가 이제는 오히려 사람을 찾아다니는 이로 바뀌었습니다. 예수님의 제자들 역시 성령 하나님의 임재를 체험하지 못했을 때는 실패자요, 낙심자요, 겁쟁이었습니다. 그러나 이제 그들이 성령 하나님의 임재를 체험하자 목숨을 내놓고 자신 있게 예수 그리스도를 선포하는 이들로 변화되었습니다.

④ 우리의 선포를 통해 하나님이 일하십니다. 사마리아 사람들은 처음 한 여인의 외침 때문에 예수님 앞에 나아왔습니다. 그러나 이제는 그 여인의 외침 때문이 아니라 정말로 예수 그리스도를 만나게 된 것입니다. 그래서 이들은 "이제 우리가 믿는

것은 네 말로 인함이 아니니 이는 우리가 친히 듣고 그가 참으로 세상의 구주신 줄 앎이라"라고 선포합니다. 즉, 예수님 앞에 불러 낸 것은 한 여인의 외침이었지만, 이들의 마음을 변화시키고 믿게 한 것은 바로 예수 그리스도셨습니다. 그분의 말씀이었음을 기억해야 합니다.

5. 복음의 능력이 선포되고 누리도록 주님이 이와 같이 행하신다면, 내가 해야 할 일은 무엇이라고 생각합니까?(눅 4:18~19, 요 4:28~30,39~42)
   정답 : 내가 보고, 듣고, 느끼고, 누리는 것을 선포하는 것

 문제 설명

　은혜의 해(해방과 자유, 기쁨)를 선포하기 위해서는 내가 먼저 그것을 누려야 합니다. 그리고 내가 누리는 은혜를 선포하는 것입니다. 성령 하나님은 내가 누리는 것을 선포하도록, 능력이 나타나도록 도우십니다. 그러므로 내가 할 일은 그냥 내가 누리는 것을 선포하기만 하면 되는 것입니다. 우물가의 여인도 역시 마찬가지입니다. 우물가의 여인이 "와 보라" 하고 외칠 때, 그는 무엇을 와서 보라고 외쳤습니까? 그렇습니다. "내가 행한 모든 일을 내게 말한 사람"입니다.
　즉, 그동안 자신이 어떻게 살았고 어떤 존재였는지 이미 다 알고 있는 그 사람을 와서 보라는 것입니다. 자기 자신을 변화시킨 바로 그분을 와서 보라는 것입니다.
　즉, 여기서 기억해야 할 것은 변화된 자신이 아니라 자신을 변화시킨 바로 그분, 예수 그리스도를 보라고 외치는 것입니다.
　간증도 역시 마찬가지입니다. 내가 이렇게 했다는 무용담이 아니라 그런 나를 통하여 하나님이 어떻게 행하셨는지를 말하는 것입니다. 그리고 그 이야기를 듣고, 이야기를 들은 사람들이 하나님을 만나도록, 예수 그리스도를 만나도록 해야 하는 것입니다. 그러므로 전도하기 위해 있지도 않은 일을 꾸며낼 필요가 없습니다. 단지 내가 만난 그분을 있는 그대로 이야기하고 선포하면 되는 것입니다.

• 주제 연구 가이드

간증과 나눔도 훈련입니다. 그러므로 교사들이 모일 때마다, 교사와 반 어린이들이 만날 때마다, 일주일간의 삶 가운데 하나님과 어떤 만남들이 있었는지 나누는 것이 습관이 되어야 합니다. 자연스러워야 합니다.

간증, 나눔은
① 하나님께서 나에게 행하신 모든 것을 말하는 것입니다.
② 내가 경험한 것(질병에서 치료 받은 것, 기도 응답 등)을 말하는 것입니다.
③ 보고 들은 것을 그대로 말하는 것입니다.

이때 주의할 것은 절대 자기 자신의 무용담이 되어서는 안 되며, 모든 영광은 하나님께 돌려야 합니다.

Look 적용점 살피기

1. 나는 얼마나 복음의 능력과 은혜를 누리고 있습니까? 자신이 누리고 있는 복음의 능력을 서로 나누어 보세요. 만약 내가 복음의 능력과 은혜를 누리고 있지 못하다면 그 이유가 무엇이라고 생각하십니까? 그 대안도 함께 나누어 보세요.

문제 설명

자신의 삶을 점검하는 시간으로 삼고, 풍성한 복음의 능력을 누릴 수 있도록 충분히 나누는 시간을 가지세요! 혹시 내 안에 복음의 능력을 누리지 못하게 하는 것들이 있다면 그 목록들을 찾아 작성하고 믿음의 동역자들과 함께 나누고, 서로를 위하여 함께 기도하는 시간을 갖는 것이 좋습니다.

• 주제 연구 가이드

교사 공동체는 서로 하나 됨이 무엇보다 중요합니다. 서로 든든한 믿음의 동역자로 서로의 삶을 있는 그대로 나누기 위해서는 서로에 대한 신뢰가 무엇보다 중요합니다. 그러므로 서로 간의 하나 됨은 늘 강조해도 지나치지 않습니다. 또한 서로 나눈 이야기들이 다른 이들에게 소문나지 않도록 주의시켜야 합니다.

예를 들어 "나는 아직도 구원의 확신이 없어서 어떻게 전도해야 할지 모르겠고, 어린아이들에게 전도하는 것인데도 무서워 이래저래 핑계를 대고 하지 않았습니다."라고 고백하는 선생님이 있다면 이 선생님을 위해 함께 기도해주고 하나님의 은혜가 무엇인지 깨닫도록 서로 도와야지, 이 선생님의 이야기를 소문내어 수치감을 느끼게 해서는 절대로 안 됩니다.

2. 지금 내 주변에 복음이 필요한 이들을 찾아 목록을 작성하고 이들을 위해 기도하는 시간을 가지세요.

문제 설명

복음을 필요로 하는 사람은 복음을 알지 못하는 모두입니다. 그러므로 여기서 찾고 목록을 작성하는 대상은 그중에서도 특별히 어려움 가운데 있거나, 질병으로 힘들어 하는 등, 지금 당장 복음의 능력을 체험해야 하는 사람들을 이야기합니다.

그리고 지금 여기에 모인 대상자들은 교사들입니다. 그러므로 우리 반 아이들 중, 장기 결석자들이나 구원의 확신이 없는 아이들, 새롭게 전도해야 하는 어린이들 중에서 찾아보아야 합니다.

3. 이들을 위한 실제적인 전도 전략을 세워보세요.

 문제 설명

위에서 작성한 명단의 사람들을 실제적으로 어떻게 전도할 것인지 개인적 전도 전략(전도 대상자와 친해지고, 전도 대상자의 필요를 채워주고, 전도 대상자 섬기기 등)과 교회적으로 함께할 공동체적 전도 전략(친구 초청 잔치, 전도지 제작 등)을 나누어 세워보세요!

♧ 어린이 전도 방법은 교육 자료 1 "어린이 전도법"을 참고하세요!

 **Took** 실천사항 찾기

한 주간 실제로 실천할 수 있는 구체적인 내용 3가지를 적어보고 그 결과를 점검해봅시다.

	실천할 내용 (구체적으로 기록하세요)	점검 (10기준)	느낌 및 다짐
1			
2			
3			

기도하겠습니다.

오늘 나눔을 통하여 깨달은 점을 생각하며 기도문을 작성해보세요.

♡ 교사를 위한 잠언 ♡

당신 속에 있는 그리스도의 능력이 당신 주위의 고난의 압력보다 더 크다.
―데이브 에그너(Dave Egner)

마무리 예화 ...

전도하는 즐거움

병원을 운영하던 의사가 있었습니다. 일과를 끝내고 그날의 수입을 세는 것이 그의 즐거움이었습니다. 그러던 어느날 성령께서 탄식하는 소리를 들었습니다.

"내 종아, 너는 매일 번 돈을 기쁘게 세는데 매일 만나는 사람 중에서 네가 복음을 전한 사람의 수를 세어본 적이 있느냐?"

그는 충격을 받고 전도를 결심했습니다. 다음 날부터 찾아오는 환자들에게 정성어린 치료와 함께 복음을 나누기 시작했습니다. 일과가 끝난 후에는 전처럼 돈을 세는 것이 아니라, 구원한 영혼의 카드를 쓰기 시작했고 영혼이 돌아온 기쁨을 누리게 되었습니다.

당신은 얼마나 많은 영혼을 하나님 앞으로 인도했습니까? 당신 안에 계신 성령의 음성에 귀기울이고 순종하십시오.

교육 자료 1

이 부분은 필요할 때 특강 강의안으로 사용 가능합니다.
'Book' 또는 'Look' 전·후 부분을 나눌 때 참고하시면 좋습니다.

1. 어린이 전도법

교회 유초등부에서 사용할 수 있는 몇 가지 전도법을 소개합니다. 이외에도 다리 전도법, 백지 전도법 등 다양한 전도법이 있습니다.

여기에 소개된 여러 가지 전도법을 다 사용하려 하지 마십시오. 여러 가지 방법을 사용하는 것보다 어느 한 가지를 지속, 반복하여 자신의 것으로 익히는 것이 중요합니다. 그러므로 먼저 각 교회의 현실에 맞는 전도법을 찾는 것이 중요합니다.

1) 어린이 고구마 전도

① **인사 : 관심 표명, 칭찬 격려**
  예) "너 정말 잘 생겼다." "너 정말 예쁘게 생겼다."

② **예수 믿으십니까?**
  ▶ 무관심한 어린이 : "믿어서 뭐하게요, 바빠서, 학원 가요."
  "예수님 믿으면 정말 좋아요."
  하나님이 나의 아버지 되셔서 언제나 우리를 지켜주신단다. 그리고 우리의 모든 죄를 다 용서하여 주셔서 너무나 좋은 천국도 갈 수 있단다.

  ▶ 회의적인 어린이 : "나도 옛날에 교회 다녔어요, 교회 재미

없어요."

"그래도 예수님 믿어야만 해요."

하나님은 언제나 우리를 사랑하셔서 우리 친구가 다시 교회 다니길 원하신단다. 교회는 재미로 다니는 곳이 아니란다. 그리고 우리 ○○교회는 재미도 있단다.

▶ 타 종교 어린이 : "난 불교예요, 엄마가 싫어해요."

"선생님이 널 위해 계속해서 기도할게."

또 만나자. 다음에 보면 우리 인사하자!

2) 1분 전도(사 53:6)

① 복음 제시

우리는 다 양(어리석은 존재) 같아서 그릇(잘못) 행하여 각기 제 길로 갔거늘(자기 중심으로 생활) 여호와(하나님)께서는 우리 무리의 죄악을 그에게(예수님) 담당시키셨도다(십자가에 죽으심)

② 확인 질문

① 무엇을(우리의 죄악)
② 누구에게(예수님)
③ 어떻게(담당)
④ 그러면 우리는(죄 없음, 하나님의 자녀)

③ 손으로 설명

왼손(예수님), 오른손(우리 자신), 죄(물건)

3. 글 없는 책

각 장의 내용	성구	진리를 가르치는 방법	연결어
황금색 장 **하나님은 누구신가** 1. 창조주 (너를 만드신 하나님) 2. 사랑 (너를 사랑하신 하나님) 3. 거룩하신 하나님 4. 처소를 예비하심	요 3:16	하나님이 누구신가를 설명: 그분은 모든 것을 만드셨다. 나무, 산, 너를 만드셨다. 하나님은 너를 사랑하시고 그의 자녀들을 위해 천국에 처소를 예비하고 계신데, 그분은 거룩하시고 순수하시고 그분이 거하시는 집도 그러하다.	그러나 천국에는 결코 용납되지 않는 한 가지가 있어요. 그것은 바로 '죄'에요.
어두운 색 장 **문제점/필요** 1. 죄의 정의 2. 죄의 실제 3. 죄가운데 태어남 4. 하나님과의 분리	롬 3:23	죄는 여하간에 하나님을 기쁘시게 할 수 없다. 예) 거짓말, 싸움 등 우리는 잘못을 행하는 욕망을 갖고 태어났다. 성경은 말하기를 우리는 우리 죄로 인해 형벌을 받아 마땅하다고 한다. 거짓은 하나님으로부터 영원히 분리됨을 뜻한다.	죄를 해결할 수 있는 방법이 있단다.
붉은색 장 **해결/길** 1. 완전하신 하나님의 아들 2. 너의 벌을 대신 받으심 3. 그의 보혈을 주심 4. 죽으심과 다시 사심 5. 이제는 천국에	히 9:22 고전 15:3~4	예수 그리스도 하나님의 아들은 어떤 잘못도 행하지 않았다. 그러나 그분은 기꺼이 십자가 상에서 너의 죄를 대신 지셨다. 하나님은 그분에게 너의 죄를 맡게 하셨다. 예수 그리스도는 우리를 위해 그의 보혈을 흘리셨다. 그는 죽으셨지만 다시 살아나셨다. 이제 그분은 천국에 계신다.	이제 예수님이 너를 위해 해 주신 일 때문에 너의 죄는 용서 받을 수 있게 되었다.

각 장의 내용	성구	진리를 가르치는 방법	연결어
깨끗한 장 권유/적용 1. 초청 2. 구원의 확신	요 1:12 히 13:5 하	성구를 설명, 질문해서 구원의 메시지를 검토, 어린이는 그리스도를 영접하기 위해 기도한다. 그래서 확신을 준다. 넌 누구의 자녀인가? 읽고 설명한다(히 13:5). 주님이 언제 너를 떠나실 것인가?	네가 하나님의 자녀가 되었으니 주님은 네가 그분을 더 잘 알게 되기를 원하셔요.

초록색 장
영적 성장
 	
1. 죄의 고백
2. 예수 안에서
   자라남
   a. 기도
   b. 성경 읽기와 복종
   c. 증인
   d. 교회와 주일학
     교에 출석
	요일
	1:9
		초록색은 우리에게 성장을 생각나게 한다. 너는 주 예수 그리스도를 이제 믿는다. 너는 주 안에서 성장해야 한다.
		
		1. 죄의 고백
		2. 예수 안에서 자라남
		   a. 기도
		   b. 성경 읽기와 복종
		   c. 증인
		   d. 교회와 주일학교에 출석
			인쇄물을 준다.
			
			감사의 기도
			
			어린이를 위한 기도

4) 3분 전도(4영리 중심)

① 하나님은 인간을 사랑하십니다.

- 창세기 1:27 | 창조, 복 주심(번성, 정복, 다스림의 축복) 그리고 좋아하심
- 이사야 49:15 | 잊지 않으심(여인이 젖 먹는 자식을 잊을지라도)
- 그런데 왜 고난과 죽음이 올까요?

2) 인간의 죄 때문입니다.

① 예레미야 5:25 | 죄가 좋은 것을 막음

② 로마서 1:21 | 감사하지 않음

③ 로마서 1:25 | 피조물 섬김, 우상숭배

④ 로마서 1:26 | 욕심대로 행함

3) 예수님께서는 인간의 죄를 대신 담당하셨습니다.

① 이사야 53:6 | 죄악을 담당

② 히브리서 9:12 | 자기 피로 영원한 속죄

4) 예수님을 나의 구주로 믿으면 구원받습니다(행 16:31).

① 죄 용서(요일 1:9), 영생(요 3:16), 천국(빌 3:20)

② 하나님의 자녀(요 1:12), 기도 응답(마 7:11), 인도(시 23:1)

5. 중요해요!

1) 죄의 개념 설명

① 우리는 태어날 때부터 죄인이다(대표성 원리).
예) 우리나라 축구 대표 선수가 게임에서 이기면 우리 모두가 이긴 것이다. 왜냐하면 우리의 대표이기 때문이다. 이처럼 최초의 사람 아담은 우리의 대표이기도 하다. 아담의 죄는 우리의 죄다. 그래서 죄 용서도 예수님이 대표로 우리의 모든 죄를 십자가에서 해결하여 주셨다.

② 죄는 하나님이 싫어하는 말과 생각과 행동이다.

예) 욕하고 친구를 비방하는 것, 욕심 부리는 것, 친구와 싸우는 것, 부모님 말씀 안 듣는 것, 왕따 시키는 것 등.

2) 영접기도(손가락을 이용하면 쉬워요!)

① 하나님 아버지(엄지 : 하나님)

② 나는 하나님이 싫어하는 죄를 지었습니다(검지 : 회개).

③ 그러나 예수님을 통해 나의 죄를 깨끗하게 하신 것을 믿습니다. 나의 죄를 용서해 주시기 위해 예수님을 보내주셔서 감사합니다(중지 : 감사).

④ 이제는 예수님을 나의 구주(맘에 모심)로 믿고, 마음에 모시길 원합니다. 이 시간 내 마음에 들어오세요(약지 : 영접, 간구).

⑤ 예수님의 이름으로 기도 드립니다. 아멘(소지 : 예수님의 이름).

♧ 한치호 목사님의 「전도하지 않는 교사 주일학교를 떠나라」(크리스천리더)를 함께 참고해서 보세요. 전도의 이론과 실제에 대하여 많은 도움을 받을 수 있습니다. 본 과를 진행하기 전/후 교사 필독서로 사용하시면 효과가 더 크게 나타날 것입니다.

2. 어린이 전도 프로그램

> 본인이 사역하는 교회에서 실제 운영했던 전도 프로그램 운영안을 참고로 소개합니다. 이를 참고로 더 멋진 어린이 전도 프로그램을 진행해 보세요! 참고로 「주일학교 교사 바로 세우기 3」 전도 교육에 관한 나눔입니다. 필요하면 「주일학교 교사 바로 세우기 3」을 먼저 나누셔도 됩니다.

1. 전체 개요

1) 행사명 : "나는야 발짱 될 거야!"

2) 일시 : 2010년 9월 8일(주일) 오후 1시 30분

3) 목적 :
   ① 발짱이신 예수님을 따라 친구들을 전도하게 한다.
   ② 새로운 친구들을 전도하여 예수 그리스도를 영접할 수 있도록 한다.

4) 내용 :

5) 준비 사항

시간	내용	담당자
1:15~1:30	심방 및 안내, 접수	담당 선생님
1:25~1:50	찬양	담당 선생님
1:50~2:00	구원 메시지 선포	담당 교역자
2:00~3:00	코너 학습 센타 ① 내가 발짱!(발 도장 찍기) ② 깨끗한 발짱!(세족식) ③ Power 발짱!(죄 풍선) ④ 힘들어도 발짱! 　(고난-지압 발매트) ⑤ 높이~높이 발짱! 　(하나님이 높이심-발 높이 차기)	각 팀 인솔 교사 ① 유치 : ② 1~2, 6학년 : ③ 3~5학년 :
3:00~	마무리 및 귀가 지도	모든 교사

담당자

① 초대장 및 반 전도 목표 그래프, 신입 등록 카드 준비 : ○○○ 교사
② 환경 꾸미기 : ○○○ 교사 외 모든 교사
③ 코너 설치 : ○○○ 교사 외 다수
④ 전도 풍선 인쇄 및 현수막 : ○○○ 교사

준비 과정

*날짜는 참고만 하시고 교회 상황과 시기에 따라 조절하세요.

① 8월 17일 : 반 전도 목표 설정 – 전도 그래프 만들기
② 8월 24일 : 책갈피 초대장 만들기
③ 8월 31일 : 반별 심방 및 야외 전도
④ 9월 6일 : 토요일 학교 앞 풍선 막대기 전도

2. "나는야 발짱 될 거야!" 코너 학습

*모든 코스는 '발'을 매개로 복음 메시지에 초점을 두고 있습니다. 결과적으로 우리의 죄를 위해 십자가를 지고 골고다로 향하는 주님의 사랑의 발을 가르치고 그 뒤를 따르는 우리의 발이 되어야 함이 핵심입니다.

1) 제1코스 : 어두움의 발!
   (죄 가운데 있는 우리 – 죄 풍선 터뜨리기) – 넓은 공간

① 진행자 : OOO 선생님(보조: 여러 명, 풍선을 불고, 매다는 데 필요해요)
② 진행 초점 : 우리의 발은 언제는 남을 괴롭히고, 욕심 부리고, 죄악 가운데 행하면서 좋아하고 즐거워하는 어리석은 죄인임을 인식시킨다.
③ 진행 소요 시간 : 10분

④ 진행 내용 :
   a. 진행자 인사 및 인원 점검
   b. 지정된 시간을 주고 공중에 매달려 있는 풍선들을 발로 마음껏 터뜨리게 한다(이때, 앞이 뾰족한 신발을 5개 정도 특수 제작 한다).
   c. 모두 풍선을 터뜨릴 때의 감정, 또는 소감을 나누게 한다.
   d. 여러 가지 감정에 대한 느낌을 진행자는 우리의 죄악 된 마음으로 연결시켜서 1코스의 진행 초점을 설명한다.
      즉, 죄에 대한 개념을 이해시킨다.

♧ 저학년인 경우, 또는 안전을 위해 그냥 바닥에 풍선을 많이 준비해서 터뜨리는 것으로 진행해도 좋습니다.

   e. 진행자 멘트 :
   죄는 행할 때 언제나 재미를 느낀다. 그러나 우리의 목적은 파괴하고 터뜨리는 것이 아니라 하나님이 창조하신 이 세상을 하나님의 말씀대로 다스리고 정복하는 것이다. 그래서 하나님은 이 세상을 창조하시고 아담과 하와를 통해 이 세상을 정복하고 다스리게 하셨다(창 1:28). 그러나 아담과 하와는 하나님과의 이런 약속을 깨고 자신의 마음대로, 자신의 재미에 따라 행했다. 성경은 이것을 '죄' 라고 말한다.
   죄를 행할 때는 재미가 있지만, 유익하지는 않다(예, 남의 물건을 훔치는 것, 돈을 주지 않고 가게에서 몰래 훔쳐 먹는 것, 다른 친구를 때려주는 것 등). 그러나 더 중요한 것은 죄에는 심판이 따른다(롬 3:23 말씀 카드를 준비해서 모두 같이 읽게 한다)는 것이다. 결국 우리는 죄 때문에 죽게 되고 그 후에는 심판을 받고 지옥에 간다. 그럼 어떻게 해야 할까? 그 방법은 다른 코스에서 알게 될 것이다.

f. 마무리 및 인원 점검하고 다음 코스로 이동

⑤ 준비물 : 말씀 카드 2개(창 1:28, 롬 3:34), 뾰족한 신발 5개, 낚시줄, 풍선

⑥ 진행 시 주의 사항 :
   a. 참여하는 어린이들이 너무 흥분해서 다치지 않도록 주의해 주세요.
   b. 모든 어린이들이 참여할 수 있도록 지도해주세요.
   c. 풍선을 무서워하는 어린이들에게 거부감이 들지 않도록 신경 써 주세요.

2) 제2코스 : 발짱이신 예수님!
(예수님의 고난의 길- 지압 매트)

① 진행자 : OOO 선생님
② 진행 초점 : 우리의 죄악을 해결하시기 위해 걸어가신 예수님의 고난의 발을 생각하게 한다.
③ 진행 소요 시간 : 10분
④ 진행 내용 :
   a. 인원 점검 및 코스 운영 소개
   b. 신발을 벗고 지압 매트 위를 걸어가게 한다.
     (이때 침묵하게 한다.)
   c. 순서대로 모두 걸어간 후 서로의 느낌을 이야기하게 한다.

d. 진행자 멘트 :

우리는 비록 건강 매트 위를 걸어갔다. 그래도 우리는 힘들고 아팠다. 그러나 예수님은 이보다 더한 골고다의 길을 아주 무거운 십자가까지 지고 가셨다. 그 이유는 우리를 너무나 사랑하셔서 우리의 죄를 대신하기 위해서였다. 우리의 죄를 위해 고난의 길을 걸어가신 예수님의 발이 참된 발짱이다. 참된 발짱이신 예수님의 발걸음을 생각하면서 우리는 감사함을 가져야 한다. 그리고 이제 우리도 발짱이신 예수님을 따라가도록 해야 한다.

e. 마무리 및 다음 코스 이동

⑤ 준비물 : 말씀 카드(요 1:29), 지압 매트 약 5~7m
⑥ 진행 시 주의 사항 :
   a. 장난이 되지 않도록 침묵을 유지시켜 주세요.
   b. 다치지 않도록 각별히 신경 써 주세요.
   c. 아주 어린 아이의 경우는 길이를 짧게 조절해 주셔도 좋아요. 또는 선생님이 어린아이를 대신 업고 걸어가셔도 좋습니다.

3) 제3코스 : 난, 발짱 될 거야!
(발 도장 찍기)

① 진행자 : OOO 선생님(보조 : OOO 선생님)
② 진행 초점 : 참된 발짱이신 예수님을 따라 나도 발짱이 되기 위한 영접과 헌신의 다짐 시간

③ 진행 소요 시간 : 10분
④ 진행 내용 :
  a. 인원 점검 및 코스 소개
  b. 모두 신발과 양말을 벗게 한다.
  c. 준비된 지점토에 자신의 발을 찍게 한다.
  d. 자신의 발을 찍은 지점토에 자신의 이름을 쓴다.

  e. 진행자 멘트 :

  우리는 참된 발짱(고난과 구원의 길을 가신)이신 예수님을 우리의 마음에 모실 때, 예수님을 통해 하나님의 자녀가 되고, 예수님을 닮아 발짱이 될 수 있다(요한복음 1장 12절을 같이 읽는다).
  여기서 영접은 바로 "우리의 죄를 위해 십자가를 지신 예수님을 믿고 이제 예수님과 모든 것을 함께하고 싶어요!"라고 고백하는 것을 말한다. 그러면 예수님께서 우리의 마음속에 오셔서 영원히 함께하신다.
  그리고 이제는 우리가 발짱이신 예수님을 닮아가도록 도와주신다. 오늘은 그러한 의미로 내가 예수님을 따라 발짱이 될 것을 고백하는 마음으로 나의 발을 찍어서 모형을 만들고 간직할 수 있는 시간을 가질 것이다.(완성품은 다음 주에 나누어 줍니다)

  f. 인원 점검 및 마무리, 이동

⑤ 준비물 : 말씀 카드(요 1:12), 지점토 50개, 황금색 락카 10개
⑥ 진행 시 주의 사항 :
  a. 장난이 되지 않도록 지도해 주세요.
  b. 예수님을 마음에 모시도록 영접기도와 헌신(발짱)의 다짐 시간을 가져주세요.

4) 제4코스 : 난 깨끗한 발짱!

(세족식)- 수돗가 주변에서 하면 좋아요.

① 진행자 : OOO 선생님 (보조 : OOO, OOO 선생님)
② 진행 초점 : 우리의 모든 죄를 깨끗이 씻기시는 분은 오직 예수님 뿐이세요.
③ 진행 소요 시간 : 10분
④ 진행 내용 :
　a. 인원 점검 및 코스 소개
　b. 모두 신발과 양말을 벗게 하고 의자에 앉게 한다.
　c. 각 반 담임 선생님들과 진행자 선생님이 돌아가면서 아이들의 발을 씻긴다.
　d. 발을 씻을 때, "사랑한다. 축복한다. 예수님은 우리의 죄를 다 씻어 주셨단다."라고 부드럽게 이야기해 준다.
　e. 발을 씻기고 준비된 수건으로 발을 정성껏 닦아준다.
　f. 마무리할 때, 요한일서 1장 9절의 말씀을 다 같이 크게 읽는다.
⑤ 준비물 : 말씀 카드(요일 1:9), 수건 최대한 많이, 의자 7개, 대야, 씻을 물
⑥ 진행 시 주의 사항 :
　a. 5~6학년 어린이들이 부끄러워하지 않도록 분위기 조성을 잘 해주세요.
　b. 빨리 빨리 진행될 수 있도록 물 공급에 신경 써 주세요.

5) 제5코스 : 난 Power 발짱!

(섬김의 코너)

① 진행자 : ○○○ 선생님(보조 : ○○○ 선생님)
② 진행 초점 : 참된 힘은 다른 사람을 섬겨주고, 아껴주고, 사랑해 주고, 도와주는 것에 있다. 예수님이 그랬던 것처럼 이제 우리도 다른 이들을 도와주고 섬겨주어 참된 능력, 영향력을 발휘하는 발짱이 되자! 예수님께로 인도하는 멋진 발짱이 되자!
③ 진행 소요 시간 : 10분
④ 진행 내용 :

   a. 인원 점검 및 코스 소개
   b. 두 명씩 짝이 되어 가위바위보를 한다.
   c. 진 어린이가 먼저 이긴 어린이를 업고 목적지(예수님 표지판)를 향해 간다. 다시 돌아올 때는 둘이서 손을 잡고 온다.
   d. 이번에는 반대로 이긴 친구가 진 친구를 업고 목적지를 향해 간다. 그리고 동일하게 돌아올 때는 둘이서 손을 잡고 온다.

   e. 진행자 멘트 :

우리는 진짜 힘이 센 것을 파워가 세다고 표현하기도 한다. 그러나 성경은 진정한 파워는 힘에 있는 것이 아니라 다른 친구들을 섬겨주는 것에 있다고 말한다.

왕이신 예수님, 참 하나님이신 예수님께서도 많은 능력과 힘을 가지고 계셨다. 하지만 예수님은 그 힘을 바로 우리를 사랑하시고, 섬겨주시고, 구원하시는 데 사용하셨다.

이와 같이 우리도 도움을 필요로 하고, 힘들어 하는 친구들이 있으면 서로 도와주어야 한다. 서로 사랑해 주어야 한다. 그 사랑의 섬김으로 예수님의 사랑을 전하는 멋진 발짱이 되길 간절히 원한다.

⑤ 준비물 : 예수님 표지판
⑥ 진행 시 주의 사항 :
　a. 서로 경쟁하는 것이 목적이 아니기 때문에 경쟁으로 인해 다치지 않도록 주의시킨다.

♣ 전체 준비 사항
① 전체 사진 촬영 - OOO 선생님
② 전체 간식 - OOO 선생님(아이스크림 or 시원한 음료수)
③ 진행자 명찰 - OOO 선생님
④ 전체 환경 - OOO 선생님
⑤ 전체 진행 사항 체크 및 준비 - OOO 선생님
⑥ 전체 준비물 구입 요청 - OOO 선생님

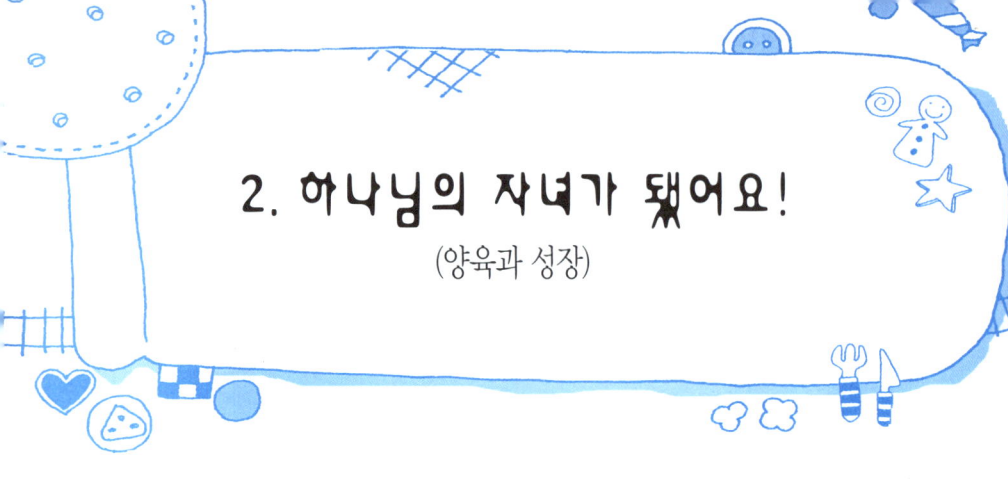

2. 하나님의 자녀가 됐어요!
(양육과 성장)

Hook 주의 끌기

마크트웨인의 「왕자와 거지」라는 책이 있습니다.

쌍둥이처럼 너무나 똑같이 태어난 두 아이, 그러나 한 아이는 한 나라의 왕자였고, 한 아이는 거리의 가난뱅이 거지였습니다.

그러던 이들은 우연히 만나 자신들의 옷을 바꾸어 입고, 서로 입장을 바꾸어 보기로 합니다. 그러나 거지는 비록 왕자의 옷을 입었지만, 그의 삶은 여전히 거지의 모습이었습니다. 자신이 가지고 놀고 있는 옥쇄가 얼마나 큰 능력과 위력이 있는 것인지도 도무지 알지 못했습니다. 거지의 옷차림을 하고 거리로 나간 왕자도 역시 마찬가지입니다. 거지 옷을 입고 있지만 그의 말과 행동, 사고방식 모든 것은 아직도 왕자의 모습 그대로 입니다. 하나님은 우리를 구원해 주셨습니다. 더 이상 죄 아래서 종 노릇 하는 노예가 아니라 예수 그리스도의 보혈로 값을 치룬 보배롭고 존귀한 하나님의 자녀라고 이야기합니다.

▶ 그렇다면 지금 나의 모습은 어떤 모습인가요?
　서로의 경험들을 토대로 서로의 생각을 나누어 보세요!

문제 설명

우리는 죄에서 해방되었고, 그 어느 누구도 우리를 죄로 송사할 수 없다(롬 8장)고 성경은 말합니다. 구원받은 우리는 이제 하나님의 자녀가 되었습니다.

그러므로 이제는 그동안 죄에서 종 노릇 하던 모든 습관들, 사고, 행동들을 버리고 하나님의 자녀답게 생각하고, 말하고, 행동해야 하는 것입니다. 그리스도를 닮아가야 합니다.

하나님께서는 이스라엘 백성들을 애굽에서 구원하시고 광야로 몰아가셨습니다. 광야에는 길이 없습니다. 먹을 것이 없고, 물이 메말라버린 곳이 광야입니다. 불뱀과 전갈 등 알지도 못하는 위험들이 도사리고 있는 곳이 바로 광야입니다. 하나님께서는 애굽에서 종살이하면서 노예 근성에 사로잡혀 소망도 없고, 비전도 없고, 수동적이고, 부정적이고, 주위 환경에 안주해 있는 이스라엘 백성들의 모든 것을 깨어 버리시고, 오직 여호와 하나님만 의지하게 하셨습니다. 오직 여호와 하나님이 길이 되시고, 생명 강이 되시며, 모든 위험 가운데서 지키시고 보호하시는 전능자, 위로자, 치료자 되시는 참 하나님이심을 깨닫게 하고, 주위 환경에 안주하는 것이 아니라 믿음으로 선포하고 정복해 가는 하나님의 자녀다운 모습을 광야에서 갖게 하셨습니다. 하나님을 경험하게 하셨습니다. 하나님을 알아가게 하셨습니다. 날마다 새롭게 하나님을 경험하고 알아가는 것을 다른 표현으로 '신앙이 성장한다' 라고 표현하기도 합니다.

- 주제 연구 가이드

성경 어느 곳에도 구원받은 것이 우리의 목표요, 끝이라고 말하고 있지 않습니다. 구원받은 이후의 삶도 매우 중요합니다. 우리가 계속해서 가야 할 길이 있습니다. 오늘 본문의 말씀을 통하여 구원받은 우리가 나아가야 할 목표가 무엇인지 함께 나누어 봅시다.

★읽을 말씀

에베소서 4:13~15

13 우리가 다 하나님의 아들을 믿는 것과 아는 일에 하나가 되어 온전한 사람을 이루어 그리스도의 장성한 분량이 충만한 데까지 이르리니 14 이는 우리가 이제부터 어린아이가 되지 아니하여 사람의 속임수와 간사한 유혹에 빠져 온갖 교훈의 풍조에 밀려 요동하지 않게 하려 함이라 15 오직 사랑 안에서 참된 것을 하여 범사에 그에게까지 자랄지라 그는 머리니 곧 그리스도라

1. 본문은 구원받은 하나님의 백성들, 하나님의 자녀들이 하나가 되어 어떻게 해야 한다고 말합니까?(13절)

    정답 : 그리스도의 장성한 분량이 충만한 데까지 자라야 한다.

 문제 설명

본문은 그리스도의 사랑을 깨닫고 이제 새 사람이 된 하나님의 자녀들은 하나님의 부르심에 합당(엡 4:1)하게 살아야 한다고 말씀하십니다. 이제는 죄인에서, 거지와 같은 삶에서 벗어나 창조주이신 하나님의 자녀로서 그에 합당한 삶을 살아야 한다고 말씀하고 있는 것입니다. 하나님의 자녀다운 삶을 살도록 우리 안에 성령 하나님께서 임재하시고, 우리를 하나 되게 하셨다고 말씀하십니다. 그러므로 우리는 모두 하나 되어 한 가지 푯대를 향하여 달려가야 하는 것입니다. 그 푯대는 바로 예수 그리스도를 닮아가는 것입니다.

2. 우리는 왜 그리스도의 장성한 분량이 충만해야 한다고 말합니까?(14절)

    정답 : 어린아이가 되지 아니하여 사람의 속임수와 간사한 유혹

에 빠져 온갖 교훈의 풍조에 밀려 요동하지 않게 하려 함이라.

 문제 설명

　구원은 끝이 아니라 새로운 시작입니다. 구원이 우리의 최종 목표라고 한다면, 구원이 우리의 끝이라고 한다면, 우리는 더 이상 존재할 의미가 없습니다. 이미 최종의 목표를 이루었기 때문에 모두 천당으로 가야 합니다. 그러나 성경 어디에도 구원이 끝이라고 말한 곳은 없습니다.
　구원은 하나님 나라의 백성으로 하나님 자녀가 되는 것입니다. 그리고 새롭게 시작하는 것입니다. 이제 새로운 영적 생명을 가지고 새롭게 태어난 새 사람(4:24)인 것입니다. 이제 막 구원받은 사람은 영적으로는 마치 갓 태어난 신생아와 같습니다. 신생아가 여러 사람의 보살핌과 가족과 이웃의 사랑 안에서 성장하듯이 구원받은 새 사람은 성장하는 것이 당연한 것입니다.
　이와 같이 성장하게 되면 점점 어린아이와 같은 모습은 벗어버리는 것입니다. 그래서 세상과 맞서 당당하게 하나님 크기의 몫을 담당하게 되는 것입니다. 이를 본문에서 '어린아이가 되지 아니한다'고 말합니다.
　아울러 어린아이의 모습을 버리고 잘 성장한 새 사람은 이제 세상의 속임수와 간사한 유혹에 빠져 들지 아니하며, 온갖 이단의 거짓 교리와 세상의 풍조에 흔들림이 없이 오직 주님만 바라며 성령 안에서 그리스도의 몸 된 교회를 세워가는 일꾼으로 성장하는 것입니다. 그러므로 교사 된 우리는 죽어가는 영혼을 살리는 전도의 사명도 있지만, 전도된 생명을 다시 그리스도의 몸 된 교회를 세워가는 일에 함께하는 믿음의 동역자로 세워가야 할 책임과 의무도 있는 것입니다.

3. 우리가 자라나야 할 목표, 성장의 분량은 어디까지라고 말합니까?(15절)
　정답 : 범사에 머리이신 그리스도에게까지

 문제 설명

하나님의 자녀로 우리가 성장해야 한다면 우리의 목표는, 우리가 이루어야 할 성장의 목표는 그리스도입니다. 그리스도는 우리를 죄에서 구원하신 구주이십니다. 그리고 우리가 본받아야 할 모델이기도 합니다. 그러므로 본문은 구원받은 우리는 모든 영역에서 머리이신 그리스도를 닮아가야 한다고 말합니다. 물론 어느 누구도 그리스도를 완벽하게 닮을 수는 없습니다. 그럼에도 주님은 우리가 그리스도를 닮기를 원하고 계십니다. 결국 신앙생활을 한다는 것은 끊임없이 그리스도를 닮는 훈련이요, 내 자신의 잘못된 습관과 습성들을 버리고 그리스도를 닮아가는 영적 싸움의 현장인 것입니다.

4. 우리는 어떻게 머리이신 그리스도에게까지 자랄 수 있을까요?(15절)

정답 : 사랑 안에서 참된 것을 하여

문제 설명

본문에서는 그리스도에게까지 자라기 위해 '사랑 안에서 참된 것'을 하라고 말씀하십니다. 하나님께서는 원수 되었던 우리를 먼저 사랑해 주심으로 하나님의 자녀로 삼으셨습니다. 이제 우리는 하나님의 사랑 안에 거하는 자가 되었습니다. 그러므로 이제는 그 사랑 안에 거하며 그 사랑을 나누는 삶을 살라는 것입니다. 하나님의 사랑 안에서 참된 일을 하라는 것입니다.

그럼 참된 일이란 무엇이겠습니까? 그것은 크게 두 가지로 생각해 볼 수 있습니다. 하나는 하나님의 크고 놀라운 사랑을 전하는 전도의 삶이고, 다른 하나는 교회 안에서 각 지체들을 사랑으로 섬김으로써 그리스도의 아름다운 사랑을 이루어가는 것입니다.

정리하면, 우리가 전도할 수 있는 힘의 근원은 그리스도의 사랑입니다. 우리가 다른 이들을 섬길 수 있는 힘의 근원도 역시 그리스도의 사랑입니다.

즉, 구원받은 자가 예수 그리스도를 본받고 따르기 위해서는 사랑밖에 없는 것입니다. 바로 자신의 목숨까지 주셨던 그리스도의 사랑뿐입니다. 이제 그 사랑을 행동으로 표현하는 것이 바로 참된 것입니다.

5. '구원받는 것'과 '그리스도의 장성한 분량까지 자라는 것'에는 차이점과 공통점이 있습니다. 무엇이라고 생각하십니까?(엡 4:1~7 참고)

   ① 차이점 - 구원은 철저하게 개인적인 것이고, 자라는 것은 공동체적 연합이다.
   ② 공통점 - 구원과 자라는 사역 모두 성령이 함께하신다.

 문제 설명

구원은 하나님과 나의 개인적인 문제입니다. 다시 말해서 예수 그리스도를 구주로 영접하느냐, 안 하느냐의 개인적인 문제입니다. 누가 대신 믿어줘서 구원을 대신 받아 줄 수 있는 것이 아닙니다. 누가 받을 때, 함께 덤으로 받을 수 있는 것도 아닙니다. 구원의 문제는 절대적으로 개인의 문제입니다.

그러나 구원받고 하나님의 자녀가 되면, 그 이후의 삶은 교회라는 공동체와 하나가 되어 함께 삶을 살아가는 것입니다.

구원받는 순간 우리는 그리스도의 각 지체가 되어 그리스도의 몸인 교회 공동체를 세워나가는 일의 한 부분을 담당하는 것입니다. 그러므로 구원받는 것은 그리스도와 연합(연결)되는 것이고, 연결(구원)된 이후에는 그리스도 예수 안에서 건물답게, 하나님의 자녀답게 멋지게 지어져 가는 삶을 사는 것입니다(엡 2:21~22).

Look 적용점 살피기

1. 처음 예수님을 믿었을 때의 내 모습과 지금의 내 모습을 비교해 볼 때, 얼마나 자랐다고 생각하십니까? 앞으로 성장, 성숙하기 위해 어떤 노력을 해야 한다고 생각하십니까?

 문제 설명

처음 내가 그리스도를 믿었을 때 나의 상태가 어느 정도의 수준이었는지가 중요한 것이 아니라 그때부터 지금까지 내가 얼마나 그리스도를 향하여 성장, 성숙하고 있는지가 더 중요합니다. 왜냐하면 생명은 성장하기 때문입니다. 열매를 맺는다는 것입니다. 그러므로 나의 삶의 모든 면에서 그리스도를 닮은 삶의 열매를 맺는 것이 중요합니다. 왕년에 무엇을 했는지가 중요한 것이 아니라 지금 내가 무엇을 하고 있는지가 중요한 것입니다.

• 주제 연구 가이드

사람들의 시선을 의식하지 말고 하나님 앞에서 정직하게 자신을 점검해 보는 시간이 되도록 지도하세요! 때로는 이 부분을 서로 나누어야 한다는 부담감으로 정직하지 못하고 추상적으로 나눌 수도 있습니다. 그러면 큰 의미가 없습니다. 그러므로 정직하게 하나님 앞에 자신의 마음을 담아 글로 표현하는 것도 좋습니다. 만약 나눈다면 누구의 지적이나 강요보다 자발적으로 나누길 원하는 사람들만 나누는 것이 좋습니다.

2. 교회 공동체 안에서 나의 역할은 무엇이라고 생각합니까? 왜 그렇게 생각하는지 서로 나누어 보세요.

문제 설명

　구원받고 새 생명을 얻은 성도는, 성장하고 성숙하며 겸손해질 수밖에 없습니다. 그리고 겸손과 사랑으로 교회와 공동체를 섬기는 종의 모습을 갖게 됩니다. 결국 내가 종의 모습으로 교회와 이웃, 각 지체들을 섬길 때, 주어진 은사에 따라 섬기게 되어 있습니다. 그러므로 교회 안에서 나는 어떤 지체이며, 어떤 지체의 역할을 감당해야 하는지 깨닫고 아는 것은 매우 중요합니다. 이것을 우리는 흔히, '은사 사역'이라고도 하고, '달란트 사역'이라고도 합니다.

3. 교회 공동체 안에서, 특히 유초등부 교사 공동체 안에서 서로의 은사와 역할이 무엇인지 찾아보고 이야기해 주세요!(3명 이상) 교사 공동체 안에 더 필요한 은사와 사역들이 있다면 어떤 부분들인지 나누고 그 부분이 채워지도록 함께 기도하는 시간을 가지세요!

• **주제 연구 가이드**

　긍정적으로 우리의 부족함을 깨닫고 그를 보완하기 위한 작업이며, 서로 생각을 공유함으로 하나 되기 위한 시간임을 기억해야 합니다. 그러므로 "우린 이런 것도 없고, 이런 것도 부족하고 ~" 등의 불평, 불만을 이야기하는 시간이 되지 않도록 지도하세요!

 문제 설명

　때로는 내가 무엇을 잘하는지 내 자신이 모를 때도 있습니다. 그러므로 이 시간은 내가 아닌 다른 사람이 나를 보았을 때, 생각했던 장점과 은사들, 또는 앞으로 더 많이 성숙하고 계발되어야 하는 은사들을 나누는 시간이 되어야 합니다.

Took 실천사항 찾기

한 주간 실제로 실천할 수 있는 구체적인 내용 3가지를 적어보고 그 결과를 점검해봅시다.

	실천할 내용 (구체적으로 기록하세요)	점검 (10기준)	느낌 및 다짐
1			
2			
3			

기도하겠습니다.

오늘 나눔을 통하여 깨달은 점을 생각하며 기도문을 작성해보세요.

> ♡ 교사를 위한 잠언 ♡
> To build up community best of way, is love.
> (공동체를 세우는 최고의 길은 사랑이다.)

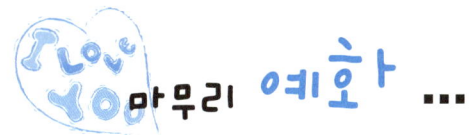 마무리 예화 ...

낡은 바이올린

낡은 바이올린 하나가 경매에 붙여졌습니다. 아무도 살 것 같지 않은 물건인 터라 1달러부터 경매 가격이 시작되었습니다. 겨우 3달러에 낙찰이 되려는 순간, 한 백발의 노인이 성큼 걸어 나오더니 그 낡은 바이올린을 집어들고 명곡을 연주하기 시작했습니다.

연주가 끝나자 여기저기서 좀전과는 다르게 높은 가격으로 흥정되기 시작했습니다. 결국 3달러에 낙찰될 뻔한 바이올린이 3천 달러에 낙찰이 되었습니다. 누군가가 물었습니다. "도대체 어떻게 된거야? 어떻게 저 낡은 바이올린의 가치가 달라진 걸까?" 어떤 사람이 흥분된 목소리로 대답했습니다. "그 바이올린을 잘 아는 주인의 손길이 스쳐갔기 때문이지!"

하나님의 손길이 닿을 때 사람은 새롭게 변화됩니다. 하나님께서 붙드실 때 비로소 가치 있는 사람이 되는 것입니다.

교육 자료 2

이 부분은 필요할 때 특강 강의안으로 사용 가능합니다.
'Book' 또는 'Look' 전·후 부분을 나눌 때 참고하시면 좋습니다.

1. 신앙 성장 곡선

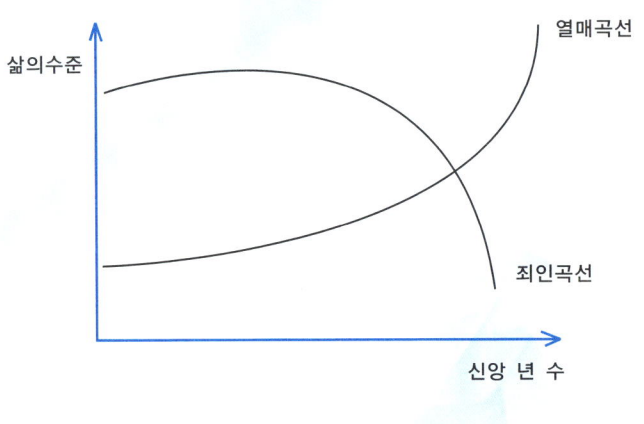

〈 신앙 성장 곡선 〉

위의 그림이 나타내는 것이 무엇이라고 생각하십니까?

먼저 그림의 '삶의 수준'이 나타내는 것은 내가 내 자신을 얼마나 괜찮은 존재라고 평가하는지에 대한 기준입니다. 즉, 어떤 이들은 처음 예수님을 믿을 때, 자신에 대한 평가를 "그래도 내가 남한테 잘못한 것 없으니 70 정도는 되겠지", 또는 "나는 너무나 성격이 못돼서 남에게 상처를 많이 준 인생이야. 한 40 정도 될 것 같아" 이렇게 생각할 수 있습니다. 즉, 예수님을 영접하고 믿기 시작할 때, 삶의 수준은 각자 다른 위치에서 출발을 하게 됩니다.

그러나 중요한 것은 이제부터입니다. 신앙의 연수가 높아질수록 성장해야 합니다. 하나님의 뜻을 알고, 하나님의 말씀을 깨닫게 됩니다. 이와 같이 하나님 말씀 앞에 반응하면서 나타나는 대표적인 증상이 두 가지가 있는데, 그 하나는 죄인 됨의 인식에 관한 것이고, 다른 하나는 신앙의 성장이 이제 열매(꿈, 비전, 헌신, 전도, 봉사, 섬김 등)로 나타나게 되는 것입니다.

위의 그래프와 함께 볼 때, '죄인 곡선'이 있습니다. 이는 내가 하나님의 말씀에 반응하면서 전에는 죄로 느껴지지 않던 것이 이제는 죄로 느껴지게 되는 것입니다. 전에는 거짓말 정도는 아무렇지도 않았는데, 이제는 마음에 찔림이 옵니다.
　이와 같은 현상은 그만큼 성장했기 때문에 오는 것입니다. 즉, 신앙의 연수가 높아질수록 '삶의 수준'을 어디에서 시작했든지 간에 그 보다는 더 밑으로 내려와야 합니다. 내가 하나님 앞에 서면 설수록 내 자신이 연약하고 부족한 존재임을 깨닫게 되기 때문입니다.

그렇다면 '열매 곡선'은 어떻게 되겠습니까? 전에는 제 잘난 맛에 살았는데, 이제는 내가 잘난 것이 아니라 연약하고 죄인 됨을 깨닫게 되기 때문에 당연히 겸손해질 수밖에 없고, 낮아질 수밖에 없으며, 최선을 다하여 하나님께 감사와 사랑을 표현할 수밖에 없는 것입니다. 그럼 당연히 나의 삶의 열매 곡선은 처음 시작보다는 점점 위로 올라가야 합니다. 전보다는 더 큰 비전을 품고, 전보다는 더 멋진 헌신자가 되며, 전보다는 더 멋진 섬김이가 되는 것입니다.

다시 요약하면, 내가 예수님을 처음 믿었을 때, 나의 상태가 어디에서 출발했든 그것은 상관없습니다. 중요한 것은 '죄인 곡선'은 점점 내려가야 하고, '열매 곡선'은 점점 올라가야 한다는 것입니다.

이것이 바로 성장하고 있다는 증거입니다. 이때, 굴곡이 급격히 내려갔다 올라가는 사람이 있는가 하면, 어떤 사람은 천천히 내려갔다 올라갈 수도 있습니다. 이와 같은 개인차는 인정해 주어야 합니다.

2. 영적 삶의 수레바퀴

어린이가 신앙생활을 시작했다면 그는 다음의 네 가지 조건에 따라 살아가야 합니다.

① 기도

아기는 처음 태어나서 무엇부터 할까요? 숨 쉬는 것을 먼저 합니다. 기도는 신앙인의 숨 쉬기와 같습니다. 기도의 습관을 들이도록 도와야 합니다.

♣ 날숨 : 죄를 자백함, 들숨 : 하나님의 은혜를 구함

② 말씀

새로 태어난 아기는 무엇을 먹고 자랄까요? 아기는 젖을 먹고 자랍

니다. 하나님의 자녀로 태어난 우리는 생명의 양식을 먹고 자라야 합니다. 하나님의 말씀을 먹는다는 것은 성경을 읽고 묵상하는 것입니다(처음에는 읽기 쉽고, 이해하기 쉬운 4복음서나 이야기 중심의 역사서 등이 좋습니다).

③ 교회

아기는 어디에 있는 것을 좋아할까요? 아기는 젖과 사랑이 있는 엄마 품을 좋아합니다. 우리의 엄마품은 교회이며 교회에는 젖과 사랑이 있습니다(교회에 계속해서 출석할 수 있도록 챙겨주어야 합니다).

④ 전도와 섬김, 봉사

아기는 어떻게 해야 튼튼하게 자랄까요? 아기는 운동을 함으로써 튼튼히 자랍니다. 하나님의 자녀들도 운동을 해야 튼튼해집니다.

우리들의 운동은 전도와 섬김, 봉사입니다. 쉬운 것부터 하나씩 하나씩 섬기고 봉사할 자리를 만들어줌으로써 주인 의식을 길러주고 함께 전도할 수 있도록 도와야 합니다.

3. 평가 방법

평가의 영역은 매우 어렵고 힘든 작업입니다. 신앙을 점검하고 표현하기는 매우 까다롭습니다. 그러나 신앙의 가장 중요한 특징은 학습자의 삶의 변화에 있습니다. 그러므로 학습자의 삶의 모습은 좋은 평가의 지표가 되기도 합니다. 모든 교사와 지도자는 자신이 가르치는 학습자의 삶의 자세가 변할 것을 기대하며 기도하고 가르쳐야 합니다.

그리고 다음과 같은 항목을 설정하고 관찰하여 얼마나 성장하고 있는지 점검해 볼 수 있습니다(항목은 몇 가지 대표적인 예를 제시한 것이고 각 교회의 현실에 맞게 추가적으로 점검해 볼 수 있습니다).

1) 신앙 영역
① 어린이들의 말에 귀를 기울이세요. 그들이 하는 신앙고백의 표현을 들어보세요. 또는 어린이들이 어떤 대답을 하는지 들어보세요.
② 어린이들의 기도에 귀를 기울이세요.
③ 어린이들의 행동(전도, 습관 등)의 변화를 주시하세요.
④ 어린이들의 예배 태도의 변화를 주시하세요.

2) 지적 영역
① 주간 학습지(주보)를 통해 지적 수준을 체크합니다.
② 기초 사항(주기도문, 사도신경) 암기 능력을 확인합니다.
③ 성경에 대한 일반적 사항(성경책 이름 외우기 및 찾기)을 점검합니다.
④ 하나님, 예수님, 성령님이 어떤 분이신지 질문을 통해 확인합니다.

3) 정의적 영역

① 언어의 변화를 점검합니다.

　예) 부정적 언어에서 긍정적 언어, 상처를 주는 언어에서 위로를 주는 언어 등

② 친구들과의 삶을 점검합니다.

　예) 어떤 친구들과 어울리는지, 어울림의 영역이 얼마나 넓어지고 있는지 등

4) 의지적 영역

① 전도의 결과를 점검합니다.
② 교회 출석의 결과를 점검합니다.
③ 헌금을 점검합니다.

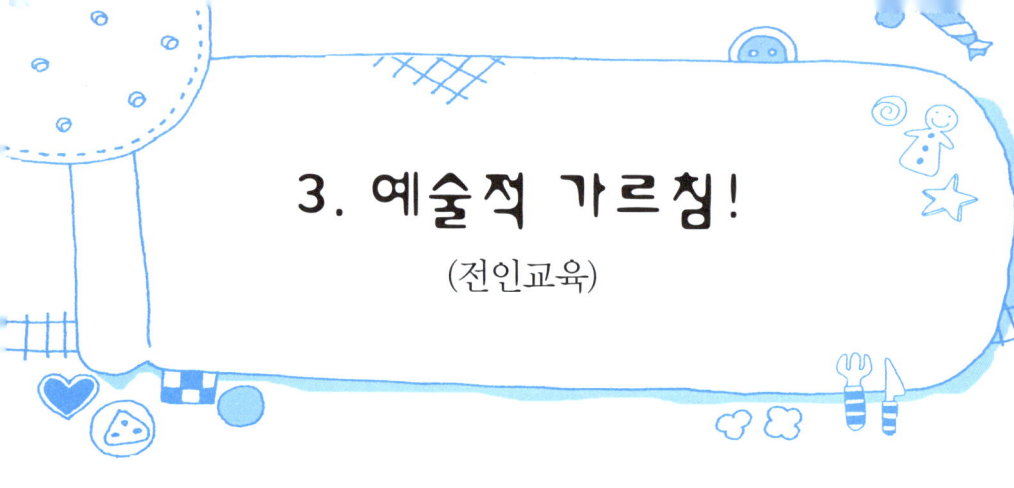

3. 예술적 가르침!
(전인교육)

참으로 열정적인 선생님이 계셨습니다. 이 선생님은 교회에서 어떤 일을 하든 항상 제일 앞장서서 일하셨습니다.

어린이 전도 물품을 준비하는 일도, 전도를 하는 일도 언제나 웃는 얼굴로 감당하셨습니다. 때로는 어린이들의 간식도 직접 집에서 만들어 주시기도 하셨습니다. 이 선생님은 모든 예배의 출석도 100%였습니다. 어디에 내놔도 멋진 선생님이셨습니다.

그러나 함께 교사로 봉사하는 다른 선생님들은 모두 이 선생님을 별로 좋아하지 않았습니다. 이유는 그 선생님이 함부로 하는 말 때문이었습니다. 그 선생님의 말은 다른 사람들에게 상처를 주고, 자신의 모든 수고와 열정을 단숨에 무너뜨렸습니다. 또한 선생님에 대한 신뢰를 모두 깨지게 했습니다.

▶ 여러분은 이 선생님에 대하여 어떻게 생각하십니까?
   혹시 이런 경험이 있습니까? 서로 나누어 보세요!

• 주제 연구 가이드

이 이야기는 교육을 위해 설정된 이야기입니다. 절대 어느 특정인이 지칭되거나 개인적인 이야기가 되지 않도록 주의, 또 주의해야 합니다.

 문제 설명

한 부자 청년이 예수님을 찾아와 "모든 율법을 다 지켜 행했는데 어떻게 해야 구원을 얻을 수 있습니까?"라고 물었습니다. 그때, 예수님께서 한 가지 부족한 것이 있다고 말씀하시면서 가지고 있는 재산을 팔아 이웃을 사랑으로 섬기라고 했습니다. 이 부자 청년은 정말 멋지고 다 좋았습니다. 그러나 한 가지가 부족했습니다.

마찬가지로 위의 선생님은 모든 것이 다 좋았습니다. 그러나 한 가지 부족한 것이 있었습니다. 그것은 자기 중심으로 생각하고 말함으로 다른 사람의 마음에 상처를 주고, 시험에 들게 하고, 공동체의 하나 됨을 무너뜨리는 것이었습니다.

이는 작은 하나가 아니라 그 하나가 다른 것들을 삼킬 만큼 큰 것이 될 수도 있음을 보여줍니다. 그동안 수고한 모든 것을 거품으로 만들어 버릴 만큼의 위력이 있는 것입니다.

오늘은 이 부족한 한 가지를 채워 균형 있는 교사, 균형 있게 성장하는 어린이들이 될 수 있도록 하기 위한 시간입니다. 그러나 오해하지는 마세요! 어느 누구나 잘하는 것이 한 개에서 두 개는 있습니다. 우리는 그것을 달란트, 또는 은사라고 합니다. 이것은 찾고 계발해야 합니다. 그러나 여기서의 초점은 신앙이 균형 있게(어느 한 가지가 부족하여 미달이 되지 않도록) 성장하도록 돕는 데 있습니다.

Book 주제 연구

• 주제 연구 가이드

본문은 예수님의 어린 시절에 대해 소개하고 있습니다. 성경에 예수님의 어린 시절에 대해서는 자세히 소개되어 있지 않습니다. 그에 따른 기록도 많지 않습니다. 그 중 오늘 본문은 예수님의 어린 시절을 소개하는 몇 안 되는 부분 중 하나입니다.

★ 읽을 말씀

1) 요한일서 1:1~4

¹태초부터 있는 생명의 말씀에 관하여는 우리가 들은 바요 눈으로 본 바요 자세히 보고 우리의 손으로 만진 바라 ²이 생명이 나타내신 바 된지라 이 영원한 생명을 우리가 보았고 증언하여 너희에게 전하노니 이는 아버지와 함께 계시다가 우리에게 나타내신 바 된 이시니라 ³우리가 보고 들은 바를 너희에게도 전함은 너희로 우리와 사귐이 있게 하려 함이니 우리의 사귐은 아버지와 그의 아들 예수 그리스도와 더불어 누림이라 ⁴우리가 이것을 씀은 우리의 기쁨이 충만하게 하려 함이라

2) 누가복음 2:52

⁵²예수는 지혜와 키가 자라가며 하나님과 사람에게 더욱 사랑스러워 가시더라

1. 요한일서에서 소개되는 생명의 말씀은 누구를 나타낸다고 생각하십니까?(요일 1:1)

    정답 : 예수님

문제 설명

요한일서 1:1~4에서는 생명의 말씀인 예수 그리스도를 소개하고 있습니다. 본문은 저자가 정말로 소개하고 싶은 분이 있는데 그분은 생명의 근원이신 예수 그리스도시라는 것입니다. 그분에 대하여 다양한 표현을 통해 소개하고 있는 내용입니다.

2. 생명의 말씀을 전하는 이유는 무엇이라고 합니까?(요일 1:3~4)
   정답 : 우리와 사귐을 통해서 기쁨이 충만하게 하려 함이다.

 문제 설명

생명의 말씀인 그리스도를 전하는 이유는 지금 이 서신을 보내는 우리와 서신을 읽고 있는 너희가 함께 공유함으로, 사귐을 통해 서로의 공동체에게 기쁨이 충만하게 하려 함이라고 합니다. 여기서 말하는 사귐은 하나님 아버지와 그 아들 예수 그리스도와 더불어 누리는 사귐입니다. 즉, 복음 안에서 누리는 사귐, 신앙 안에서 누리는 사귐, 교회 안에서, 공동체 안에서 누리는 신앙 공동체의 기쁨을 모두 포함하고 있습니다.

3. 본문은 생명의 말씀에 관하여 무엇을 어떻게 한다고 말합니까?(요일 1:1~3)
   ① 무엇을 : 들은 바요, 눈으로 본 바요, 주목하고, 손으로 만진 바라.
   ② 어떻게 : 증거하고, 전한다.

 문제 설명

우리는 단순히 '복음을 들었다, 얻었다' 등의 표현을 많이 합니다. 그러나 요한은 생명의 말씀인 예수 그리스도에 대하여, 복음에 대하여 내가 직접 듣고, 눈으로 보고, 손으로 만지고 체험한 것을 증거 하고 전한다고 이야기하고 있습니다.

4. 요한일서 1:1~3(3번 문제)을 얼핏 보면 비슷한 단어들이 반복되는 것 같습니다. 왜 이와 같은 표현을 사용했다고 생각하나요? 서로 자신의 생각을 이야기해 보세요!

① 들은 바요 : 청각
② 눈으로 본 바요 : 시각(무의식적 봄)
③ 주목하고 : 시각(의도적으로 주목하여 봄)
④ 손으로 만진 바라 : 촉각

문제 설명

생명의 말씀에 대한 표현을 청각과 시각, 그리고 촉각적으로 풍성히 표현하고 있습니다. 이는 또 다른 의미에서는 복음의 측면이 한 부분만이 아닌, 청각, 시각, 촉각 등 온 몸으로, 삶으로, 인격적으로 느끼고 깨달아야 함을 말합니다. 신앙은 단순히 지식을 아는 것에서 끝나는 것이 아니라 머리에서 얻은 지식이 가슴으로 내려와 심장을 뜨겁게 해야 합니다. 행동으로 표현되도록 해야 합니다. 즉, 신앙은 어느 한 부분이 아니라 전인격적으로 체험하고 느끼고 알아야 하는 것입니다. 그러므로 복음, 생명의 말씀 역시 전인격적 영역에서 가르치고, 다루어야 합니다.

증거하여 : 감정적 뜨거움
전하노니 : 언어적, 사실적 증거

 문제 설명

성경의 원어적 의미에 초점을 두고 본문을 본다면 '증거' 한다는 것은 원어적으로는 감정적 뜨거움의 증언을 의미하고, '전하노니'는 언어적, 사실적 증거를 이야기하는 것입니다.

즉, 복음의 증거 역시 감정과 지식을 모두 포함하고 있음을 알 수 있습니다. 그리고 성경의 여러 곳에서 하나님을 향한 우리의 사랑과 헌신은 온 마음과 정성과 몸을 다하여야 함을 강조하고 있음을 주목하여 보아야 합니다.

이와 같은 사실이 가르침을 맡은 교사에게 시사하는 의미는 무엇이겠습니까? 신앙 교육은 단순히 성경의 지식만 전하는 것이 아니라 생명의 말씀, 참된 구원자 되신 예수 그리스도를 보고, 듣고, 느끼고, 인격적으로 체험할 수 있도록 전인격적인 가르침, 삶으로 가르쳐야 함을 의미합니다.

5. 누가복음 2:52에서는 예수님의 어린 시절에 대해 종합적인 평가와 소개를 하고 있습니다. 그 내용을 찾아서 적고 4번의 문제를 생각하며 그 의미를 생각해 보세요.

내용		의미
① 지혜가 자람	⇒	지적 성장
② 키가 자람	⇒	신체 성장
③ 하나님께 사랑받음	⇒	영적 성장
④ 사람들에게 사랑받음	⇒	사회(공동체)성, 인격

 **문제 설명**

52절은 예수님의 어린 시절에 대한 종합적 평가입니다.

간혹 잘못 오해해서 우리는 어린이들이 신앙생활만 잘하고 교회만 잘 나오면 되는 것으로 생각합니다. 그러나 예수님의 어린 시절에 대한 평가는 단순히 신앙생활만 잘한 것으로 기록되어 있지 않습니다. 어린 예수님은 지적, 신체적으로 성장하면서 아울러 하나님뿐 아니라 주변의 모든 사람들, 즉 공동체 안에서도 인정받고 사랑받는 아이였습니다. 다시 말해서 예수님은 전인격적으로 균형 있게 성장했음을 알 수 있습니다.

이와 같은 성경의 표현은 오늘날 어린아이들을 교육하는 우리들에게 매우 중요한 방향을 제시해 줍니다. 오늘날 어린아이들을 교회에서 교육할 때, 신앙만 중요하다고 가르치거나 교회만 잘 나오면 된다는 식의 가르침은 반쪽 가르침이라는 것입니다. 교회의 교육은 어린아이들의 지적 수준과 신체 발달의 수준이 고려되어야 할 뿐 아니라 더 나아가 올바른 방향으로 성장하고 성숙할 수 있도록 해야 합니다. 또한 하나님뿐 아니라 어린아이가 속해 있는 공동체, 가정, 학교, 학원, 등 어린아이들이 속해 있는 모든 곳에서 사랑받고 인정받아 하나님께 영광을 돌리는 전인 교육이 되어야 함을 보여주는 것입니다.

1. 교사인 자신은 균형 있게 성장했다고 생각하십니까? 성장 영역을 크게 4가지로 나누어 보고 그에 따른 점수를 준다면 몇 점 정도 될까요?

항목	평가 점수	개선점
① 지적(성경, 사회적 상식)		
② 신체적(건강, 봉사 등)		
③ 영적(예배, 기도, 말씀, 찬양, 기도 등)		
④ 사회성(가정, 교회, 이웃, 직장 등)		

 문제 설명

항목은 더 세부적으로도 나눌 수 있지만 너무 세부적으로 나누면 복잡해지고 오히려 자신을 점검하는 데 방해가 될 수 있습니다. 위의 4가지 항목, 또는 각 교회 상황과 형편에 따라 한 가지 정도만 추가해서 체크해 보세요. 각 항목당 점수는 100점 만점으로 평가합니다. 여기서 중요한 것은 내가 왜 그와 같은 평가 점수를 주었는지 자신의 생각을 나누는 것입니다.

그리고 여기서 할 수 있다면, 자신의 점수와 함께 다른 교사들은 그 교사의 평가에 대해 어떻게 생각하는지 나누어 보면 좋습니다. 예를 들어 A교사는 자신의 점수를 100점이라고 평가했지만 B와 C라는 교사는 A라는 교사를 다르게 평가하고 있을 수도 있습니다. 즉, 내가 보는 나와 다른 사람이 보는 나는 다를 수 있기 때문입니다. 그러나 이때, 주의점은 절대로 서로를 정죄하는 시간이 되거나 상처를 입지 않도록 주의해야 하고 지도자는 이를 위해 기도로 준비해야 합니다.

또한 자신의 평가 점수에 따른 자신의 개선점을 생각하고 그에 따른 적용점을 기록하게 하여 한 주간 적용해 볼 수 있도록 돕는 시간을 가지세요. 놀라운 변화와 은혜의 시간이 될 수 있을 것입니다.

예를 들어 다른 부분에서는 정말 열정을 가지고 교사로 봉사를 잘하지만 말을 함부로 하여 그 모든 봉사를 거품으로 만드는 교사들이 간혹 있습니다. 이는 사회성에서 낮은 점수를 받을 수밖에 없습니다. 그렇다면 과연 이런 부분을 어떻게 개선할 것인가 고민하게 하시고 이와 같은 문제 행동을 올바른 방향으로 고칠 수 있도록 돕고 함께 기도해 주는 시간을 가지세요.

2. 지금 나의 가르침은 균형적인 성장을 돕는 가르침입니까 아니면 어느 한 부분에 치우쳐 있습니까?

 문제 설명

대부분의 공과 공부는 교사의 일방적인 강의 중심으로 진행됩니다. 이보다는 학생들이 조금이라도 참여할 수 있는 방법들을 생각해 봐야 합니다.

예를 들어, 다음 주 학습의 내용 중 중요한 단어나 사건을 인터넷을 통하여 미리 찾아와 발표를 하거나, 금주 학습 내용을 진행하면서 O/X 표지판을 학습자 각자에게 나누어 주어 자신의 의사를 표현하게 할 수도 있습니다. 방법은 많이 있습니다. 교사가 고민한 것만큼 반 어린이들이 많은 것을 누릴 수 있습니다.

공과 공부를 협동 학습이나, 프로젝트 수업으로 진행하려는 시도들도 있습니다. 이때 생각할 것은 이와 같은 방법들은 학습자의 많은 참여를 유도할 수 있지만 그 반만의 고유 공간(다른 반의 시선, 소리, 행동 등의 방해를 받지 않는 독립된 공간)이 구비되어야 하며, 운영할 수 있는 충분한 시간이 확보되어야 한다는 점입니다. 그리고 교사가 가르칠 내용을 충분히 파악하고 있어야 효과를 거둘 수 있습니다.

3. 지금 자신이 섬기고 있는 교회 유초등부의 1년 활동과 내용을 신체적, 지적, 영적, 사회성 등으로 분류해 해보세요. 1년의 활동이 균형 있게 운영되고 있습니까?

 문제 설명

예를 들어 성경퀴즈는 지적인 부분으로 분류될 수 있습니다. 레크리에이션은 사회성과 신체 등으로 분류할 수 있습니다. 1년 활동을 모두 분석한 후 균형 잡힌 교육을 위해 어떻게 해야 할지 담당 교역자와 함께 전략을 세워보세요. 신체 발달에 대한 영역별 특성은 제4과 '특강 강의안'을 참고하세요!

 Took 실천사항 찾기

한 주간 실제로 실천할 수 있는 구체적인 내용 3가지를 적어보고 그 결과를 점검해봅시다.

	실천할 내용 (구체적으로 기록하세요)	점검 (10기준)	느낌 및 다짐
1			
2			
3			

기도하겠습니다.

오늘 나눔을 통하여 깨달은 점을 생각하며 기도문을 작성해보세요.

> ♡ 교사를 위한 잠언 ♡
>
> 우리의 삶을 최상으로 만들려면 매 순간이 그리스도께 합당하게 하라
>
> – 버논 그라운즈(Vernon Grounds)

P로 시작하는 성공 요인 다섯 가지

① Professional : 전문적인 기량이 있어야 합니다. 세상을 살아갈 때와 신앙생활할 때 모두 마찬가지입니다.
② Profit : 자꾸 남에게 유익을 주어야 합니다.
③ Progress : 앞으로 전진하며 진취적이고 미래 지향적이어야 합니다.
④ Powerful : 힘을 길러야 합니다. 열심히 노력해서 힘을 얻는 사람은 당당합니다.
⑤ Pain : 남의 고통을 알아야 합니다. 하나님의 고통과 사람들의 아픔을 나의 고통으로 느낄 수 있는 동질성이 있어야 합니다.

교육 자료 3

이 부분은 필요할 때 특강 강의안으로 사용 가능합니다.
'Book' 또는 'Look' 전·후 부분을 나눌 때 참고하시면 좋습니다.

1. 전인격 신앙 발달

아래의 그림을 보고 어떤 그림인지, 무엇을 말하고자 하는지 서로의 생각을 나누어 봅시다.

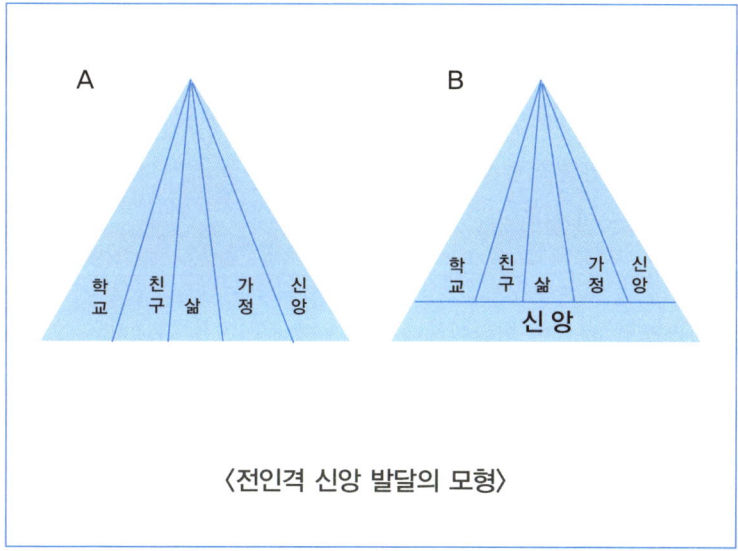

〈전인격 신앙 발달의 모형〉

위의 A와 B의 그림은 비슷하지만 서로 매우 다릅니다. 그림 A는 신앙이 삶 가운데 하나의 부분으로 자리 잡고 있는 것입니다. 그러므로 신앙과 삶과 가정, 친구 모든 것이 각기 다른 하나의 영역으로 독립되어 있는 것입니다. 그래서 신앙은 단순히 문화나 교양의 한 영역과 같습니다. 그러나 그림 B는 각각의 영역의 기본에 신앙이 자리 잡고 있는 것입니다. 즉, 그림 B는 신앙을 바탕으로, 신앙을 근거한 학교생활, 가정생활, 삶, 친구가 있는 것입니다.

그러므로 괴리된 신앙이 아니라 신앙이 모든 생활의 영역 가운데 외형화되는 것입니다. 우리의 어린이들이 이런 전인적인 신앙의 발달을 가질 수 있도록 우리는 기억해야 합니다.

그러기 위해서는 전인격을 가르치는 교사의 삶이 먼저 본이 되어야 합니다. 어린이들의 특징 중 하나는 모방입니다. 자신이 따라 행동해야 할 역할 모델을 찾는 것입니다. 선생님들의 행동, 언어를 따라하기도 하고 그것을 가지고 장난을 치기도 하는 이유가 바로 여기에 있습니다.

또한 연예인들을 좋아하고, 연예인들의 유행을 쉽게 받아들이고 따라하는 것도 이 때문입니다.

그러므로 교사는 어린이들에게 단순히 지식만을 가르치는 교사가 아니라 행동으로도 본을 보이고 삶으로도 가르치는 교사가 되어야 합니다. 그래서 베드로 사도는 장로들에게 "하나님의 양을 칠 때 부득이함으로 하지 말고 오직 하나님의 뜻을 좇아 자원함으로 하며 더러운 이를 위하여 하지 말고 오직 즐거운 뜻으로 하며 맡은 자들에게 주장하는 자세를 하지 말고 오직 양 무리의 본이 되라(벧전 5:2~3)"고 말씀하셨습니다. 가르치는 자는 말과 생각과 행동, 그의 전인격적인 삶에서 본이 되어야 함을 지적하고 있는 것입니다.

즉, 하나님 나라에 대한 가르침은 지식에서 끝나는 것이 아니라 하나님 나라 백성으로 어떻게 현재의 삶을 살아야 하고, 앞으로 도래할 하나님 나라를 어떤 모습으로 준비해야 하는지를 삶으로 가르치는 데까지 나아가야 합니다.

이것은 교사 개인의 문제가 아니라 교회가 함께해야 하는 것이며, 교회는 교사들의 영적 상태와 모든 삶의 부분을 정기적으로 체크하고 지원할 수 있는 시스템을 갖추고, 정기적으로 교사의 영적, 지적, 사회적으로 다양한 필요를 채울 수 있는 교육과 동호회 등 다양한 기회를 제공해 주도록 노력해야 합니다.

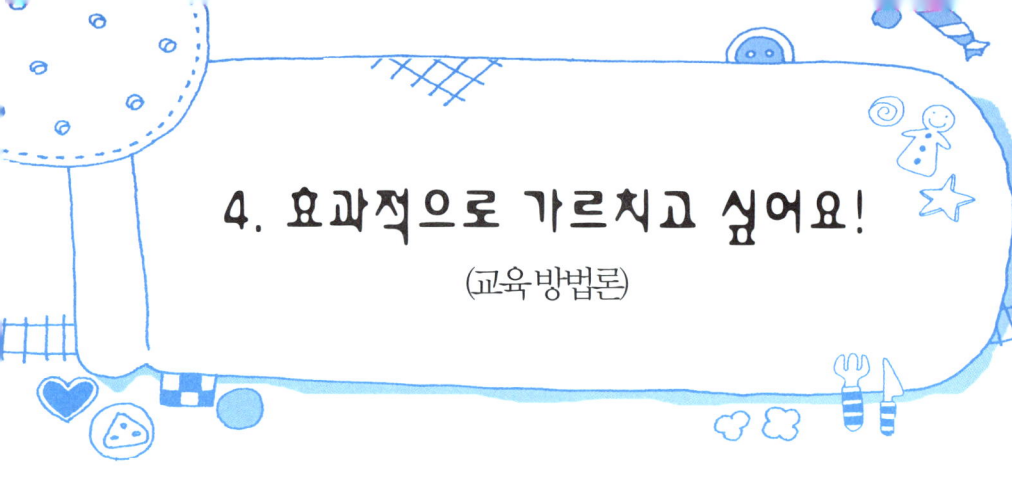

4. 효과적으로 가르치고 싶어요!
(교육방법론)

Hook 주의 끌기

　한 박물관을 지키고 있던 수위가 하루는 하루 종일 앉은뱅이로 돌아다니며 메모를 하고 있는 사람을 보았습니다. 그런데 그 앉은뱅이로 돌아다니던 사람이 나갈 때 벌떡 일어서서 걸어가는 모습을 보고 깜짝 놀랐습니다. 그래서 수위가 그에게 다가가 물었습니다.
　"전 선생님이 앉은뱅이인 줄 알았습니다. 왜 그렇게 힘들게 무릎으로 앉아서 돌아다니셨습니까?"
　그러자 그 사람은 이렇게 대답했습니다. "내일 저는 우리 반 아이들을 이곳으로 데리고 와 유물을 구경시켜 줄 계획입니다. 우리 반 아이들이 키가 다 작은 관계로 그들의 눈높이에서 유물들을 보았다가 아이들에게 설명해 주려고 그렇게 한 것입니다."

-피바디 교육대학 설립자 피바디의 일화

▶ 효과적인 의사 전달은 '눈높이 교육'과 밀접한 관계를 갖고 있습니다.
　지금 내가 맡고 있는 어린이들의 눈높이는 어디입니까?

문제 설명

'눈높이' 개념을 생각할 때, 우리가 오해하지 말아야 할 것은 눈높이라는 것은 학습의 내용이 낮아야 한다는 것을 의미하는 것이 아니라는 점입니다.

학습의 내용은 학생의 수준보다 조금 높아야 합니다. 만약 학습의 내용이 학생의 눈높이라면 더 이상 발전할 가능성이 없습니다.

그렇다면 여기서 말하는 '눈높이'는 무엇을 말합니까? 그것은 학습 방법의 눈높이를 말하는 것입니다. 학습의 내용을 어떻게 학습자의 수준에서 이해할 수 있도록, 알아들을 수 있도록 가르칠 것인지의 전달 방법, 언어의 눈높이를 말하는 것입니다. 하나님께서도 범죄 한 우리에게 구원의 복된 소식을 전하기 위해 우리의 눈높이인 예수님을 인간의 모습으로 보내신 것입니다.

Book 주제 연구

★ 읽을 말씀

마태복음 18:1~5
1그때에 제자들이 예수께 나아와 이르되 천국에서는 누가 크니이까 2예수께서 한 어린아이를 불러 그들 가운데 세우시고 3이르시되 진실로 너희에게 이르노니 너희가 돌이켜 어린아이들과 같이 되지 아니하면 결단코 천국에 들어가지 못하리라 4그러므로 누구든지 이 어린아이와 같이 자기를 낮추는 사람이 천국에서 큰 자니라 5또 누구든지 내 이름으로 이런 어린아이 하나를 영접하면 곧 나를 영접함이니

1. 제자들이 예수님께 질문한 내용은 무엇입니까?(1절)

   정답 : 천국에서는 누가 크니이까

 문제 설명

제자들은 예수님께 누가 더 큰 사람인가 묻고 있습니다. 이와 같은 질문을 하는 의도는 제자들 사이에서 "예수님이 후에 왕권을 잡고 예수님이 다스리는 나라가 되면 우리 12명의 제자들의 서열이 어떻게 되겠느냐?"(눅 9:46)라는 변론이 있었기 때문입니다.

2. 제자들의 질문에 예수님은 어떻게 행동하셨습니까?(2절)

   정답 : 한 어린아이를 불러 그들 가운데 세우심.

3. 예수님께서 이와 같이 행동하신 이유는 무엇이라고 생각하십니까?

   정답 : 효과적으로 확실하게 알려주시기 위해서

 문제 설명

제자들은 자신들의 질문에 예수님께서 뭐라고 하실지 그 대답에 집중하고 있습니다. 저마다 예수님의 입에서 자신의 이름이 불려지길 기다리고 있었을 것입니다.

그러나 예수님께서는 대답을 잠시 뒤로 하시고 한 어린아이를 제자들 사이에 세우셨습니다. 이와 같은 예수님의 행동에 대해 성경이 구체적으로 설명하지 않기 때문에 정확하게는 알 수 없지만 본문의 정황을 볼 때, 우리는 충분히 짐작해 볼 수 있습니다.

제자들은 나중에 누가 더 높은 지위에 서게 될 것인가에 대한 논쟁으로 흥분했을 것입니다. 예수님께서는 이런 제자들의 열기와 흥분을 가라앉히고 자신의 가르침에 집중하길 원하셨을 것입니다.

또한, 앞으로 예수님께서 이루실 나라에서 제자들이 해야 할 일은 너무나 크고 중요한데, 이를 이해하지 못하고 세상적 관점에서 권력의 높낮이를 따지는 제자들에게 하나님 나라의 성격과 제자들의 위치와 역할에 대하여 확실하게, 효과적으로 가르쳐 주고 싶으셨을 것입니다.

그러므로 그냥 말로 하지 않으시고 어린아이를 세워(시청각 교육) 교육하신 것입니다. 우리가 보고, 들은 것은 일주일 후에 65%를 기억할 수 있다고 합니다. 그러나 듣기만 한 내용은 약 10%밖에 기억을 하지 못한다고 합니다.

4. 예수님께서 제자들에게 어린아이를 세워 보여주심으로 가르치고자 하셨던 내용은 무엇입니까?(4~5절)
   정답 : 자신을 낮추는 사람, 어린아이 하나를 영접하는 것

문제 설명

오늘날은 어린아이들의 위상이 높아져 어린이날도 있고, 어린이의 인권도 보장되고, 생활의 중심이 어른에서 어린이로 변화되고(학원, 학교 등), 소비의 중심에 어린이들이 많은 비중(어린이를 대상으로 하는 마케팅이 많아지고 있음)을 차지하고 있습니다. 그러나 예수님 당시 어린아이들은 요즘과 같은 대접을 받지 못했습니다. 어린이들은 모임의 수에도 들지 못하고, 어린아이 혼자서는 아무것도 할 수 없는 시대였습니다. 어느 누구의 도움이 없이는 절대 홀로서기 할 수 없는 대상이 바로 어린아이들이었습니다.

그러므로 당시 어린아이들은 어느 누군가에게 자신의 생각을 강요하거나 자신의 자존심을 내세우거나 할 수 없었습니다.

그러므로 예수님은 서로 자신의 생각과 자신의 잘난 것만을 내세우며 서로 자신이 높은 자리에 앉아야 한다고 열을 올리고 있는 제자들에게 어린아이를 세워 놓고, 어린아이와 같이 겸손하게 자신을 낮추고, 남들이 잘 돌아보지 않는 어린아이에게도 사랑으로 섬기는 자가 바로 예수님을 영접하는 자이고, 천국에서 귀하게 세움 받는 자라는 사실을 분명하게 가르치셨습니다.

5. 이처럼 예수님은 좀 더 효과적으로 가르치기 위해 각종 비유와 도구를 사용하셨습니다. 다음의 구절을 통해 다른 예를 찾아보세요.
   ① 누가복음 13:6~9 : 열매 맺지 못하는 무화과나무의 비유
   ② 누가복음 20:22~25 : 동전 –가이사의 것은 가이사에게, 하나님의 것은 하나님에게

• 주제 연구 가이드

지금 소개된 본문 말고도 예수님이 비유와 도구를 사용하여 가르치신 내용은 많이 있습니다. 그러나 지면상 몇 가지만 소개한 것입니다. 과제로 이외의 다른 것들을 찾아오게 하는 것도 좋습니다.

문제 설명

① 무화과나무는 당시 흔한 나무였습니다. 그리고 이스라엘 백성이라면 모두가 알고 있는 나무였습니다. 이와 같이 모두가 다 알고 있는 무화과나무의 비유를 통해 때가 되면 나무가 열매를 맺듯이 이스라엘 백성들도 마지막 때에 합당한 열매를 맺지 못하면 하나님의 심판을 피할 수 없음을 가르치셨습니다.

② 서기관들과 제사장들이 예수님의 가르침에 찔려 예수님을 잡고자 했지만 백성들 때문에 잡지 못하자 한 가지 방법을 생각해 냅니다. 그 방법은 예수님을 정치적으로 넘기는 것이었습니다. 그래서 정탐을 보내어 '가이사에게 세를 바치는 것이 옳은 것인지 아닌지'를 질문합니다. 여기서 세를 바치는 것이 옳다고 한다면 로마의 식민지 생활을 하는 이스라엘 백성들의 민심을 잃을 것이고, 세를 바치는 것이 옳지 않다고 한다면 정치범으로 몰아 잡아들일 수 있기 때문입니다.

그러나 예수님은 이들의 속내를 아시고 데나리온 동전 하나를 보이시면서 '가이사의 것은 가이사에게 하나님의 것은 하나님에게 드리라'고 가르치셨습니다.

이 가르침을 들은 사람들은 데나리온 동전을 볼 때마다 예수님의 가르침이 생각났

을 것입니다.

참고로, 구약에서 하나님께서는 요나에게 영혼에 대한 사랑이 얼마나 큰지를 알려주시기 위해 박넝쿨을 이용하셨습니다.

요나는 원수와 같은 니느웨 백성들이 망하길 바라고 있었습니다. 그러나 니느웨 백성들이 회개하고 하나님의 심판에서 용서를 받자 이에 불만을 품습니다. 이런 요나에게 하나님 아버지의 마음이 얼마나 큰지, 하나님의 사랑이 얼마나 큰지, 하나님이 한 영혼을 얼마나 아끼시는지 박넝쿨을 통하여 가르치셨습니다(욘 4장).

1. 내가 주로 사용하는 교육 방법(이야기, 도구, 비유, 멀티미디어 등)은 무엇입니까? 왜 그 방법을 사용하십니까?

문제 설명

평소 설교 시간과 공과 공부 시간에 내가 사용하고 있는 방법을 생각해보세요. 대부분 강의(말) 중심일 것입니다.

강의 중심 교수법은 교사가 중심이 되기 때문에 학생들은 수동적으로 듣기만 할 수 있습니다. 그러므로 공과 공부가 강의의 획일화된 방법으로 진행되지 않도록 많은 연구와 교사들 간의 나눔이 필요합니다. 말로 가르치더라도 말의 높낮이, 강약 등을 잘 조절하면 좀 더 효과적일 수 있습니다.

2. 나는 우리 반 어린이들의 눈높이를 잘 맞추고 있습니까? 반 어린이들의 필요를 잘 파악하고 있습니까?

 문제 설명

　어린이들의 눈높이를 맞춘다는 것은 가르침의 내용이 어린이 수준이라는 것을 말하는 것이 아니라 가르침의 내용을 전달하는 방법이나 언어가 어린이들의 눈높이에 맞아야 한다는 것입니다.
　그러므로 공과 공부 시간에 사용하는 언어, 표정, 행동, 도구, 모든 것이 얼마나 어린이들에게 친숙한 것인지 점검해야 합니다. 또한 지금 내가 맡고 있는 어린이들이 고민하고 있는 것이 무엇이며, 생각하고 있는 것들은 무엇인지, 친구들 간의 관계에는 문제가 없는지 관심을 가지고 관찰해야 합니다.

3. 나에게 부족한 부분이 있다면 무엇이고, 어떻게 부족한 부분을 채워야 할까요? 함께 나누어 보세요.

 문제 설명

　어느 누구나 예수님처럼 완벽한 교사가 될 수는 없습니다. 나의 부족함을 깨닫고 기도하며, 믿음의 동역자들과 함께 그 부족함을 채워 주님을 닮아가는 교사가 되어 가는 것입니다.
　나는 나의 상황 가운데 최선을 다하면 됩니다. 그리고 나머지는 하나님께 맡기면 성령 하나님께서 도와주실 것입니다.
　여러 교사들이 함께 나누면서 부족하다고 느낀 것들을 목록으로 적고 교사 1~3명이 짝을 지어 그에 관련된 내용을 책이나 인터넷, 지도 교역자의 도움을 받아 찾아 공부하고 정리하여 서로 나누는 시간을 갖는 것도 매우 유익합니다.

 **Took** 실천사항 찾기

　한 주간 실제로 실천할 수 있는 구체적인 내용 3가지를 적어보고 그 결과를 점검해봅시다.

	실천할 내용 (구체적으로 기록하세요)	점검 (10기준)	느낌 및 다짐
1			
2			
3			

기도하겠습니다.

오늘 나눔을 통하여 깨달은 점을 생각하며 기도문을 작성해보세요.

> ♡ 교사를 위한 잠언 ♡
>
> 교사는 가르치는 학생들이 마음속에 지니고 있는 욕구를 하나님의 영원하신 말씀으로 충족시켜주어야 할 책임이 있다.
>
> – 브루스 윌킨슨

 마무리 예화 …

당신에게 보낸 이유

하나님을 잘 섬기는 부부가 오래도록 아기가 없어 하나님께 기도했습니다. 그 후 아이를 갖게 되어 낳았는데 그만 정신박약에 자폐증까지 있는 아이였습니다. 그들은 절망하며 하나님께 "하나님, 어떻게 저희에게 이런 일이 있을 수 있습니까?"라며 기도했습니다. 그때 하나님께서 "너무 슬퍼하지 말아라. 내가 이 아이를 세상에 보내려고 계획하면서 이 사람에게 보내려니 아이를 버릴 것 같고, 저 사람에게 보내려니 아이를 죽일 것 같고, 또 다른 사람에게 보내려니 아이를 돌보지 않고 창피하게 여길 것 같았다. 그러나 너희들은 아이를 사랑하고 아껴줄 것이라 생각해서 너희 집에 보냈단다."라는 음성을 들려주셨습니다.

하나님께서 우리 반 아이들을 나에게 맡기신 이유가 분명히 있다는 것을 알고 감사드리며 오늘도 한 영혼, 한 영혼을 사랑합시다.

교육 자료 4

이 부분은 필요할 때 특강 강의안으로 사용도 가능합니다.
'Book' 또는 'Look' 전·후 부분을 나눌 때 참고하시면 좋습니다.

요한복음 4장 1~43절에 나타난
예수님의 교육 원리와 교육 방법

(헤르만 호온의 「예수님의 교육 방법론」 참고)

*요한복음 4장을 예수님의 전도 장으로 생각할 수 있습니다.
그러나 넓게는 복음을 가르치고, 체험하게 하는 교육의 현장으로 생각할 수도 있습니다. 헤르만 호온은 이와 같은 접근에서 다음을 소개하고 있습니다. 나의 가르침의 현장과 비교하면서 고찰해 보세요! 많은 도움이 될 것입니다.

1. 교육 환경

    ① 교사 – 예수님

    ② 학생 – 사마리아 여인

    ③ 주위 환경 – 야곱의 우물

    ④ 주제 – 생수

    ⑤ 목표 – 사마리아 여인의 삶의 변혁

2. 교육 방법

    ① 그때 벌어진 상황 그대로를 활용하심('사마리아 여자 한 사람이 물을 길으러 왔으매')

    ② 접촉점을 만드심('예수께서 물을 좀 달라 하시니')

③ 주의와 흥미(유대인임에도 불구하고 사마리아 여인에게 말을 건네심)
④ 대화의 방법(예수님께서 일곱 번 그녀에게 말씀하셨고, 사마리아 여인은 여섯 번 대답함)
⑤ 한 개인을 상대로(사마리아 여인)
⑥ 기회를 놓치지 않으심(우물가에서의 짧은 만남에도 불구하고 관습을 넘어서 한 여인과 단독으로 대화하심).
⑦ 대답하는 말들을 잘 파악하고 계시다가 그것들 가운데 가장 중요한 핵심을 붙잡아 말씀하심('네가 남편이 없다 하는 말이 옳도다').
⑧ 가르침의 기저에는 몇 가지 문제들이 깔려 있음(개인적인 문제, 신학적인 문제).
⑨ 개인적인 강화의 핵(하나님의 성품과 예배의 성격에 대한 예수님의 대답)
⑩ 이미 가진 지식을 통해서 새로운 경험을 해석하는 유화법 사용
⑪ 구체적인 것을 사용하시는 예수님의 방법
  ⇒ '마실 물', '이 물', '네 남편', '남편 다섯', '이 산', '예루살렘', '내가 그로라'
  ⇒ 구체적인 것이 추상적인 것을 예증하기 위하여 사용되고 있음(야곱의 우물→생수).
⑫ 사람이 한 번 마신 뒤에 다시금 목마르게 되는 '이 물'과 한 번 마시면 영원히 목마르지 않게 되는 '생수' 사이에는 예수님께서 사용하신 대조법이 나타남.
⑬ 동기를 사용하심 : 물에 관한 대화 ⇒ 흥미의 각성
  남편에 관한 대화 ⇒ 양심의 각성
  참된 예배에 관한 대화 ⇒ 예배에 대한 각성

⑭ 예수님께서는 한 여인으로부터 첫째로는 말씀 속에서, 그 다음에는 행동 속에서 말씀하시고자 하는 것을 표현하셨음.

3. 이 사건에 나타난 교사로서의 예수님이 지니신 특성
   ① 당시의 보수성을 과감히 무시하심(사마리아 여인과의 대화).
   ② 거짓으로 가장된 겸손이 전혀 엿보이지 않는다는 점
   ③ 자기 학생에 대한 깊은 이해와 지식(여인에게 남편 다섯이 있다는 것을 알고 계심)
   ④ 하나님의 영적인 성품에 대한 철두철미한 지식('하나님은 영이시니 예배하는 자가 영과 진리로 예배할지니라')
   ⑤ 말씀과 예언 및 자기 자신에 대한 확고한 주장('네게 말하는 내가 그라')

교육 자료 5

2. 어린이의 특성 요약과 그 특성에 따른 의미

1. 유년부 어린이의 특성과 그 특성에 따른 의미

신체적 특성	
유년부 어린이는 이와 같기 때문에	우리는 이것을 한다.
균일하게 자라지 않는다. 소근육들이 발달하기 시작한다. 근육의 발달은 활동을 필요로 한다. 구경하는 것보다는 직접 해보기를 좋아한다. 조립하는 것을 좋아한다. 쉽게 지친다.	그것을 인정해야 한다. 짤막한 율동을 준비하고 꼼꼼한 일을 시키지 않는다. 다양한 활동을 마련한다 적극적인 활동을 마련하다. 보람 있는 일을 제공한다. 활동적인 것과 조용한 것을 번갈아서 하도록 한다.

4. 효과적으로 가르치고 싶어요

정신적 특성	
유년부 어린이는 이와 같기 때문에	우리는 이것을 한다.
읽는 것을 배우고 있다. 단어나 숫자로 하는 놀이를 좋아한다. 쓰기를 좋아한다. 좀 더 오랫동안 주의를 기울일 수 있다. 잘못된 결론을 내린다. 사실과 공상, 이 두 가지를 다 좋아한다. 호기심이 많다. 상상력이 풍부하다. 기억력이 좋다. 문자 그대로 받아들인다.	공과책을 스스로 읽게 한다. 그것들을 사용하여 성경놀이를 하게 해 준다. 성경구절을 쓰게 한다. 주일학교 시간을 다양하게 세 부분으로 나눈다. 추리할 수 있는 기회를 마련해 준다. 두 가지를 다 사용하되 그 두 가지의 차이를 분별시켜 준다. 그들이 알고자 하는 문제에 대답해 준다. 들은 이야기대로 행동하게 한다. 성경구절들을 가르치고 아이들과 약속을 지킨다. 상징을 피한다.

사회적 특성	
유년부 어린이는 이와 같기 때문에	우리는 이것을 한다.
여러 사람과 놀기 원한다. 말하기를 좋아한다. 어린이 친구들을 사귀고 싶어한다. 성인이 되기를 원한다. 이성을 좋아한다. 이기적인 경향이 있다.	단체 활동을 마련해 준다. 어린이의 관심사에 대하여 함께 이야기한다. 아이들을 위한 선교 계획을 강조한다. '작은' 이란 말을 사용하지 않는다. 남녀가 한 교실에서 공부하게 한다. 다른 사람에 대하여 생각하도록 가르친다.

정서적 특성	
유년부 어린이는 이와 같기 때문에	우리는 이것을 한다.
쉽게 흥분한다. 부끄럼 때문에 움츠러든다. 두려움이 많다. 다른 사람에게 동정심을 갖는다.	침착해지도록 고요한 분위기를 마련해 준다. 알맞은 일을 선택해 주고 모두 끝내면 칭찬해 준다. 안전함을 느끼도록 도와준다. 자신보다 불행한 사람들을 도와주도록 가르친다.

영적 특성	
유년부 어린이는 이와 같기 때문에	우리는 이것을 한다.
주일학교를 좋아한다. 기도에 대한 믿음을 갖게 된다. 그리스도를 영접할 마음의 준비가 되어 있기도 하다. 천국에 대하여 알아보려고 한다. 착한 사람이 되기를 원한다.	그 태도를 유지하도록 한다. 하나님의 응답을 받아들이도록 가르친다. 구원상담을 통해 예수님을 영접하게 한다. 물어오는 질문에 **빼놓지** 말고 대답해 준다. 그리스도께서 그를 도와줄 것임을 가르쳐 준다.

2. 초등부 어린이의 특성과 그 특성에 따른 의미

신체적 특성	
초등부 어린이는 이와 같기 때문에	우리는 이것을 한다.
활동적이며 일하기를 좋아한다. 힘이 세고 건강하다. 소란스럽고 싸움하는 것을 좋아한다. 밖으로 나가기를 좋아한다. 어려운 것과 경쟁적인 것을 좋아한다.	그가 할 수 있는 다양한 조립 활동을 마련해 준다. 정규적인 출석을 하게 하고 난이도가 높은 일을 하게 한다. 교사가 먼저 교실에 와서 어린이가 오자마자 할 일을 준다. 함께 등산을 한다. 연구과제나 성경놀이로 어린이의 능력에 도전을 준다.

정신적 특성	
초등부 어린이는 이와 같기 때문에	우리는 이것을 한다.
역사와 지리를 좋아한다. 수집하는 것을 좋아한다. 무엇이든 알고 싶어한다. 읽고 쓰기를 좋아한다. 생각하고 추리할 수 있다. 기억력이 좋다. 상징적인 것을 이해하지 못한다.	성경의 연대 기록과 지리를 가르쳐 준다. 가치 있는 취미에 흥미를 갖게 한다. 스스로 문제에 대한 해답을 찾도록 도와준다. 어린이에게 좋은 책들을 마련해 주며 때로는 필기를 해야 하는 성경공부를 시킨다. 옳은 선택을 하도록 기회를 마련해 준다. 성경구절을 외우도록 격려해 준다. 어린이의 생각을 혼동시키는 시청각 학습을 피한다.

사회적 특성	
초등부 어린이는 이와 같기 때문에	우리는 이것을 한다.
책임을 용납할 수 있다. 자신을 지배하는 권위를 싫어한다. 이성을 싫어한다. 영웅 숭배자이다.	학급을 특별한 책임을 맡은 부서들로 조직한다. 교사는 안내자가 되어야지 명령자가 되어서는 안 된다. 남녀를 구별하여 학급 편성을 한다. 교사가 모범을 보이며 그리스도를 영웅으로서 제시해 준다.

정서적 특성	
초등부 어린이는 이와 같기 때문에	우리는 이것을 한다.
두려움이 거의 없다. 성미가 급하다. 사랑을 겉으로 나타내는 것을 싫어한다. 유머를 즐긴다.	두려워할 것과 두려워하지 않을 것을 가르친다. 불끈 화를 내게 하는 원인을 피한다. 그러한 외적 표현을 피한다. 우스운 것과 우습지 않은 것을 가르쳐 준다.

영적 특성	
초등부 어린이는 이와 같기 때문에	우리는 이것을 한다.
죄를 죄로 인정한다. 기독교에 대하여 의문을 지니고 있다. 감정은 그의 신앙에 아무 역할도 하지 못한다. 스스로 높은 기준을 세워 놓고 있다. 날마다 기도 생활에서 격려가 필요하다.	죄에서 그를 구원하신 그리스도를 바라보게 해 준다. 정직하게 대답해 주며 성경에서 해답을 찾도록 그를 도와준다. 감정적인 호소는 피한다. 자신의 생활에서 높은 기준을 경험하도록 한다. 기도에 도움이 될 것들을 마련해 준다.

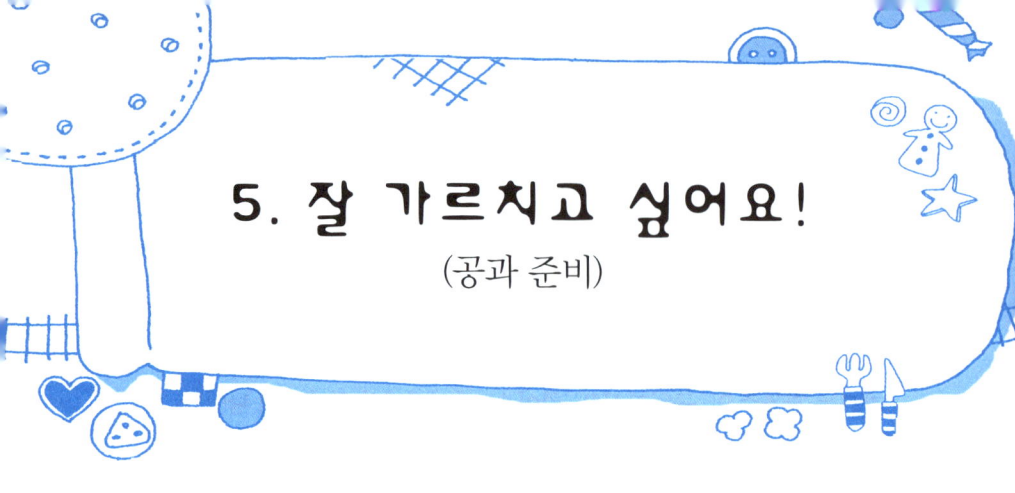

5. 잘 가르치고 싶어요!
(공과 준비)

만일 풍선들이 뻥하고 터지면 모든 것들이 정확한 층으로부터 멀리 떨어져 버릴 것이기 때문에 소리를 전달할 수 없을 것이다.

또한 혹시 창문이 닫혀 있다면 대부분의 건물들은 단열, 방음 처리가 잘 되어 있기 때문에 소리의 전달이 방해받게 될 것이다. 전체적인 작동 여부는 전기의 안정적인 흐름에 달려 있기 때문에 전선의 중간이 한 곳이라도 끊어진다면 문제가 생길 것이다.

물론 그 청년이 소리를 크게 지를 수 있을 것이다. 그러나 사람의 목소리가 그만한 거리까지 도달하기에는 역부족이고, 따라서 용건을 전달할 수 없다. 가장 좋은 상황은 거리를 짧게 하는 것임이 분명하다. 그렇다면 혹시라도 있을지 모를 문제점을 최소화할 수 있을 것이다. 아주 가깝게 다가갈수록 잘못될 가능성을 최소로 줄일 수 있을 것이다.

▶ 위의 글을 읽고 내용을 얼마나 이해했는지 체크해 보세요.

① 전혀 모르겠다.   ② 약간 이해된다.   ③ 절반쯤 이해했다.
④ 대충 이해했다.   ⑤ 확실히 이해했다.

서로의 생각을 나눌 때, 답을 맞추기 위한 시간이 아니라 서로의 생각을 나누면서 마음을 여는 시간이 되도록 인도하세요!

글을 그냥 보면 잘 이해가 되지 않습니다. 그러나 다음의 그림과 같이 보면 모든 것이 이해가 될 것입니다.

B.A Picture for the Balloons message

이와 같이 우리는 서로의 의사를 전달하는 데 한계가 있으며, 많은 장애물들을 가지고 있습니다. 장애물은 외부 환경적인 요소들도 있지만, 내 안의 내적 요소들도 있습니다.

이로 인해 서로의 대화가 단절되고, 때로는 오해도 생기고, 마음에 상처를 받기도 합니다. 그리고 하나님의 말씀을 깨닫는 데도 방해를 받습니다.

때로는 정말 열심히 공과를 준비했는데, 어린이들은 알아듣지도 못하고 반응을 보이지 않을 때도 있습니다. 예수님도 열심히, 아주 쉽게 말씀을 가르쳤지만 때로는 사람들이 못 알아들을 때도 있었습니다. 예수님의 가르침을 방해하는 요소는 무엇인가요? 왜 이런 일이 벌어졌을까요? 다음 본문을 읽고 함께 살펴보도록 하겠습니다.

Book 주제 연구

★ 읽을 말씀

마태복음 13:10~17

10 제자들이 예수께 나아와 이르되 어찌하여 그들에게 비유로 말씀하시나이까 11 대답하여 이르시되 천국의 비밀을 아는 것이 너희에게는 허락되었으나 그들에게는 아니되었나니 12 무릇 있는 자는 받아 넉넉하게 되되 없는 자는 그 있는 것도 빼앗기리라 13 그러므로 내가 그들에게 비유로 말하는 것은 그들이 보아도 보지 못하며 들어도 듣지 못하며 깨닫지 못함이니라 14 이사야의 예언이 그들에게 이루어졌으니 일렀으되 너희가 듣기는 들어도 깨닫지 못할 것이요 보기는 보아도 알지 못하리라 15 이 백성들의 마음이 완악하여져서 그 귀는 듣기에 둔하고 눈은 감았으니 이는 눈으로 보고 귀로 듣고 마음으로 깨달아 돌이켜 내게 고침을 받을까 두려워함이라 하였느니라 16 그러나 너희 눈은 봄으로, 너희 귀는 들음으로 복이 있도다 17 내가 진실로 너희에게 이르노니 많은 선지자와 의인이 너희가 보는 것들을 보고자 하여도 보지 못하였고 너희가 듣는 것들을 듣고자 하여도 듣지 못하였느니라

• 주제 연구 가이드

본문을 해석함에 있어 하나님이 의도적으로 감추신 것이라고 해석하는 경우와 인간의 죄악으로 완악해진 마음이 하나님의 말씀을 깨닫지 못하게 한 것이라고 보는 견해가 있습니다. 그러나 결국 이 두 관점은 다른 관점이 아닙니다. 죄악은 하나님 편에서의 단절을 의미합니다.

그러므로 하나님 편에서는 감추어진 것입니다. 그러나 그 감추어진 진리, 복음을 선포하고 드러내려 오신 분이 바로 예수님이십니다. 그러므로 본문을 통하여 우리가 초점을 두고 나누어야 할 내용은, 신앙의 가르침은 단순히 교육적 방법론만 잘 선택하고 익힌다고 되는 것이 아니라 하나님 아버지의 심정으로 우리의 완악함이 깨어지도록 하나님께 부르짖으며 간구해야 하는 것임을 강조하기 위한 것임을 알아야 합니다.

1. 예수님께서 많은 무리들에게 천국 말씀에 관하여 비유로 설명하셨습니다. 많은 무리들이 예수님의 가르침을 얼마나 이해했다고 보십니까?(10절)

   정답 : 거의 이해하지 못했다.

 문제 설명

예수님의 제자들도 이해하지 못해서 예수님께 나아와 그것이 도대체 무슨 뜻인지 물었습니다. 예수님을 따라다니던 제자들조차 이해하지 못했다면 군중들은 당연히 이해하지 못했다고 보는 것이 논리적으로 합당할 것입니다.

2. 예수님께서 비유로 말씀하신 이유는 무엇이라고 생각하십니까?(13:3,10,35 참고)

   정답 : 쉽게 설명하시려고, 천국 복음을 드러내시려고

 문제 설명

예수님께서는 수수께끼를 즐기시는 신비스러운 분이 아니십니다. 예수님께서 이 땅에 오신 이유는 하나님의 말씀을 선포하고 가르쳐, 백성들이 하나님의 사랑을 깨닫고 하나님이 보내신 예수 그리스도를 믿게 하는 데 있습니다.

또한 예수님의 가르침은 언제나 탁월하셨습니다. 그래서 예수님의 가르침을 들은 서기관들조차도 예수님의 가르침에 놀랐습니다. 또한 예수님은 언제나 학습자의 눈높이를 맞추어 너무나 쉽게 가르쳐 주셨습니다. 그러므로 예수님께서 비유로 설명하신 이유는 바로 듣는 이들이 좀 더 쉽게 설명을 알아듣게 하기 위해서입니다. 또한 수사법에서도 비유를 사용하는 이유는 좀 더 쉽게 설명하고 전달하기 위해서입니다.

3. 예수님은 좀 더 쉽게 설명하기 위해 비유까지 드셨지만 군중들은 예수님의 가르침을 깨닫지 못했습니다. 그 이유가 무엇이라고 생각하십니까?(13절)

정답 : 군중들이 보아도 보지 못하고, 들어도 듣지 못하며 깨닫지 못함.

 문제 설명

예수님은 언제나 완벽하신 분이셨습니다. 그러므로 그분에게 문제가 있다고 볼 수는 없습니다. 그렇다면 당연히 학습자에게 문제가 있는 것입니다.

학습자의 문제는 아무리 보여주고, 아무리 들려주어도 듣지 못하고 깨닫지 못하는 것에 있었습니다. 글씨를 모르면 문맹이라고 합니다. 글을 읽어도 이해하지 못하여 학습을 할 수 없는 사람을 학맹이라고 합니다. 아무리 영적으로 가르치고, 들려주고, 보여주어도 깨닫지 못하는 것을 영맹이라고 합니다. 즉, 지금 군중들과 제자들은 영맹에 해당한다고 볼 수 있습니다.

4. 예수님께서 보여주시고 들려주셔도 군중과 제자들이 보지 못하고,

들지 못하며 깨닫지 못하는 이유를 예수님께서는 무엇 때문이라고 말씀하고 계십니까?(14~15절)

정답 : 마음이 완악하여져서

 문제 설명

백성들이 영맹에 처하게 된 이유를 예수님은 마음의 완악함 때문이라고 설명하십니다. 즉, 이들의 죄악이 눈과 귀와 마음을 모두 굳게 닫히게 했다는 것입니다. 그래서 하나님을 멀리하고 자기 멋대로 사는 인생이 되게 했다는 것입니다. 아담이 처음 범죄 했을 때, 나타난 죄의 증상 중 하나는 바로 커뮤니케이션의 단절 즉, 하나님과의 대화를 잘 이해하지 못하는 것이었습니다.

범죄 한 아담이 하나님을 피해 숨었습니다. 하나님이 아담을 찾아오셔서 "아담아 네가 지금 어디 있느냐"라고 물으십니다. 하나님이 지금 아담을 찾는 이유는 아담이 어디 있는지 몰라서 숨바꼭질하듯이 물어보신 것이 아닙니다. '너, 왜 내가 먹지 말라는 선악을 알게 하는 나무를 따 먹고 범죄 하였느냐' 라는 질문인 것입니다.

그러나 아담은 그 말뜻을 이해하지 못하고 딴소리를 합니다. 즉, 죄는 하나님과의 단절과 오해를 만들어내는 요소인 것입니다.

이와 같이 우리 인간의 완악함은 하나님을 보지 못하게 하고, 하나님의 음성을 듣지 못하게 하며, 깨닫지도 못하게 합니다. 마가복음 3:5에 예수님이 안식일에 손 마른 사람을 고쳐주신 일로 논쟁이 벌어졌습니다. 이때, 예수님은 안식일의 진정한 의미와 무엇을 해야 안식일을 잘 보내는 것인지 알려주셨습니다. 그러나 그들이 마음의 완악함으로 깨닫지 못하고 받아들이지 못하는 모습을 보고 탄식하시며 노하셨습니다.

5. 그렇다면 어떻게 우리의 영적 귀와 눈, 완악해진 마음을 열 수 있을까요? 다음의 성경구절을 참고하여 자신의 말로 표현해 보세요.
   ① 열왕기하 6:17 엘리사가 눈을 열어 보게 하소서 하니 영적 눈이 열려 보게 됨.
   ② 마태복음 16:17 하늘에 계신 내 아버지께서 알게 하신다.

③ 누가복음 24:30~31　　떡을 가지사 축사하시고 떼어 주시매 눈이 밝아짐.
④ 사도행전 8:29~35　　성령충만하고 말씀을 잘 아는 사람의 지도를 받을 때 깨닫는다.
⑤ 고린도전서 2:13~14　성령의 가르치심을 받아야 육과 영의 일을 분별할 수 있다.

문제 설명

① 아람과 이스라엘의 전쟁에서 매번 아람의 작전이 노출되어 번번이 이스라엘에게 패하게 되자 아람 왕은 자신의 측근 중에 첩자가 있는 것으로 판단하고 자신의 모든 참모들을 불러 첩자를 잡으려고 합니다.

이때, 참모 중 한 사람이 왕에게 이것은 첩자 때문이 아니라 이스라엘에 엘리사라는 선지자가 있는데 엘리사가 믿는 하나님께서 왕이 침실에서 한 이야기까지 모두 엘리사에게 알려주어서 매번 이스라엘이 승리한다고 말했습니다. 그래서 아람 왕은 이제 작전을 바꾸어 도단 성에 있는 엘리사를 잡으려고 엄청나게 많은 군사를 도단 성으로 보내어 그 성을 포위하게 했습니다.

아침 일찍 잠에서 깬 엘리사의 사환은 문밖으로 나오다 자신들을 포위하고 있는 아람의 군대를 보고 깜짝 놀라서 엘리사에게 이 사실을 알립니다. 이런 상황 속에서 엘리사는 사환의 눈을 열어달라고 하나님께 기도하자 곧 사환이 영적 눈을 뜨게 됩니다. 그리고 이제 자신들을 포위하고 있는 아람의 군대보다 하나님의 천군천사들이 더 많다는 것을 보게 됩니다.

② 예수님께서는 가이사랴 빌립보 지방에 이르러 제자들에게 사람들이 자신을 누구라 생각하는지 물었습니다. 어떤 이들은 세례 요한, 더러는 엘리야, 어떤 이는 예레미야나 선지자 중의 하나라고 말하고 있다고 했습니다. 그러자 예수님께서는 다시 제자들을 향하여 "그럼 너희는 나를 누구라 생각하느냐?"라고 물으십니다.

이 질문에 베드로는 "주는 그리스도시요 살아 계신 하나님의 아들입니다."라고 대답을 합니다. 예수님은 이와 같은 대답은 네 스스로 할 수 있는 대답이 아니라 하나님께서 깨닫게 하시고 알게 하셨다고 말씀하십니다.

그리고 이 귀한 믿음의 고백 위에 교회를 세우십니다.

③ 예수님이 십자가에 달려 죽으시자 모든 소망이 없어진 제자 중 두 명이 엠마오를 향하여 내려가고 있었습니다. 이때, 예수님께서 이들에게 나타나셨습니다.

그럼에도 불구하고 이들의 눈이 가리워져 함께 계신 분이 예수님인지도 모르고 길을 갑니다. 길을 가는 동안 예수님께서는 선지자의 모든 예언의 말씀이 자신을 통해 이루어졌음을 자세히 설명해 알려주셨습니다. 그리고 이들과 식탁 교제를 통한 나눔 가운데 저희의 눈이 밝아져 예수님인 줄 알아보게 되었습니다. 그리고 이제 그들의 마음이 뜨거워짐을 느꼈습니다.

④ 에디오피아 여왕 간다게의 국고를 맡은 관원(내시)이 예루살렘에 예배하러 왔다가 돌아가는 길에 이사야의 글을 읽는데, 이해를 하지 못하고 있었습니다.

이때, 성령께서는 빌립을 보내 이사야의 글이 예수님의 십자가 복음을 의미함을 가르쳐주었습니다. 이때 내시는 그 복음을 깨닫고 세례를 받습니다.

⑤ 우리가 지혜롭게 세상 일과 신령한 영의 일을 분별하기 위해서는 성령의 인도하심이 필요합니다. 즉, 성령의 충만함 가운데 있을 때, 우리는 하나님을 느끼고 깨닫고 알 수 있는 것입니다. 이를 위해 우리는 간절히 기도해야 합니다. 그러면 구하는 하나님의 자녀들에게 응답하신다고 성경은 말하고 있습니다(마 7:7~11).

나의 말-우리의 어두운 눈이 열리고, 말씀을 깨닫고, 하나님을 알도록 하는 것은 나의 지식이나 능력으로 되는 것이 아니라 하나님께서 허락하셔야 된다. 그러므로 하나님께 간구할 때, 하나님께서 우리의 눈과 귀, 완악한 마음을 열어주시고, 하나님의 말씀을 깨닫도록 성령 하나님께서 도와주신다.

• 주제 연구 가이드

①~⑤까지의 내용을 종합하여 나의 말로 표현할 수 있는 충분한 시간을 갖도록 인도자는 인내해야 합니다. 그리고 서로의 생각을 나눔으로 다른 사람의 생각을 참고하여 자신의 것으로 만들 수 있도록 지도하세요. 또한 중요한 것은 나에게 맡겨진 어린이들을 위해 간절하게 기도해야 함을 깨닫게 하는 것입니다.

Look 적용점 살피기

1. 나는 평소 어떻게 공과를 준비하는지, 지금까지 공과를 준비해 왔던 과정을 서로 나누어 보세요.

 문제 설명

평소 자신이 공과 공부를 위해 무엇을 어떻게 준비했는지 서로의 나눔을 통해 자신을 점검하고 도움을 받는 시간이 되도록 도와야 합니다(공과 준비는 특강 자료를 참고하세요). 이때 지도자가 중요하게 지적해 주어야 할 몇 가지가 있습니다.

① 가르치기 위해 성경을 읽거나 공과를 준비하지 말아야 합니다. 먼저 교사 자신이 공과의 내용을 겸손하게 배우는 입장에서 하나님 앞에서 반응하는 시간을 가져야 합니다. 교사가 먼저 은혜 받아야 합니다.
② 공과의 내용을 충분히 묵상하여 자신의 말로 표현할 수 있어야 합니다.
③ 핵심적 가르침의 내용을 붙잡고 자신과 학습자를 위하여 간절하게 기도해야 합니다. 가장 중요한 공과 준비는 기도입니다.

2. 평소 공과 공부 시간에 우리 반 어린이들이 나의 가르침을 얼마나 이해한다고 생각하십니까? 만약 많은 부분을 이해하지 못한다면 무엇이 문제라고 생각하십니까? 반면 잘 이해하고 있다면, 무엇 때문에 그처럼 잘 이해한다고 생각하십니까?

 문제 설명

교육학적으로 학습이 잘 이루어지지 못하는 이유는 크게 두 가지입니다. 하나는 가르치는 교사가 잘 준비하지 못해서이고 다른 하나는 학습자의 문제입니다.

그러나 교회 교사는 자신의 준비뿐 아니라 학습자의 문제도 미리 기도로 준비하고 해결해야 합니다.

얼마나 잘 이해했는지는 그날 가르침의 핵심 내용을 다시 질문함으로 확인할 수 있습니다. 또한 학습자의 한 주간의 삶을 체크함으로 평가할 수 있습니다. 한 주간의 삶을 체크하기 위해서는 학습자 부모와의 관계가 매우 중요합니다.

콩나물을 기르기 위해 물을 부어주면, 물은 순식간에 밑으로 쏟아져 내립니다. 그런데 신기한 것은 그럼에도 콩나물은 자란다는 것입니다. 우리 아이들이 때로는 듣지 않는 것 같고, 장난만 치고 있는 것 같지만 그럼에도 어느새 말씀이 어린이들에게 스며들고 있습니다.

너무 조급해 하거나, 강압적으로 어린아이들을 꼼짝 못하게 앉혀 놓지 마세요! 내가 최선을 다하여 준비했다면 그 이후의 일은 주님께 맡기세요. 그러면 주님이 책임져 주십니다.

3. 나의 영적 귀와 눈, 마음은 어떤 상태라고 생각하십니까? 하나님의 음성을 듣고 있습니까? 하나님을 보고 있습니까? 하나님 아버지의 마음을 느끼고 있습니까? 서로의 마음을 나누어 보세요.

• 주제 연구 가이드

단순히 자신의 상태를 점검하는 것에서 멈추면 의미가 없습니다. 여기서 더 나아가 내가 어떻게 할 때, 어떤 상태일 때 하나님 앞에 민감하게 반응하는지 서로의 경험을 나누는 시간을 충분히 갖는 것이 좋습니다.

그리고 앞으로 한 주간은 하나님 앞에 내가 어떻게 반응하였는지, 하나님을 얼마나 느끼고 경험했는지 점검하는 시간을 가져야 합니다. 그리고 그 내용들을 간증문으로 기록하여 나누는 것도 매우 좋은 방법입니다.

 **Took** 실천사항 찾기

한 주간 실제로 실천할 수 있는 구체적인 내용 3가지를 적어보고 그 결과를 점검해봅시다.

	실천할 내용 (구체적으로 기록하세요)	점검 (10기준)	느낌 및 다짐
1			
2			
3			

기도하겠습니다.

오늘 나눔을 통하여 깨달은 점을 생각하며 기도문을 작성해보세요.

♡ 교사를 위한 잠언 ♡

소리 없는 기대감이 다른 사람들에게 직접적인 영향을 준다면 말로 표현하는 긍정적인 기대감은 얼마나 커다란 영향을 줄 수 있을지 생각해 보라.

— 브루스 윌킨슨

우리의 손을 필요로 하신다

제2차 세계대전이 끝나자 독일의 한 교회 교인들이 폭격으로 부서진 그들의 '거룩한 교회'를 복구하기 시작했습니다. 복구해야 할 품목 중에 그리스도의 상이 있었는데 그것은 너무 심하게 부서져 있었습니다. 그 상의 대부분은 찾았지만 손만은 끝까지 찾을 수가 없었습니다. 그래서 조각가로 하여금 새로 손을 만들게 할지 말지 옥신각신하다가 결국 손 없이 그리스도의 상을 세우기로 하였습니다. 복구를 끝낸 후 그들은 그 아래에 이러한 글을 써 붙였습니다.

"자신의 손 대신 우리의 손을 갖고 계신 예수 그리스도."

그렇습니다. 우리의 손이 필요하시기에 우리는 주님의 일을 하는 것입니다. 우리의 발이 필요하시기에 전도하는 것입니다. 우리는 주님께서 명령하신 사명을 잊지 말아야 합니다.

교육 자료 6

이 부분은 필요할 때 특강 강의안으로 사용도 가능합니다.
'Book' 또는 'Look' 전·후 부분을 나눌 때 참고하시면 좋습니다.

공과를 준비하며

1. **작성 요령**
    ① 기도로 충분히 준비한다.
    ② 가르칠 공과를 부담 없이 1~2번 읽는다.
    ③ 본문인 성경을 충분히 읽고 묵상한다.
    ④ 가르칠 내용 중에서 모르는 부분은 연구한다.
    ⑤ 정독을 하면서 공과 목표에 맞도록 요점을 정리한다.
    ⑥ 요점 정리를 보면서 도입, 전개, 결론을 나누고 사용할 예화(언어)를 준비한다.
    ⑦ 가르칠 교수안을 되도록 충실히 만든다.
    ⑧ 여러 번 읽으면서 자연스럽게 익힌다.

2. **교수법**
1) 교수 형태
    ① 말하는 방법 – 동화, 강의
    ② 보여주는 방법 – 그림, 견학
    ③ 의견 교환법 – 토론, 문답

· 헤르만 호온의 「예수님의 교육 방법론」 (박영호 역, 기독교문서선교회)을 읽어보세요. 많은 도움이 됩니다.

2) 주의력을 집중시켜라.
① 분위기 형성
② 억양 변화
③ 보조자료 사용
④ 질문 등

3) 흥미를 파악하고 유지하라.
① 이해할 수 있는 언어 및 내용
② 밀접한 환경 및 상황
③ 다양한 접근(삶에 적용 및 응용)

4) 심층을 울려라.
① 지식보다는 생명을 전달하라.
② 상상력에 호소
③ 영혼을 자극

5) 교사 자신이 자신감(확신)을 가져라.

3. 교수 방식

1) 교사 중심적 - 교사 혼자가 진행하는 강의식 수업

2) 학생 중심적 - 학생들이 수업에 참여하게 하는 협동, 체험, 흥미 중심의 수업 방식

· 효과적인 의사전달을 위한 몇 가지 지침
① 평소 학생들의 필요와 변화에 관심을 가져라.
② 교사로서 자신의 말에 확신과 열정을 보여라.
③ 학생들이 자신의 말을 듣고 변화될 것을 기대하라.
④ 청각만이 아니라 시각을 통해서도 내용을 전달하라.
⑤ 자신의 경험담과 유머를 사이 사이에 곁들이라.

4. 공과 공부 진행

기도	출석 점검 (숙제)	학생과 대화	성경 읽기	도입, 전개 결론, 토의	즐거운 활동	기도
1~2분	3~5분	3~5분	2분	2분, 6분 2분, 5분	10분	1분

1) 확인

교사는 '학생들이 나를 통하여 얼마나 배우고 있는가?'를 늘 점검해야 한다. 즉, 교사로서의 봉사의 초점은 교사에게 있는 것이 아니라 학생에게 있으므로 각자가 맡은 연령층에 맞게 교수 방법과 형태를 연구하고 숙달시켜서 바르게 전달해야 한다.

2) 참고

① 도입에 좋은 방법들
a. 브레인스토밍 : 주제를 제시해 주고 어린이들이 떠오르는 생각을 정해진 짧은 시간 내에 자연스럽게 말하게 하며 교사는 평가 없이 어

린이들의 의견을 받아주고 칠판이나 준비한 종이에 어린이들이 볼 수 있도록 기록한다.

b. 시각 자료 활용하기 : 실물, 모형, 그림, 사진 등을 보여주고 토론하는 방법으로 하나 혹은 두 개 정도의 자료를 준비한다. 자료는 성경 학습 내용과 직접 관련 있고 학습할 내용을 단순화시키고 명료화시킬 수 있는 것이어야 한다.

c. 이야기 만들기 방법 : 그림이나 상징을 2~3장 보여주고 그 내용을 이야기로 만들게 하는 방법으로 어린이들로 하여금 자신의 생각을 드러낼 뿐 아니라 창의적 사고력을 길러줄 수 있다.

d. 학습자의 경험 이야기 : 배울 내용과 관련된 것으로 어린이들 각자가 경험한 일이나 느낌 등을 이야기하는 방법

e. 퍼즐을 맞추어 문장 완성하기 : 조각난 퍼즐을 미리 준비하고 어린이들이 맞추게 함으로 그날 배울 주제를 알게 할 수 있다.

② 전개에 좋은 방법들

a. 성경을 찾아 읽고 질문에 답하기 : 어린이들로 하여금 성경을 스스로 찾아 읽게 한 후 그 내용에 관하여 '언제, 누가, 어디서, 왜, 무엇을, 어떻게 했는가?' 를 질문한다.

b. 그림의 순서를 정하고 제목을 붙여 이야기 완성하기 : 어린이들에게 그날 배울 내용과 관련된 그림을 순서 없이 나누어주고 순서를 정하게 한 후 이야기를 완성하여 어린이들이 이야기를 하게 할 수 있다.

c. 어려운 단어 설명하기 : 유년부 어린이들은 추상적인 개념에 대한 이해가 부족하기 때문에 어려운 단어나 내용에 대하여 어린이들이 이해할 수 있는 쉬운 표현과 어린이들의 생활과 직접적인 관련이 있는 것으로 설명해 주는 것이 필요하다.

③ 정리에 사용할 수 있는 좋은 방법들

a. 어린이의 실제 생활과 연결 짓기 : 그날 배운 내용과 관련된 어린이들의 실제 생활을 연결시켜서 이야기한 후 어린이들 스스로 결론을 내릴 수 있도록 한다.

b. 느낌 표현하기 : 배운 내용을 생각하면서 어린이들의 느낌을 이야기, 색, 도형으로 표현할 수 있도록 하고 서로의 느낌을 자유롭게 표현하고 나눌 수 있도록 한다.

c. 말씀에 어린이 이름을 넣어서 낭독하기 : 성경 말씀과 어린이를 직접적으로 연결시켜 줄 수 있다.

d. 배운 것을 점검하는 질문 하기 : 그날 배운 내용에 관련된 질문을 함으로 어린이들이 내용을 제대로 알고 있는지 확인할 수 있다.

④ 적용 및 실천에 사용할 수 있는 좋은 방법들

a. 글을 사용한 방법들 : 편지, 삼행시, 시, 기도문을 작성해본다.

b. 작품 만들기 : 그림을 그리거나 배너를 만들어 본다. 또는 색종이나 색상지를 이용해서 작품을 만들어 보고, 찰흙이나 지점토를 이용해 작품을 만들 수도 있다. 찢어 붙이기, 방송극 제작, 신문 만들기 등을 통해서도 표현할 수 있다.

c. 일주일의 생활 계획표 작성하기 : 배운 내용과 관련하여 어린이들의 일주일 동안 어떻게 살아갈 것인지 자신의 생활 계획표를 작성하게 한다.

5. 공과 준비를 위한 10단계

1) **1단계** : 어떠한 변화가 일어나기를 기대하는가?
2) **2단계** : 그러한 반응을 위해서 무엇을 가르칠 것인가? 가르칠 내용 요약하기
3) **3단계** : 가르칠 내용에 대하여 분명히 이해하고 있는가? 내가 이해한 것을 나의 말로 써보자.
4) **4단계** : 가르칠 것은 어떠한 의미를 가지는지를 쓰고, 그 이해된 의미를 당신의 삶 속에서 찾아내어 그것들을 써보자.
5) **5단계** : 가르칠 것에 대한 자신의 이야기, 즉 생활 속에서 깨닫고 적용된 그 가르침에 관하여 학생들에게 말하는 식으로 정리해 보자.
6) **6단계** : 가르침이 일어날 수 있는 학생들의 삶의 자리에는 어떠한 상황들이 일어나고 있는지를 적어보자.
7) **7단계** : 교사 자신의 이야기와 공동체의 이야기, 그리고 학생들의 상황들을 연결하여 하나의 구성을 만들어 보자.
8) **8단계** : 오늘 가르침과 관계되는 학생들의 삶의 상황을 어떤 식으로 대화의 장으로 이끌어 낼 것인지를 써 보자.
9) **9단계** : 열린 대화의 장에서 어떻게 학생들을 이끌어 갈 것인가? 학생들과 교사 자신의 생각과 교회 공동체의 생각들을 어떻게 조화시킬 것인가?
10) **10단계** : 어떻게 오늘의 가르침을 결론 맺을 것인가?(학생들로 하여금 그들 자신의 생활 속에서 진리를 바라보도록 도와주는 일이 중요)

교육 자료 7

어린이들을 대하시는 예수님의 태도

1. 예수님께서 어린아이들을 위하여 행하신 일들
   ① 예수님께서는 어린아이들을 품에 안고 축복해 주셨다.
   ② 예수님께서는 다시 살림을 받은 야이로의 딸에게 먹을 것을 주라고 명령하셨다(막 5:43).
   ③ 예수님께서는 그들의 병을 고쳐주셨다(요 4:46~54, 마 17:14~21).

2. 예수님께서 어린아이들을 대하실 때 어떤 감정을 느끼셨는가?
   ① 예수님께서는 그들을 존중하셨다(마 18:10).
   ② 예수님께서는 그들을 동정하셨다(눅 23:28).
   ③ 아이들에게 행하신 모든 것들로부터 우리는 예수님께서 그들을 사랑하셨다는 결론을 내릴 수 있다.

3. 예수님께서 어린아이들에 대하여 품으셨던 생각들
   ① 어린아이들은 천국 시민의 표본이다(마 18:4).
   ② 그들에 대하여 과오를 범치 말라(막 9:42).
   ③ 어린아이들을 자신과 동일시하셨다(막 9:37).
   ④ 어린아이들은 하나님이 사랑하시는 특별한 대상들이다(마 18:14).

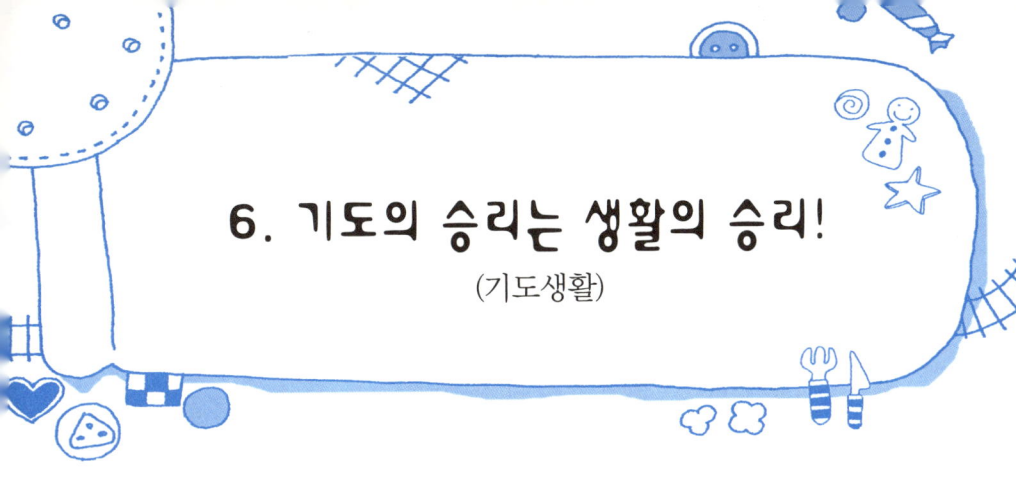

6. 기도의 승리는 생활의 승리!
(기도생활)

 **Hook** 주의 끌기

A. T. 피어슨이라는 선교사 겸 전기 작가는 한 사람의 생애를 다음과 같이 묘사했습니다.

"프러시아 태생으로 영국에서 살았던 이 사람, 지위도 교육도 돈도 배경도 없이 이 한 사람이 이룩한 엄청난 사역을 어떻게 설명할 수 있을까? 그는 2천 명이 넘는 고아들을 사랑으로 양육하였다. 그는 단 한 번의 도움을 요청한 일이 없이 평생 7백만 달러 이상을 모금하였다. 그에 의해 여러 개의 성경학교와 예배당이 세워졌다. 그로 인하여 수백 명의 선교사가 파송되었다. 그의 이름은 브리스톨 사람 조지 뮬러(George Muller)이다. 조지 뮬러는 '이 땅에는 단 한 가지 종류의 빈곤이 존재한다. 그것은 기도의 빈곤이다.' 라고 했다. 그의 삶의 승리는 기도의 승리였던 것이다."

▶ 이와 같은 이야기를 통해 도전이 되는 내용을 함께 나누어 보세요!

 **문제 설명**

기도하면 떠오르는 대표적인 사람 중 한 사람이 바로 조지 뮬러입니다. 조지 뮬러의 기도 응답의 비결은 응답이 올 때까지 기도하는 것이었습니다. 우리의 삶 가운데도 기도의 능력이 나타나길 원합니다. 특히, 여러 선생님들이 맡고 있는 아이들을 위하여 기도할 때, 더 큰 능력이 나타날 줄 믿습니다.

♣ 참고하세요 – 영적 스태미나 식

날이 갈수록 식탁은 점점 풍성해지는데 내 영혼은 왜 이렇게 무기력할까? 어제 내린 만나로 오늘을 살아갈 수 없듯이 날마다 새롭게 공급받아야 할 말씀과 기도의 만나가 내게 부족한 건 아닐까?

 **Book** 주제 연구

★ 읽을 말씀

1) 사무엘상 12:23
²³나는 너희를 위하여 기도하기를 쉬는 죄를 여호와 앞에 결단코 범하지 아니하고 선하고 의로운 길을 너희에게 가르칠 것인즉

2) 로마서 8:34
³⁴누가 정죄하리요 죽으실 뿐 아니라 다시 살아나신 이는 그리스도 예수시니 그는 하나님 우편에 계신 자요 우리를 위하여 간구하시는 자시니라

1. 사무엘 선지자가 이스라엘 백성들 앞에서 선포한 내용은 무엇입니까?(삼상 12:23)
   정답 : 나(사무엘)는 너희(이스라엘 백성)를 위하여 기도하기를 쉬는 죄를 범하지 않겠다.

2. 왜 사무엘 선지자는 이스라엘 백성들을 위하여 기도하기를 쉬는 것이 죄라고 고백했습니까?(삼상 12:23)
   정답 : 사무엘 선지자의 사명이 이스라엘 백성을 위하여 기도하고 하나님의 말씀을 잘 가르쳐 섬기게 하는 것이기 때문이다.

문제 설명

사무엘 선지자는 하나님께서 이스라엘 백성을 자기 백성 삼으신 것을 기뻐하시며, 하나님 자신의 크신 이름을 위해서라도 자기 백성을 버리지 않으신다고 선포했습니다. 사무엘 선지자는 선택받은 이스라엘 백성들이 하나님의 뜻에 합당하게 살도록 이끌어야 할 책임과 의무를 가지게 되었습니다.

이제 이들을 위하여 사무엘 선지자가 할 일은 그들을 위하여 기도하며 하나님을 바르게 섬길 수 있도록 가르치는 사명을 감당하기 위해 선포하는 것입니다. 그러므로 이스라엘 백성을 위하여 기도하기를 쉬는 것을 죄로 인식하게 된 것입니다. 이와 같은 사무엘 선지자의 인식이 바로 우리의 인식이 되어야 합니다. 교사는 하나님의 자녀들을 하나님의 뜻에 합당하게 살도록 가르치고 양육해야 할 사명을 가지고 있습니다.

그렇다면 사무엘 선지자와 같이 우리도 우리에게 맡겨진 어린이들을 위한 기도를 쉬어서는 안 되는 것입니다. 기도하기를 쉬는 것은 바로 죄인 것입니다. 과연 나는 나에게 맡겨진 어린이들을 위해 얼마나 기도하고 있습니까?

3. 최고의 선생님이신 예수님께서 부활, 승천하신 후 지금도 하고 계신 사역은 무엇입니까?(롬 8:34)

   정답 : 하나님 우편에서 우리를 위하여 기도해 주심.

 문제 설명

예수님께서는 우리의 죄를 위하여 십자가에 죽으시고 3일 만에 부활하셨습니다. 그리고 제자들에게 복음의 사명을 부탁하시고 이제 하나님의 우편으로 올라가셨습니다. 그런데 그것으로 끝이 아니라 예수님께서는 하나님의 우편에서 지금도 변함없이 우리를 위하여 기도하고 계신다고 성경은 분명하게 말씀하십니다.

이와 같이 사무엘 선지자와 예수님의 기도 사역을 비추어 볼 때, 교사인 나에게 속해 있는 어린이들을 위해 기도하는 것이 얼마나 중요한 일인지 우리는 깨달아야 합니다.

4. 출애굽기 32장과 에스겔 22장을 읽고 두 본문을 서로 비교하여 보세요!

   지도자의 기도가 얼마나 중요한지 다음 성경의 두 사건을 통하여 비교하여 보세요.

	출애굽기 32장	에스겔 22장
죄악의 내용	금송아지 우상을 만듦 (1~4절)	하나님과의 언약을 어기고 음행함(23~29절)
징벌의 내용	진노하여 모두 진멸(10절)	네가 미워하고 싫어하는 자의 손에 진멸됨(28~31절)
도고 기도자	모세의 기도(11~13절)	기도자 없음(30~35절)
하나님의 반응	하나님의 용서(14절)	하나님의 심판(31~35절)

문제 설명

출애굽기 32장과 에스겔 22장의 공통점은 이스라엘 백성들이 하나님이 싫어하는 죄악(우상숭배, 하나님을 잊고 살아감, 음행 등)을 범함으로 하나님의 진노 앞에 놓이게 되었다는 것입니다. 그러나 두 사건에는 다른 점이 있습니다. 출애굽기 32장에서는 하나님의 진노를 가로막고 서서 이스라엘 백성들을 위하여 기도하는 지도자 모세가 있었습니다. 모세는 아브라함, 이삭, 이스라엘과 하나님이 맺으셨던 언약을 근거로 하나님의 용서를 구하였습니다. 하나님은 모세의 이와 같은 기도를 들으시고 심판을 거두시고 이들을 용서하셨습니다.

그러나 에스겔 22장에서는 음행하고 우상숭배에 빠져 있는 이스라엘 백성을 향한 하나님의 심판을 가로막고 서서 기도하는 사람이 없습니다. 결국 하나님의 심판이 이스라엘 백성들에게 임했음을 우리는 알 수 있습니다.

이와 같은 사실을 볼 때, 한 나라를 책임지고 있는 지도자의 기도, 한 가정을 책임지고 있는 가장의 기도, 한 교회를 책임지고 있는 목사와 장로의 기도, 한 반을 책임지고 있는 교사의 기도가 얼마나 중요한지 우리는 깨달아야 합니다. 그러므로 사무엘 선지자와 같이 기도하기를 쉬는 것은 죄입니다.

• 주제 연구 가이드

대한예수교장로회(합동) 교단에서는 총회 결의에 의하여 '중보기도'라는 용어 사용을 중지할 것을 결의하고 각 노회에 통보하였습니다.

대신 '남을 위한 기도' 혹은 '이웃을 위한 기도'라는 표현을 사용하도록 했습니다. 총회에서 사용을 중지할 것을 신문에 공고하였으며, 디모데전서 2:1에 '도고'라는 용어가 있으므로 이 용어의 사용을 추천하였습니다. 이와 같은 결정은 교단 헌법은 물론 대요리문답에도 중보사역에 대한 중요성을 강조하고 있는데 중보사역을 훼손할 소지가 많으므로 내려진 것입니다. 중보는 하나님과 인간 사이의 다리 역할을 하여 속죄하여 주신 예수님에 대하여 사용한 용어입니다. 또한 중보자 자격은 인성, 신성, 무죄를 갖추어야 합니다. 그러므로 '내가 중보하여', '중보합시다' 등의 용어보다는 '우리 함께 도고기도 합시다.'라든지 '우리 모두 합심해서 기도합시다.'라는 용어를 사용할 것을 권하고 있습니다.

5. 출애굽기 32:30~32에서 모세가 이스라엘 백성들을 위하여 이와 같이 기도하게 된 심정이 무엇이라고 생각하십니까?

정답 : 백성들을 진멸함으로 하나님의 영광이 가려지는 것과 진노 앞에 있는 백성들을 향한 긍휼과 사랑

 문제 설명

　모세가 하나님의 진노 앞에 서서 이스라엘 백성들을 위하여 간구할 때 먼저 생각한 것은 하나님의 영광입니다. 하나님이 이스라엘 백성을 모두 진멸하시면, 주변의 많은 사람들이, 하나님이 능력이 없어서 이들을 광야에서 죽였다고 손가락질하고 하나님의 이름이 망령되이 될 것을 우려하였습니다.

　또한 두 번째는 하나님의 진노 앞에 있는 백성들을 불쌍하게 여기고 마음 아팠습니다. 즉, 이스라엘 백성들을 긍휼히 여기는 마음이 있었습니다. 그래서 모세는 이들을 용서하시고 긍휼히 여겨달라고 간구합니다. 이때, 모세는 그냥 '불쌍히 여겨 주세요'가 아니라 하나님이 이들의 조상(아브라함, 이삭, 야곱)과 맺으신 언약을 상기시키며 하나님께 최선을 다하여 간구하는 모습을 볼 수 있습니다.

• 주제 연구 가이드

　모세의 심정을 교사인 자신의 말로 표현하게 하는 것도 의미 있는 시간이 될 것입니다.

 Look 적용점 살피기

1. 기도는 믿는 자의 특권이자 의무입니다. 어린 영혼을 책임지고 있는 영적 지도자(교사)로서 기도의 의무와 책임을 얼마나 사용하고 있습니까?

문제 설명

교사는 자신에게 맡겨진 영혼들을 위하여 항상 깨어 기도해야 함을 강하게 인식해야 하며, 거룩한 부담감을 가져야 합니다. 자신의 기도가 한 영혼을 살릴 수 있으며, 그 영혼은 천하보다 귀하고, 더 큰 열매를 맺는 멋진 나무가 될 수 있음을 항상 기억해야 합니다.

2. 모세와 같이 간절함으로 기도해 보신 적이 있습니까? 그런 경험이 있다면 서로 나누어 보세요.

- **주제 연구 가이드**

  나눔도 훈련입니다. 교사들의 마음이 열리도록 인도자는 기도해야 합니다.

3. 지금 내가 기도하는 내용 전체 중에서 나에게 맡겨진 어린아이들 위한 기도는 얼마나 됩니까? 이제는 나에게 맡겨진 어린이 한 명 한 명마다 그에게 필요한 기도제목을 적고 기도해 보세요!

문제 설명

교사들로 하여금 어린이들을 위한 기도를 구체적으로 시도하게 합니다. 이때, 반 어린이들을 위한 기도노트를 만들게 하는 것이 중요합니다. 또한 지금 내가 사용하고 있는 기도의 시간을 10분 이상 늘려서 기도할 수 있도록 지도해야 합니다.

 Took 실천사항 찾기

한 주간 실제로 실천할 수 있는 구체적인 내용 3가지를 적어보고 그 결과를 점검해봅시다.

	실천할 내용 (구체적으로 기록하세요)	점검 (10기준)	느낌 및 다짐
1			
2			
3			

기도하겠습니다.

오늘 나눔을 통하여 깨달은 점을 생각하며 기도문을 작성해보세요.

> ♡ 교사를 위한 잠언 ♡
>
> 주님의 일은 돈이나 주변 환경, 사람이 없어서 못하는 것이 아니라 믿음이 부족해서 못하는 것이다.

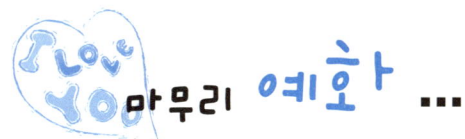

주여, 믿음으로 견고하고 강건한 자들이 되게 하소서

집을 지을 때 우리는 외관을 보게 됩니다. 건물이 어떻고, 창문이 어떻고, 벽지 디자인이나 커튼 분위기가 어떤지를 보게 됩니다. 하지만 그런 것들은 건물을 지탱하는 데 별로 중요한 것들이 아닙니다.

실제로 그 집을 지탱하는 것은 땅속 깊이 파묻힌 철근과 콘크리트입니다. 기초공공사가 튼튼하지 못하면 아무리 좋은 디자인도 소용이 없습니다.

교회 사역이 그렇습니다. 중요한 것은, 우리들 자신이 드러나지는 않지만 묵묵히 건물을 받치고 있는 철근과 콘크리트가 되어서 교회를 지탱해 나가는 자가 되게 해달라고 기도하는 것입니다.

교육 자료 8

이 부분은 필요할 때 특강 강의안으로 사용도 가능합니다.
'Book' 또는 'Look' 전·후 부분을 나눌 때 참고하시면 좋습니다.

기도에 관하여

기도는 피조물인 인간이 성령의 도우심을 힘입어 중보자이신 예수 그리스도로 말미암아 창조자요 섭리자이신 하나님께 나아와 그의 도움을 구하거나, 그와 더불어 대화하는 행위라고 할 수 있습니다. 그럼 이제 기도에 대하여 조금 더 알아보고자 합니다.

1. 기도는 준비가 아니라 시작입니다.

우리는 일반적으로 기도를 어떤 사역의 준비 과정으로 이해하지만 기도 자체가 바로 사역인 것입니다. 기도는 기적의 시작입니다.

① 예수님은 공생애의 사역을 금식 기도로 시작하셨습니다(마 4:1~2).
② 예수님은 열두 제자를 선택하기에 앞서 밤을 지새워 기도하셨습니다(눅 6:12~13).
③ 예수님은 죽은 나사로를 살리시기에 앞서 기도하셨습니다(요 11:41~42).
④ 예수님은 십자가를 지시기 전날 밤 땀방울이 피방울같이 되도록 기도하셨습니다(눅 22:41~44).

2. 우리는 기도해야 합니다.

① 예수님이 친히 본을 보여주셨습니다(눅 22:41~42).
주님이 이 땅에 오신 목적은 십자가를 통한 구원을 이루시기 위해서입니다. 예수님께서 십자가를 지시기 위해 친히 땀방울이 피방울이 되도록 기도하시는 본을 보여주셨다면 연약한 우리는 말할 것도 없이 기도해야 합니다.

② 기도는 특권이자 의무입니다(눅 22:40, 살전 5:17, 딤전 2:1~3).
성경은 곳곳에서 기도하라고 말씀하십니다. 기도는 하나님의 명령입니다. 구원받은 하나님의 자녀가 해야 할 당연한 의무이자 책임입니다. 아울러 기도는 하나님의 자녀만 할 수 있는 특권이기도 합니다.

③ 기도에는 놀라운 상급이 있습니다(요 14:13~14).
기도에 대한 놀라운 보상은 기도의 응답입니다. 기도하면 하나님이 듣고 기도의 열매를 보여주신다는 것입니다. 개인적으로는 기도 응답의 결과로 우리의 사회, 가정, 그리고 우리들 내면의 삶에서 고요와 평안, 풍성함을 누리게 됩니다. 이 얼마나 놀라운 상급입니까? 그러나 이보다 더 놀라운 상급은 하나님의 영광을 나타내는 삶을 살 수 있다는 사실입니다.

3. 바르게 기도합시다.

① 믿음으로 기도합니다(마 21:22).
우리가 기도할 수 있는 이유는 기도를 들으시고 응답하신다는 확실한 믿음이 있기 때문입니다. 그러므로 기도하지 않는 이유는 믿음이

없어서입니다. 그러므로 우리는 기도하면서 그 일을 행하실 여호와 하나님을 기대하며 믿음으로 나아가야 합니다.

② 하나님의 뜻대로 기도합니다(막 14:36, 요일 5:14).

기도가 처음에는 내 욕심과 나의 뜻으로 시작될 수 있습니다. 예수님도 처음에는 십자가를 옮겨달라는 기도로 시작하셨습니다. 그러나 기도가 끝날 때는 하나님의 뜻이 이루어지도록 기도하셨습니다. 기도는 나의 뜻을 이루기 위한 것이 아니라 하나님의 뜻을 나의 삶 가운데 이루어 드리기 위한 것입니다.

③ 예수 그리스도의 이름으로 기도합니다(요 14:14, 요일 5:14).

우리는 기도의 마지막을 예수님의 이름으로 기도합니다. 이때, 예수 그리스도의 이름은 마치 '열려라 참깨!' 와 같은 어떤 주술적인 주문이 아닙니다.

우리가 예수 그리스도의 이름으로 기도한다는 것은 하나님과 나의 관계를 잇는 중보자적 고백과 함께, 예수 그리스도의 모든 사역과 성품에 합당한 것을 의미합니다.

예수님이 계시던 당시 이름이 갖는 의미는 그 자신입니다. 즉, 예수 그리스도의 이름이란 예수님의 사역, 성품, 뜻, 모든 것을 포함하고 있는 포괄적 개념입니다.

그러므로 우리가 예수님의 이름으로 기도한다는 것은 지금 내가 한 기도의 내용이 주님의 사역과 성품과 사랑 등 주님께 합당한 것을 간구했다는 의미인 것입니다.

④ 진실한 마음으로 기도합니다(시 66:18, 마 6:5~6).

주님께 기도하는 이의 마음은 진실해야 합니다. 마음에 분으로 가득

차고, 죄악 가운데 있거나 다른 불순한 의도를 가지고 기도해서는 안 됩니다.

⑤ 겸손하게 기도합니다(눅 18:10~14).

기도는 창조주요, 구원자시요, 왕이요, 아버지이신 하나님께 나아가는 행위입니다. 그러므로 우리는 언제나 그분 앞에 겸손히 무릎 꿇을 수밖에 없는 것입니다. 그분 앞에 한없이 낮아져야 하는 것입니다.

⑥ 간절히 기도합니다(마 7:7~11).

주님께서는 구하고, 찾고, 두드리라고 하십니다. 구하고, 찾고, 두드리라는 의미는 같은 말을 다른 언어로 반복적으로 나열함으로 강조한 것입니다. 즉, 하나님 앞에 간절히 기도하면 하나님은 더 좋은 것으로 우리에게 응답하신다고 약속하고 있습니다.

⑦ 응답이 이루어질 때까지 계속해서 기도합니다(살전 5:17, 엡 6:18).

우리는 흔히 기도를 언제까지 해야 하는가의 고민에 빠질 때가 있습니다. 그러나 그 대답은 너무나 간단합니다. 응답이 올 때까지 기도하면 됩니다. 기도의 응답이 때로는 더디 올 수도 있습니다. 그럼에도 우리의 할 일은 믿고 끝까지 인내하며 하나님의 응답을 기대하며 기도하는 것입니다.

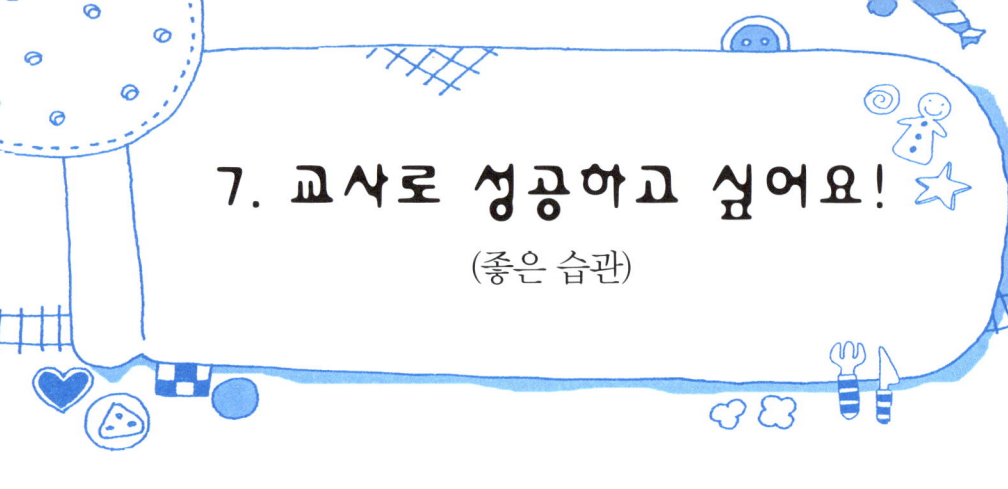

7. 교사로 성공하고 싶어요!
(좋은 습관)

Hook 주의 끌기

옛말에 별똥별을 보고 소원을 빌면 이루어진다는 말이 있습니다. 이 말은 물론 미신입니다. 그러나 조금 다른 관점에서 풀어 본다면, 이와 같이 생각할 수 있습니다. 별똥별은 예고 없이 순간적으로, 그리고 아주 짧은 시간에 떨어져 없어집니다.

즉, 별똥별은 예고 없이 순식간에 일어나는 사건입니다. 이와 같이 순식간에 일어나는 사건 속에서도 나의 반응이 거기에 소원을 빌 정도면 그 사람은 매 순간 끊임없이 그 생각을 하고 있다고 볼 수 있는 것입니다.

다시 말해서 그 사람이 항상 무엇을 하든, 그 사람의 머리 속에는 그 소원의 생각밖에 없다는 것입니다. 결국 그 생각은 그 사람의 행동으로 하나 하나 표현되고, 그것이 반복적으로 지속되면 습관이 되며, 결국 그 일을 이루어내는 결과를 얻는다고 볼 수 있습니다.

▶ 나는 평소 어떤 생각들에 잠겨 있습니까? 나에게는 별똥별을 보고 소원을 빌 정도로 계속해서 품고 있는 생각이 있나요? 있다면 함께 나누어 보세요!

문제 설명

사람이 무엇인가에 관심을 가지고 계속해서 생각하면 결국 그것이 행동으로 나타나게 되어 있습니다. 이러한 행동이 계속해서 반복되면 습관이 됩니다. 그리고 결국 이와 같은 습관이 좋고 나쁨에 따라 성공하느냐 실패하느냐가 결정되는 것입니다. 다시 말해서 생각은 행동으로 옮겨지고, 행동이 반복되면 습관이 되며, 습관은 인생의 성패를 좌우합니다.

> 생각 - 행동 - 습관 - 성공과 실패

그러므로 성공적인 교사가 되기 위해서는 먼저 좋은 생각을 가져야 합니다. 여기서 좋은 생각이란 단순히 '긍정적 사고'가 아니라 하나님 말씀에 근거한 바르고 옳은 생각을 말하는 것입니다.

♣ 중요한 가르침!(본 과의 전제적 가르침)

사람이 노력한다고 모두 좋은 결과를 얻는 것은 아닙니다. 죄의 결과로 사람뿐 아니라 이 땅의 모든 것이 함께 저주를 받았기 때문입니다(창 3:17~19). 그로 인하여 전에는 큰 수고 없이도 얻을 수 있었던 것이 이제는 땀 흘리는 수고가 있어야만 얻을 수 있게 되었습니다.

그러나 때로는 땀 흘려 수고해도 땅은 열매가 아닌 가시덤불과 엉겅퀴를 낸다고 성경은 이야기합니다. 그러므로 내가 수고하고 열심히 산다고 다 성공하는 것은 아닙니다. 하나님의 도우심과 인도하심이 있어야 성공할 수 있습니다. 하나님과 함께해야 성공할 수 있는 것입니다. 본 과에서는 이와 같은 내용을 전제로 하고 있음을 꼭 인식시켜 주어야 합니다.

 **주제 연구**

• 주제 연구 가이드

신앙생활을 하면서 중요하고 필요한 생각, 습관들은 매우 많습니다. 그러나 본 장에서는 교사로서 기본적으로 가져야 할 가장 기본적인 습관에 대하여 잠깐 나누어 보고자 합니다.

> ★ 읽을 말씀
>
> 누가복음 22:39~46
> 39예수께서 나가사 습관을 따라 감람 산에 가시매 제자들도 따라갔더니 40그곳에 이르러 그들에게 이르시되 유혹에 빠지지 않게 기도하라 하시고 41그들을 떠나 돌 던질 만큼 가서 무릎을 꿇고 기도하여 42이르시되 아버지여 만일 아버지의 뜻이거든 이 잔을 내게서 옮기시옵소서 그러나 내 원대로 마시옵고 아버지의 원대로 되기를 원하나이다 하시니 43천사가 하늘로부터 예수께 나타나 힘을 더하더라 44예수께서 힘쓰고 애써 더욱 간절히 기도하시니 땀이 땅에 떨어지는 핏방울같이 되더라 45기도 후에 일어나 제자들에게 가서 슬픔으로 인하여 잠든 것을 보시고 46이르시되 어찌하여 자느냐 시험에 들지 않게 일어나 기도하라 하시니라

1. 본문은 예수님께서 기도하시는 모습을 소개하고 있습니다. 여기서 예수님의 기도하시는 모습을 어떻게 표현했는지 찾아보세요.(39절)
   정답 : 습관을 따라

 문제 설명

본문은 예수님께서 십자가를 지시기 바로 직전에 기도하시는 모습을 소개하는 부

분입니다. 우리가 흔히 겟세마네 동산에서의 기도로 알고 있는 내용입니다.

본문에서는 예수님이 '습관'을 따라 기도하셨다고 이야기합니다. 즉, 예수님께서는 늘 기도하시는 분이셨습니다.

사역을 처음 시작하실 때는 40일 금식 기도까지 하셨습니다. 오병이어의 사건을 통하여 많은 사람들이 몰려오자 예수님은 군중들을 피하여 기도하러 가셨습니다. 즉, 예수님의 삶에서 기도가 늘 생활화된 것을 우리는 알 수 있습니다.

2. 이와 같이 예수님께 기도가 습관이 된 이유가 무엇이라고 생각하십니까? 자유롭게 자신의 생각을 이야기해 봅시다.

예) 기도하면 하나님이 이루어 주신다는 확신이 있어서, 힘들고 어려울 때마다 기도하면 새 힘이 솟아나서(43절-천사가 도움), 우리에게 기도는 생활화되어야 한다고 의도적으로 가르쳐 주시기 위해서, 시험에 들지 않기 위해서(46절)

• 주제 연구 가이드

자신의 이야기를 자유롭게 나눌 수 있도록 분위기 조성을 해야 하며 이와 같은 나눔에 모두가 함께 참여할 수 있도록 긍정적 반응으로 도와야 합니다. 그러나 이때 나눔이 강제가 되지 않도록 주의해야 합니다.

 문제 설명

예수님은 참 사람이시자, 참 하나님이십니다. 예수님에 대하여 이야기할 때, 이 둘 중 어느 하나만 강조하거나 무시해서는 안 됩니다. 즉, 예수님은 신성과 인성을 모두 함께 가지고 계신 분이라는 것입니다.

그러므로 어떤 의미에서는 예수님 자신이 기도를 받으셔야 하는 분임에도 불구하고 기도를 하신 이유는, 우리에게 기도가 얼마나 중요하고, 습관처럼 생활화되어야 하는지를 의도적으로 가르쳐 주시기 위한 것입니다.

또한 예수님께서는 아버지 하나님께 기도하는 이들에게 더 좋은 것으로 주시겠다고(마 7:7~11) 분명하게 약속하고 있는 것입니다.

즉, 기도하면 하나님이 응답하신다는 확신과 더 좋은 것으로 주신다는 생각을 잊지 말아야 합니다. 기도의 맛을 보아야 합니다. 그리고 이 기도가 습관이 되도록 지속, 반복해야 합니다.

3. 기도하시면서 예수님의 생각은 어떻게 변화되었습니까?(42절)
정답 : 내 원대로(이 잔을 내게서 옮기시옵소서) → 아버지의 원대로 하옵소서

 문제 설명

예수님이 처음에 기도를 시작하실 때는 이 잔을 자신에게서 옮겨달라고 기도하셨습니다. 여기서 잔을 옮겨달라는 것은 결국 십자가의 고난과 죽음을 피하게 해달라는 것을 말합니다. 그러나 다시 자신의 뜻이 아닌 아버지 하나님의 뜻을 간구하는 것으로 예수님의 기도 내용은 변화되었습니다. 생각이 변화되었습니다. 우리도 간혹 기도를 하다보면 처음에는 이런 기도가 아니었는데 점점 담대하게, 때로는 더 큰 비전을 향하여 기도하는 경우가 있습니다. 이는 성령 하나님께서 우리의 기도를 돕고 인도하시는 것입니다. 우리의 생각과 마음을 바꾸어 하나님 크기의 일을 감당하도록 사용하기 위한 것입니다.

이와 같이 자신의 생각에서 하나님의 생각으로 생각과 말이 변화된 기도를 하나님은 기뻐하시고, 기도를 돕기 위해 천사를 보내어 기도할 힘을 더하게 하십니다. 그리고 결국 그 비전, 목적이 이루어지는 모습을 보게 됩니다. 우리의 기도도 처음에는 나의 뜻과 욕심으로 시작되었을지라도 기도하는 도중에 나의 생각과 마음, 말이 변화되어 하나님이 기뻐하시는 기도를 해야 합니다.

4. 예수님께서는 자신이 기도하신 후 제자들에게 어떤 요구를 하고 계십니까?(46절)

   정답 : 어찌하여 자느냐 시험에 들지 않게 일어나 기도하라.

 문제 설명

본문에서 예수님은 제자들을 데리고 가서 본인만 기도하시는 것이 아니라 제자들에게도 기도하라고 요구하고 계십니다. 오늘날 예수님을 믿고, 예수님의 도를 가르치기 위해 나를 세우셨으므로, 나(교사) 역시 예수님의 제자입니다. 그렇다면 예수님은 나에게도 동일하게 기도하라고 요구하실 것입니다. 여기서 기도하라는 것은 깨어 기도하라는 것입니다. 결국 예수님과 같이 기도가 습관이 되도록 계속해서, 매일같이 기도하라는 것입니다.

5. 마태복음 26:36~46에는 본문과 동일한 내용이 기록되어 있습니다. 예수님께서는 기도하신 후 어떻게 하셨습니까?(마 26:46)

   정답 : '일어나 함께 가자'고 하심.

 문제 설명

예수님께서는 기도하신 후 제자들을 불러 "일어나 가자!"고 말씀하십니다. 즉, 예수님께서는 동일한 내용으로 무려 3번이나 기도하신 후, 기도의 내용대로 십자가를 지러 가자고 이야기하고 있는 것입니다.

예수님은 기도 응답과 기도의 능력, 기도가 무엇인지 분명하게 알고 계셨습니다. 그리고 그러한 생각을 지속적으로 행동으로 옮겨 습관화시켰으며, 더 나아가 이제 예수님이 이 땅에 오신 목적대로 십자가의 길을 가십니다. 그리고 결국 십자가의 승리를 이루어내십니다.

· 생각 – 행동 – 습관 – 성공

· 기도에 대한 생각 – 기도 – 습관을 따라 기도(지속적 반복) – 십자가의 승리(목적을 이루신 성공)

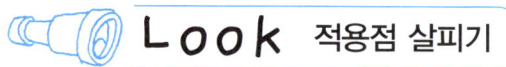# Look 적용점 살피기

1. 기도가 나의 습관이 되기 위해서 내가 세울 수 있는 전략이 있다면 무엇이 있겠습니까? 전략을 세워보세요.

 문제 설명

전략의 예
① 두세 사람씩 조를 편성하여 매일 아침, 또는 저녁에 확인 및 서로를 위한 도고기도를 하는 전략이 있을 수 있습니다.
② 집에 기도할 수 있는 공간을 만들어 기도할 수 있는 시간과 공간을 확보하는 방법도 있습니다.
③ 교사들과 함께 새벽기도를 작정하여 서로 깨워주고 기도의 제목을 나누어 습관이 되도록 하는 방법도 있습니다.
④ 기도노트를 사용하여 기도의 제목과 함께 내가 기도한 날짜와 분량을 체크하여 습관이 될 때까지 가시화하는 방법도 있습니다.

2. 지금 나에게 좋은 습관이 있다면 그것은 무엇입니까? 그리고 버려야 할 나쁜 습관이 있다면 그것은 무엇입니까? 서로 나누고, 지향할 습관과 지양할 습관을 놓고 함께 기도하는 시간을 가지세요!

문제 설명

본문에서는 '기도'에 관하여 집중적으로 살펴보았지만, 기도뿐 아니라 바른 예배 습관, 찬양, 헌금, 공과 준비, 반 관리, 사후 관리 등 다양한 부분으로 확장시켜 생각해 볼 수 있습니다. 그러므로 충분히 나누고 생각할 수 있는 시간과 함께 도전의 시간이 되도록 지도하는 것이 좋습니다.

3. 좋은 습관을 갖기 위한 나만의 5계명을 만들어 보세요!

문제 설명

게으름을 대적하기 위한 5가지 수칙
① 무조건 아침 5시에 일어나 아침밥을 먹는다.
② 아무것도 하지 않고 5분 이상 가만히 있지 않는다.
③ 어디서나 보고 암송할 수 있는 성구 카드나 영어 단어 암기장을 소지한다.
④ 하루 목표, 일주일 목표, 한 달 목표를 세우고 성실하게 행동한다.
⑤ 게으름에 관한 책을 한 권 구입하여 읽고 독후감을 작성한다.

* 둘셋씩 그룹을 편성하여 위와 같은 방식으로 여러 주제(바른 예배 습관을 위한 5가지 수칙, 준비된 공과 공부를 위한 5가지 수칙 등)를 나누어 주어 함께 나누는 것도 매우 좋은 시간이 될 수 있습니다.

 **Took** 실천사항 찾기

한 주간 실제로 실천할 수 있는 구체적인 내용 3가지를 적어보고 그 결과를 점검해봅시다.

	실천할 내용 (구체적으로 기록하세요)	점검 (10기준)	느낌 및 다짐
1			
2			
3			

기도하겠습니다.

오늘 나눔을 통하여 깨달은 점을 생각하며 기도문을 작성해보세요.

> ♡ 교사를 위한 잠언 ♡
>
> 자신이 틀린 것을 알아도 그것을 고치기는 매우 어렵다. 왜냐하면 어느 누구나 자존심, 자기 애착을 가지고 있기 때문이다. 그러므로 교육은 지속적으로, 조금씩, 점진적으로 그리스도의 장성한 분량까지 이르게 하도록 해야 한다. 절대로 급하게 마음먹지 말자! 인내하자! 성령 하나님이 이루신다.

교회 내 난치병 6가지

① **습관성 주보 탐닉증** : 설교가 시작되면 으레 주보를 뒤적인다. 어쩌다 낸 헌금 때문에 명단에서 자신의 이름을 찾는다.

② **습관성 찬송 추월증** : 찬송 중 망상의 날개를 펴고 헤매는 사람이 주로 이 병에 걸린다.

③ **습관성 예배 지각증** : 모든 예배에 5분씩 늦게 오는 병이다.

④ **습관성 안면 철판증** : 성가 연습 없이 성가대 가운을 입는 증상.

⑤ **습관성 제 발 저림증** : 찔리는 설교를 들으면 자신을 겨냥한 것이라고 생각하는 병이다.

⑥ **만사 삐딱증** : 모든 일을 삐딱하게 받아들이는 증상. 면이 고르지 않은 안경으로 세상을 바라보듯 모든 것이 굽어보인다.

이런 습관을 고치기 어렵습니까? 그러나 성령님이 함께하시면 난치병도 쉽게 치료됩니다.

교육 자료 9

이 부분은 필요할 때 특강 강의안으로 사용도 가능합니다.
'Book' 또는 'Look' 전·후 부분을 나눌 때 참고하시면 좋습니다.

좋은 습관을 위한 짧은 글, 깊은 생각

1. Just Do It - 최선을 다하자.

나이키 신발은 고가이지만 세계적인 메이커가 되어 세계 곳곳에서 팔리고 있습니다. 아프리카 케냐, 나이로비, 요한네스버그에는 나이키 신발에 대한 광고가 대단합니다.

나이키 창업주의 구호는 'Just Do It'으로, 즉 '오로지 그것을 해야 한다, 그것을 하기 위해서는 최선을 다한다.' 입니다. 그래서 선수들에게 운동화뿐 아니라 옷도 지급하고 있습니다. 선수들은 최선을 다해야 합니다.

우리는 예수님을 믿고 적당히 살면 안 됩니다. 누구나 정상을 바라보지만 정상은 최선을 다한 사람의 것입니다. 중요한 것은 정상에 도달 후에 그 위치에서 또한 최선을 다한 사람만이 인생에서 성공을 누리게 되는 것입니다.

2. 훈련의 연속 - 목표를 향해 훈련 받는 것

우리의 삶은 크고 작은 훈련의 연속입니다. 아기는 뒤집기를 반복하고, 약한 손으로 엉금엉금 기어다니다가 어정쩡하게 일어섭니다. 그리고 넘어지고 쓰러지는 것을 반복하면서 걷기 훈련을 합니다. '말하기'

도 마찬가지로 반복된 훈련의 연속입니다. 예를 들어 아기가 '사랑해' 라는 단어를 말하려면 수천 번이나 듣고 어설프게 발음을 하면서 점차로 말하게 된다고 합니다.

현재의 나는 이런 다양한 훈련을 받으며 성장해왔습니다. 크고 작은 무수한 훈련에 대해 "어떤 세워놓은 목표를 이루기 위해 될 때까지 계속하는 것"이라고 정의했습니다. 사람이 다른 동물들과 구별되는 특징 중의 하나는 '목표를 향해 훈련 받는 것' 입니다. 그 훈련을 통해 더 나은 나를 만들 수 있습니다.

3. 내일이라는 마귀 - 미루지 말라.

어느 날 마귀들이 모여서 어떻게 하면 그리스도인들을 주님과 멀어지게 할까 하는 대책회의를 열었습니다. 제일 처음 젊은 엘리트 마귀가 그리스도인들을 모두 죽이자고 했습니다. 조용히 듣고 있던 노인 마귀가 순교는 교회 성장의 뿌리가 된다고 반대했습니다.

또 다른 젊은 마귀가 감옥에 가두자고 했습니다. 노인 마귀가 감옥에 가두면 찬양과 기도를 열심히 해서 처음보다 더 커진다고 반대했습니다. 이런저런 의견 중에 노인이 내린 결론은 봉사, 기도, 전도하는 것 모두 좋지만 '내일 하자' 라는 생각을 갖게 하자는 것이었습니다.

지금 이 '내일' 이라는 마귀의 속삭임에 쓰러지는 믿음의 사람이 많습니다. '내일 하자', 참 좋은 생각 같은데 이것이 마귀가 우리를 주님과 멀어지게 하는 수단이 되고 있습니다.

4. 결단함으로 가능하다 - 나의 시간과 나의 삶을 사용하라.

우리는 이미 우리의 삶에서 버려야 할 것과 해야 할 것을 다 알고 있습니다. 그럼에도 삶이 변하지 않는 것은 '결단' 하지 않기 때문입니다. 그러므로 나쁜 습관을 버리는 가장 좋은 방법은 좋은 습관을 계속해서 갖는 것입니다.

에베소서 5장 15~16절을 보면, "그런즉 너희가 어떻게 행할 것을 자세히 주의하여 지혜 없는 자같이 말고 오직 지혜 있는 자같이 하여 세월을 아끼라 때가 악하니라."라고 하십니다.

마지막 때에 지혜 없는 자같이 말고 오직 지혜 있는 자같이 하여 세월을 아끼라고 말씀하고 계십니다.

이 구절을 영어 성경 'New Living Translation'에서는 다음과 같이 표현합니다. 이 표현은 '세월을 아끼라'의 뜻을 좀 더 분명하게 보여줍니다.

"Make the most of every opportunity for doing good in these evil days."
~최대한으로 이용하라, 기회, 호기, 행운, 선한 일을 행하라

즉, '세월을 아끼라'는 말은 어리석은 자들처럼 술 취하지 말고, 방탕하지 말고, 찬양하고, 예배하고, 하나님께 감사하고, 하나님을 경외하면서 하나님이 기뻐하시고 의미 있고, 가치 있는 일들을 위해 나의 시간과 삶을 사용하라는 말씀입니다. 좀 더 적극적으로 선한 일, 의미 있는 일을 한다면 악한 습관은 자연스럽게 없어집니다.

5. 시간을 요리하십시오.

사람은 태어날 때 저마다 차이를 가지고 태어납니다. 국적과 지역, 성별과 집안 내력 등. 그러나 모든 사람에게 동일하게 부여된 공평한 기준이 있습니다. 그것은 멈출 수도, 보관할 수도, 늘릴 수도 없는 하루 스물네 시간의 시간입니다.

돈이 없어서 망한 사람보다 시간을 잘못 활용하여 망한 사람이 더 많다는 사실을 우리는 기억해야 합니다.

어떻게 하면 시간을 잘 활용할 수 있을까요? 창조적인 삶을 사는 비

결은 탁월한 시간의 요리사이신 주님께 지혜를 배우는 것입니다.

첫째, 우선순위를 따라 생활해야 합니다.
하나님이 나에게 허락하신 비전을 이루기 위하여 꼭 해야 할 일과 중요한 일을 파악하고 시간의 우선순위를 정해야 합니다.

둘째, 집중적으로 시간을 활용해야 합니다.
계획을 너무 잘 나누어 짜서 긴 시간 동안 펼쳐 놓지 말고, 정말 중요한 일에 집중하여 효과적으로 시간을 보내야 합니다.

셋째, 장·단기 계획을 세워야 합니다.
5년에서 10년 단위, 또는 1년, 분기별, 월별, 주간별로 시간을 전망하여 단계별로 이루어야 할 구체적인 활동과 목표를 두고 하나하나 이루어가는 것입니다.

넷째, 정말 중요한 것은 오늘 하루 하루에 최선을 다하는 것입니다.
하루의 일정을 체크하는 다이어리를 활용하고, 하루를 반성하고 좀 더 나은 내일을 꿈꾸기 위해 일기를 쓰는 습관이 필요합니다.

♣ 한 주간 김남준 목사님의 「게으름」(생명의 말씀사)을 읽어보세요!
많은 도움이 될 것입니다.

주일학교 교사 바로 세우기 3

―지도자 가이드북―

전도의 육하원칙

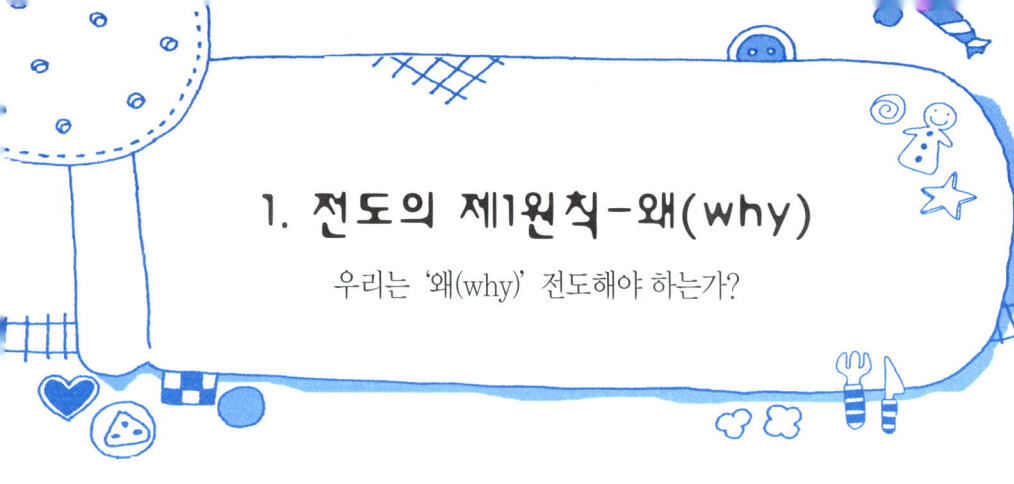

1. 전도의 제1원칙 - 왜(why)

우리는 '왜(why)' 전도해야 하는가?

시작하기 전 생각할 문제…… '왜?'

우리가 어떤 일을 주도적으로, 효과적으로, 열정을 가지고 하기 위해서 필요한 질문이 있습니다. 그것은 '왜?' 라는 질문입니다.

나는 지금 '왜' 밥을 먹고, 나는 지금 '왜' 직장을 다니고, 나는 지금 '왜' 교회를 다니고, 나는 지금 '왜' 교회학교 교사로 헌신하고 있는가? 왜? 왜? 왜?

그럼, 본 주제로 돌아와 우리는 왜 전도해야 할까요?

왜 전도해야 하는지 분명한 답을 얻지 못한다면, 우리는 전도하는 교사가 될 수 없습니다. 지금부터 우리는 왜 전도해야 하는지에 대한 성경적 고찰을 통하여 나의 삶과 사역 현장 가운데 좀 더 주도적으로, 효과적으로, 열정과 전략을 가지고 전도하는 교사로 바로 서는 시간이 될 것입니다.

최봉석 목사(1869~1944)가 평북 어느 산골에서 전도하던 때의 일이다. 그는 화전민들만 옹기종기 모여 사는 마을에서 큰 소리로 "사람 죽는다!"라고 외쳤다.

50여 명의 화전민이 모여들어 "무슨 일이 있어?"라고 물었다. 그때 최 목사는 태연하게 "예수 믿으시오. 예수 안 믿는 사람은 다 죽소."라고 외쳤다. 화가 난 화전민들은 "뭐가 어째?" 하면서 팔을 걷어붙이고 덤벼들었다.

이때 최 목사는 품 안에서 누런 마패를 꺼내 들고 "암행어사 출두야!"라고 외쳤다. 그것은 남만주노회에서 전도에 공이 크다고 표창으로 받은 메달이었다. 순진한 그들은 지금도 암행어사가 있는 줄 알고 땅에 엎드려 살려달라고 애원했다.

그러자 최 목사는 위엄 있게 "나는 사람이 보낸 암행어사가 아니라, 하나님이 보낸 암행어사요. 하나님을 섬기지 않으면 살아남지 못할 것이오."라고 말했다. 결국 그들은 최 목사가 전하는 복음을 받아들이게 되었다. 전도는 강퍅한 사람들의 마음을 녹이고, 마음으로 그리스도를 영접하게 한다.

▶ 최봉석 목사님은 왜 그처럼 위험을 무릅쓰고 전도를 했다고 생각하나요?
혹시, 나에게도 이런 경험이 있습니까? 있다면 함께 나누어 봅시다.

문제 설명

사도 바울은 전도하는 중 말할 수 없는 많은 어려움을 겪었습니다. 그중 사십에 하나 감한 매를 세 번이나 맞았다고 고백합니다. 사십에 하나 감한 매, 즉 서른아홉 대의 매는 죽기 직전까지 때리는 매입니다. 생명이 위협되는 순간들입니다.

이와 같이 죽기 직전의 위험을 여러 번 겪으면서도 사도 바울은 왜 전도의 길을 계속 이어갔을까요?

사도 바울이 죽음의 위험 속에서도 계속해서 전도의 길을 달려가야 했던 이유는 무엇일까요? 오늘 이야기에서 소개되는 최봉석 목사님은 왜 계속해서 위험을 감수하고 전도했을까요? 서로의 생각을 나누는 시간입니다.

1. 전도의 제1원칙-왜(why) 233

 주제 연구

★ 읽을 말씀

로마서 10:9~15

⁹네가 만일 네 입으로 예수를 주로 시인하며 또 하나님께서 그를 죽은 자 가운데서 살리신 것을 네 마음에 믿으면 구원을 받으리라 ¹⁰사람이 마음으로 믿어 의에 이르고 입으로 시인하여 구원에 이르느니라 ¹¹성경에 이르되 누구든지 그를 믿는 자는 부끄러움을 당하지 아니하리라 하니 ¹²유대인이나 헬라인이나 차별이 없음이라 한 분이신 주께서 모든 사람의 주가 되사 그를 부르는 모든 사람에게 부요하시도다 ¹³누구든지 주의 이름을 부르는 자는 구원을 받으리라 ¹⁴그런즉 그들이 믿지 아니하는 이를 어찌 부르리요 듣지도 못한 이를 어찌 믿으리요 전파하는 자가 없이 어찌 들으리요 ¹⁵보내심을 받지 아니하였으면 어찌 전파하리요 기록된 바 아름답도다 좋은 소식을 전하는 자들의 발이여 함과 같으니라

• **주제 연구 가이드**

본 과의 초점은 두 가지입니다. 첫째, 구원의 확신(1~3번 문항)과 둘째, 구원의 확신을 받은 사람이 해야 할 일(4~5번 문항)입니다.

첫째, 우리가 전도자로 서기 위해서는 먼저 구원의 확신이 있어야 합니다.

구원의 은혜와 기쁨이 없이는 전도자가 될 수 없습니다. 그런데 간혹 우리 중에는 니고데모(요 3장)와 같이 구원의 확신이 없는 교사들도 있습니다.

니고데모는 바리새인이었고, 이스라엘의 선생이었습니다. 그러나 정작 그는 거듭남에 대하여 알지 못했습니다. 예수 그리스도로 인한 구원에 대하여 깨닫지 못했습니다. 전도하는 교사로 바로 세우기 위해서 반드시 점검해야 할 것은 바로 구원에 대한 확신입니다.

이 시간을 통하여 구원에 대한 확신을 점검하는 시간이 되길 원합니다. 이를 위해 인도자는 기도로 준비하고, 성령님의 인도하심을 구해야 합니다.

둘째, 왜 사도 바울은 목숨 걸고 전도했을까요? 왜 최봉석 목사님은 위험을 자처하면서 복음을 전했을까요? 구원의 기쁨과 감격이 혼자 간직하기에는 너무나 컸기 때문입니다. 예를 들어, 동네에 가게가 새로 개업하면서 개업 행사로 선착순 기념 선물을 준다고 합시다. 그리고 나는 우연히 그 선물을 받았습니다. 그렇다면 그 선물을 받은 나는 바로 전화기를 들고, 이 사실을 온 동네, 김 집사, 강 집사 모두에게 알려 줄 것입니다. 먼저 안 사람이 할 일은 바로 알려주는 일입니다.

1. 본문에서는 우리가 어떻게 해야 구원을 얻는다고 말합니까?(9~10절)
정답 : 입으로 예수를 주로 시인하고 마음으로 믿으면 구원을 받는다.

• 주제 연구 가이드

이 시간을 통하여 교사 각 개인이 구원의 확신이 있는지 꼭 점검해 보는 것이 필요합니다. 있어서는 안 될 일이지만, 지금 우리의 주변에 구원의 확신이 없음에도 불구하고, 하나님과의 인격적 만남과 교제가 없음에도 불구하고 봉사하는 많은 교사와 사역자들이 있습니다. 마치 유대인의 지도자 니고데모(요 3장)와 같이 말입니다. 혹시 내가 니고데모는 아닌지 점검해 봐야 합니다.

문제 설명

구원은 오직 예수 그리스도를 믿는 믿음으로만 얻습니다. 그 외 다른 어떤 이름으로도 구원을 얻을 수 없습니다(행 4:12). 구원은 또한 어느 누구의 공로로 받을 수 있는 것이 아닙니다. 성경은 오직 구원을 얻는 방법은 참 하나님이시며, 참 사람으로 오신 예수 그리스도, 나의 죄를 위해 십자가 지신 예수 그리스도를 믿는 믿음으로만 가능합니다.

> **요한복음 14:6**
> 6예수께서 가라사대 내가 곧 길이요 진리요 생명이니 나로 말미암지 않고는 아버지께로 올 자가 없느니라

* '구원'에 대한 좀 더 자세한 사항은 '교육 자료'를 참고하세요!

2. 예수님을 주로 시인한다는 것은 어떤 의미라고 생각합니까? 자신의 말로 표현해 보세요.(9,11~12절)
   정답 : <u>내 인생의 주인을 예수님으로 인정하고, 예수님의 보호와 다스림을 고백하는 것이다.</u>

 문제 설명

'주'라는 표현은 주종(主從)의 의미를 담고 있는 관계적 표현입니다. 그동안 죄의 종 노릇 하던 우리의 삶에서 벗어나, 이제는 새로운 삶, 창조주 하나님 아버지를 내 삶의 주인으로 고백하는 것입니다. 그동안 내 인생이 내 것인 줄 알았는데, 이제는 내 인생의 주인이 따로 있음을 깨닫고 선포하는 것입니다. 이것은 이제 나의 생각, 판단, 비전, 즐거움의 모든 패러다임이 변화되었음을 말합니다. 나 중심에서 하나님 중심으로 새롭게 되는 것입니다. 그러므로 이제는 육체의 쾌락과 썩어질 세상 것을 위하여 사는 인생이 아닙니다. 하나님의 나라와 그 뜻을 위하여 살아야 합니다. 새로운 목표와 비전으로 새로운 피조물의 삶을 살아야 합니다. 이때, 우리의 주인 되신 하나님은 우리의 인생을 돌보시고 보살펴주십니다. 우리를 지켜주십니다. 하나님은 하나님의 자녀들을 통해 하나님의 하나님 되심이 선포되길 원하십니다.

3. 본문에서 우리가 믿어야 하는 예수님은 어떤 예수님이라고 말합니까?(10절)

   정답 : 죽은 자 가운데서 살아나신 예수님

 문제 설명

우리가 교회에서 흔히 볼 수 있는 이름으로 '하은', '하민' 등과 같은 이름이 있습니다. 이와 같이 예수님 당시 흔한 이름 중 하나가 '예수'였습니다.

그러므로 우리가 믿는 예수님은 단순히, '예수'라는 이름을 가진 사람들 전체를 지칭하는 것이 아닙니다.

오직 성경에서 이야기하는 바로 그 예수님이어야 합니다. 우리의 죄를 해결할 수 있는 참 하나님이시자, 참 사람이신 예수님이어야 합니다.

또한, 그분은 사망의 권세를 깨고 죽은 자 가운데서 다시 살아나신 예수님이어야만 합니다. 바로 그 예수님을 우리는 믿음으로 고백해야 합니다. 또한 예수님의 부활은 예수님을 믿는 우리들에게도 부활의 소망을 갖게 합니다.

* '그럼 예수님 말고 다른 것에는 구원이 없는가? 꼭 예수님이어야 하는가?'라는 질문이 생길 수 있습니다. 이때는 '교육 자료 6'을 참고하세요.

• 주제 연구 가이드

1~3번의 문제를 나누는 동안 지도자는 각 학습자의 영적 상태, 구원의 확신을 점검 및 파악해야 하고, 이를 위해 끊임없이 기도하고 지도해야 합니다.

그러나 이때 너무 마음을 급하게 먹거나, 학습자를 민망하게 하거나, 이상하게 만들어서는 안 됩니다. 학습자의 마음을 변화시키고 믿음을 주시는 것에는 하나님의 긍휼과 은혜가 필요합니다. 함께 기도해주고 본 교재가 마무리될 때까지 지속적으로 체크하고 섬겨주는 모습을 가질 필요가 있습니다.

4. 본문에서는 복음의 소식, 다시 살아나신 예수 그리스도가 어떻게 증명된다고 이야기합니까?(14~15절)

정답 : 전하는 자를 통해서, 하나님께 보내심을 받은 자들을 통해서

• 주제 연구 가이드

우리가 전도를 해야 하는 이유는 여러 가지로 설명(표현)할 수 있습니다. 대표적으로 전도는 하나님의 명령입니다. 전도는 빚을 진 자가 빚을 갚는 일입니다.

본 교재에서는 여러 의미 중 한 가지를 중심적으로 표현한 것입니다. 즉, 같은 맥락의 내용을 다른 표현을 통해 말하고 있는 것입니다. 그러므로 지도자는 전도에 대한 또 다른 이유를 참고로 함께 나누어도 무방합니다. 그러나 그것들이 결코 서로 다른 것들이 아니라 결국 하나님 아버지의 마음으로 설명될 수 있습니다.

문제 설명

복된 소식, 복음의 소식은 세상의 모든 사람이 들어야 합니다. 그냥 가만히 있는데 사람이 스스로 복된 소식을 깨달을 수는 없습니다. 물에 빠진 사람은 스스로 자신을 구할 수 없습니다. 누군가 구해 주어야 합니다. 우리의 구원자 되시는 예수 그리스도의 소식을 혼자서 갑자기 깨달을 수는 없습니다. 누군가의 외침을 통하여 전해져야 합니다. 즉, 누군가의 입술을 통하여, 누군가의 선포를 통하여 그 소리를 듣고 깨닫고 예수님을 알게 됩니다.

오늘 본문은 하나님께서 구원의 복된 소식을 전하기 위해 보내신 자들이 있다고 말합니다. 복음을 전하기 위해 보내신 자들이 누구이겠습니까? 바로 저와 여러분입니다. 예수님은 제자들을 통하여 복음의 복된 소식을 전하게 하셨습니다. 그러나 이 복음의 복된 소식을 위해 제자들만 보내신 것은 아닙니다. 예수님을 만난 모든 사람은 이 복된 소식을 전하는 일에 힘썼습니다. 사마리아 여인도 예수님을 만난 이후 마을로 가 구원의 복된 소식을 전했습니다. 오늘도 예수님은 우리에게 우리가 받은 복음의 소식을 온 천하에 다니며 증거하길 원하십니다. 선포하길 원하십니다. 그리

고 그 일을 이제는 나를 통하여 하길 원하십니다. 이에 순종으로 반응합시다.

5. 본문은 복된 소식(복음)을 전하는 자들의 발이 "아름답도다"라고 표현합니다. 왜 이와 같은 표현을 했을까요?(15절)
   정답 : 모든 사람에게 소망과 희망, 죽음에서 생명으로 옮겨진 기쁜 소식을 전하는 발걸음이기 때문입니다.

 문제 설명

전쟁에서 승리의 소식을 전하는 병사의 심정이 어떨 것이라고 생각하십니까?
고3 학생에게 대학에 합격했다는 기쁨의 소식을 전하는 사람의 심정은 어떨까요? 나에게 누군가에게 정말 좋은 소식을 전할 내용이 있다면 어떨까요? 또한, 이와 같은 기쁨의 소식, 듣고 싶은 소식, 기다렸던 소식을 전해 받은 사람의 마음은 어떨까요? 그 소식을 전해 준 사람이 고맙고 감사하지 않겠습니까?
절망과 죽음 가운데 슬퍼하며 주저앉아 있는 이들에게 소망과 생명, 희망을 전해 주기 위해 가는 그 발걸음, 그 소식을 듣고 기뻐할 사람들을 생각하며 나아가는 그 발걸음은 참으로 복되고 아름답습니다. 이 아름답고 복된 발걸음이 바로 우리의 발걸음이 될 것입니다.

* 복음에 대하여 「주일학교 교사 바로 세우기 2」의 제1과 '변했어요!(복음과 전도)'를 복습하는 시간을 가져도 좋습니다.

Look 적용점 살피기

1. 나의 삶 가운데 주님과의 떨리는 첫 만남이 있습니까? 나는 처음에 어떻게 예수님을 믿고, 교회에 다니게 되었는지 서로의 삶을 나누어 봅시다.

문제 설명

교회에 다니는 것과 예수님을 믿는 것에는 차이가 있습니다. 이 질문을 통하여 주님과의 첫 인격적인 만남과 사랑을 고백하고 은혜를 나누는 시간을 가지세요. 그리고 만약 아직도 주님과의 인격적인 만남의 고백이 없는 교사를 위해 함께 기도하는 시간을 가져야 합니다.

2. 만약 오늘 주님이 오신다면 나는 어떨까요? 나는 심판대에서 천국과 지옥 중 어디로 향하게 될 것 같습니까? 그렇게 생각하시는 이유는 무엇입니까?

문제 설명

본 질문은 구원의 확신에 대한 질문입니다. 본 질문을 통하여 학습자의 구원 확신에 대한 분명한 점검과 상담의 시간을 갖는 기회로 활용하세요. 구원에 관한 교육자료를 참고하세요!

3. 왜 내가 전도해야 된다고 생각하나요?(자신의 말로 표현해 보세요!) 그리고 하나님은 나를 통하여 누구에게 복음의 소식이 전해지길 원하고 계실까요? 하나님은 나를 어디로 보내셔서 복음의 복된 소식이 선포되길 원하실까요?

 **Took** 실천사항 찾기

• 주제 연구 가이드

앞으로 6주간의 전도 교육이 시작되었습니다. 교육의 시작과 함께 전도할 대상자를 품고 기도하면서 진행하는 것도 매우 좋은 시도가 될 것입니다. 한 주간의 실천 내용은 좀 더 구체적으로 적고 다음 시간에 모일 때, 꼭 확인하고 나누는 시간을 갖는 것이 좋습니다.

한 주간 동안 실천할 수 있는 구체적인 내용을 3가지씩 적어보고 그 결과를 점검해봅시다.

	실천할 내용 (구체적으로 기록하세요)	점검 (10기준)	느낌 및 다짐
1			
2			
3			

기도하겠습니다.

오늘 나눔을 통하여 깨달은 점을 생각하며 기도문을 작성해보세요.

> ♡ 교사를 위한 잠언 ♡
>
> 성도는 '전도' 라는 필수 과목의 시험에 반드시 통과해야 한다. 하나님과 이웃을 동시에 사랑하는 유일한 방법인 전도가 빠지면 율법주의자와 다를 게 뭐 있겠는가?
>
> — 옥한흠 목사

고통을 나누는 사랑

인디애나 주의 작은 마을에서 일어난 일입니다. 15세의 소년인 '브라이언' 이 뇌종양으로 고통받고 있었습니다. 소년은 계속해서 방사능 치료와 화학 요법을 받았습니다. 그 결과 소년은 머리카락이 모두 빠지고 말았습니다.

이때 같은 반 친구들이 자발적으로 그를 돕기 위해 나섰습니다.

모든 학생들이 자신들도 삭발을 하게 해 달라고 부모에게 부탁한 것입니다. 뇌종양을 앓고 있는 브라이언이 학교 전체에서 유일하게 머리카락이 없는 학생이 되지 않도록 하기 위해서였습니다.

신문에는 가족들이 자랑스럽게 지켜보는 가운데 아들의 머리를 삭발하고 있는 어머니의 사진이 실려 있었습니다.

그리고 그 뒷배경에는 똑같은 모습으로 삭발을 한 수많은 학생들이 서 있었습니다.

교육 자료 1

이 부분은 필요할 때 특강 강의안으로 사용 가능합니다.
'Book' 또는 'Look' 전·후 부분을 나눌 때 참고하면 좋습니다.

1. 구원의 믿음이란?

로마서 1:16~17
"내가 복음을 부끄러워하지 아니하노니 이 복음은 모든 믿는 자에게 구원을 주시는 하나님의 능력이 됨이라 첫째는 유대인에게요 또한 헬라인에게로다 복음에는 하나님의 의가 나타나서 믿음으로 믿음에 이르게 하나니 기록된 바 오직 의인은 믿음으로 말미암아 살리라 함과 같으니라."

"당신은 구원의 확신이 있으십니까?" 이와 같은 질문을 처음 회중에게 던지면 회중의 반 이상이 손을 듭니다. 그러나 계속해서 목소리 톤을 높여 "정말 지금 죽어도 천국 갈 수 있습니까?"라고 물으면 그 손들 중 반쯤이 내려옵니다.

이렇게 반복하면 처음의 반 이상의 손은 얼마 남아 있지 않습니다.

때로는 길거리를 걷다가 "당신은 구원받았습니까? 언제 어디서 받았습니까?" 하면 당황하게 됩니다.

그리고 우리는 겸손히 미덕이나 되듯이 "글쎄요" 또는 침묵으로 답을 대신하는 경우가 많이 있습니다. 때로는 교사들과 함께 복음을 전하기 위해 나가자고 하면 움츠리는 모습을 발견하게 됩니다.

오늘 이와 동일한 질문을 교사인 우리에게 던지고 싶습니다. 당신들은 구원의 확신이 있습니까? 당신이 생각하는 구원이란 무엇이라고 생각하십니까? 정말 오늘 당장 죽어도 구원을 얻을 수 있는 확신이 있습니까?

2. 우리의 구원에 대한 확신이 흔들리는 이유는 무엇입니까?

• 구원에 대한 확신이 흔들리는 대부분의 경우는 변함이 없는 자신의 행동 때문입니다.

우리는 주 예수 그리스도를 믿으면 우리들의 죄를 용서해 주신다는 사실을 확신하고 있습니다. 그러나 때로는 자신의 계속되는 죄 때문에 구원받은 것을 취소당할까봐 두려워하고 불안해합니다. 이러한 사람들은 예수 그리스도께서 구원을 이루신 동시에 그 구원을 보존하신다는 사실을 모르는 것입니다.

이러한 오류를 범하지 않기 위해서는 우리가 맨 처음 어떻게 구원을 얻었는지 깨닫는 것이 매우 중요합니다. 구원이 무엇인지 분명히 아는 것이 매우 중요합니다.

3. 구원은 무엇입니까?

오늘 바울은 복음을 부끄러워하지 않고 자랑스럽게 여긴다고 고백합니다. 그 이유는 복음은 모든 믿는 자에게 구원을 주시는 하나님의 능력이 되기 때문입니다. 여기서 '하나님의 능력' 이라는 말은 하나님의 전능하심에 대한 언급이라기보다는 죄인의 삶을 구체적으로 변화시키시고 구원에 이르도록 역사하시는 하나님의 놀라운 사랑과 은혜를 가리키는 표현입니다. 또한, 이 복음의 능력은 유대인뿐 아니라 헬라인에게도 동일하게 적용된다고 바울은 이야기합니다. 여기서 헬라인은 모든 이방인을 대표해서 사용한 단어입니다.

그러므로 바울이 자랑스럽게 여기는 복음, 구원을 주시는 하나님의 능력은 우리에게도 동일하게 적용됩니다. 이런 관점에서 볼 때, 본문의 말씀에는 중요한 의미가 있습니다.

그러면 구원은 무엇입니까? 구원이 무엇인지 그 실마리를 본문의 17절을 통하여 살펴봅시다. 17절 서두에 "복음에는 하나님의 의가 나타나서 믿음으로 믿음에 이르게 하나니"라고 표현합니다. 여기서 특이한 것이 있는데 '믿음'이라는 단어가 두 번 나옵니다. 이해를 돕기 위해 먼저 나오는 믿음을 '믿음A'라고 이야기하고 두 번째 나오는 믿음을 '믿음B'라고 이야기합시다. 그렇다면 '믿음A'는 무엇이고 '믿음B'는 무엇입니까?

1) '믿음A'와 '믿음B'

'믿음A'는 '구원의 믿음(saving faith)'이라 할 수 있고, '믿음B'는 '생활의 믿음(Living faith)'이라 할 수 있습니다.

'믿음A'의 구원의 믿음을 쉽게 이해하기 위해서 요한복음 1장 12절을 보면, '영접하는 자'라는 표현이 나오는데 여기서 '영접하는 자'는 곧 '믿는 자'입니다. 이와 같이 구원의 믿음은 '믿는다'와 '못 믿는다'의 차이만 있고, '약하다', '강하다'의 차이는 없습니다. 그러나 '믿음B' 생활의 믿음은 구원의 믿음이 있는 사람이 매일매일 하나님의 자녀로 살아가는 과정에서 자기 십자가를 지고 하나님을 위존해서 사는 삶으로, 우리가 크리스천으로서의 모범이 되고 하나님이 원하시는 올바른 삶을 살기 위한 믿음이라는 것입니다.

지금 우리가 여기서 이야기하고자 하는 것은 구원에 관한 것이기 때문에 '믿음A'를 말합니다. 그렇기 때문에 '믿음B'는 일단 접어두고 '믿음A'를 중심으로 이야기합시다. 이제부터 믿음을 이야기할 때는 구원의 믿음인 '믿음A'를 의미하는 것임을 기억하시기 바랍니다.

2) 구원의 믿음(믿음A) VS 율법(행위의 구원)

믿음이란 원인 없이 결과가 생기는 하나님의 참으로 신비로운 법칙입니다. 우리가 얻은 어떤 결과에 대해 아무런 원인이나 이유가 나에게 없을 때 그것을 은혜요, 선물이라고 합니다.

믿음이라는 단어가 나오게 된 경로는 다음과 같습니다. 율법이란 하나님이 제시하는 조건들을 지키고 이행해서 드디어 합격선에 도달하는 것을 말하는데, 사람으로서는 그 구원에 이르게 하는 조건들을 도저히 지킬 방법이 없습니다. 그러므로 '율법이 아니고 행위가 아니다'라는 말은 바로 '행위가 아닌 것으로 너희가 구원을 얻었다'는 뜻입니다. '구원은 너희가 이룬 것이 아니고 하나님의 은혜요, 선물로 받은 것이다'라고 성경은 말합니다.

즉, 구원을 얻는 방법이 '행위'가 아님을 분명히 하기 위해 '율법이 아닌 것, 행위가 아닌 것'에 해당하는 단어를 하나 만들어야 했기 때문에 성경은 그 단어를 '믿음'이라고 말하게 된 것입니다. 그래서 이 믿음으로 구원을 얻는 것은 전적으로 하나님의 은혜입니다. 은혜는 내가 행한 결과에 대해 내가 책임을 지지 않습니다.

  은혜는 나에게 그 복된 결과를 가져온 것이 나로부터 출발한 것이 아님을 설명하는 단어입니다. 그러므로 복음은 우리의 기쁨이요 소망이며 자랑이어야 하며, 모든 믿는 자에게 구원을 주시는 하나님의 능력이라고 말하고 있는 것입니다.

  지금 우리들의 최대의 과제가 있다면 바로 이 믿음을 정리하는 것입니다. 바울 사도는 왜 로마서 서두부터 유난히 긴 인사말에 계속해서 복음의 핵심인 동시에 본서의 주제인 이신득의 교리를 전면에 부각시켰을까요? 그것은 율법적 행위에 의한 구원 사상을 정면으로 반박하고 예수 안에 있는 은혜의 실상을 드러내기 위함이라고 할 수 있습니다.

  이렇게 율법적 행위에 의한 구원 사상은 오늘날 우리들의 삶 속에도 너무나 자연스럽게 자리 잡고 있습니다. 그러나 중요한 것은, 구원은 어디까지나 하나님의 은혜이고 믿음으로 얻는 것이지 행위로 얻을 수 없다는 것입니다.

  구원이란 전적으로 하나님께서 주신 은혜요, 선물이라는 차원에서 출발하여야 합니다. 그렇다고 행함을 무시하는 것은 아닙니다. 그러나 중요한 것은 그 행함도 결국 생명이 먼저 있어야 한다는 것을 결코 잊지 마십시오.

3) 시체의 달리기 오류

좀 더 쉽게 설명하기 위해서 다음과 같은 예를 들어 보면, 시체에게 "100미터 정도 떨어진 저쪽 고목나무까지 20초 내에 가면, 너를 살려 주겠다."라고 말했다고 합시다. 그러면 그 시체를 어느 시점에서 살려 준 것입니까? 그 시체가 일어나서 고목나무로 가는 동안에 구원을 얻는 것일까요, 아니면 목적지까지 가서 구원을 얻는 것일까요? 이 말은 참으로 모순된 것입니다. 시체가 어떻게 말을 알아들으며, 어떻게 움직여 살 수 있겠습니까?

구원의 문제에서도 우리가 이와 같은 오류를 범하는데, 시체가 살아나기도 전에 활동할 수 있다고 생각하는 부분입니다. 시체는 일단 살아나야 합니다. 그 시체가 다리가 하나밖에 없거나, 혹은 아예 다리가 없거나 하는 것과는 상관이 없습니다. 다리가 없으면 굴러서라도 갈 수 있습니다. 문제는 생명이 있느냐 없느냐입니다. 구원은 시체에 생명이 생겨났다는 것을 의미합니다. 구원 얻기 전에는 들을 수도, 움직일 수도 없는 시체에 불과할 뿐입니다.

로마서 4장 5절에서는 "일을 아니할지라도 경건하지 아니한 자를 의롭다 하시는 이를 믿는 자에게는 그의 믿음을 의로 여기시나니."라고 말씀하십니다. 즉, 경건해질 각오를 했다든지, 경건해지려고 노력했다든지, 경건해졌기 때문에 구원을 얻는 것이 아니라 경건하지 아니한 자를 의롭다고 하셨다는 것입니다. 경건해지는 것은 결과이지 원인이 아닙니다. 이것을 로마서 5장 8절에서는 "우리가 아직 죄인 되었을 때에 그리스도께서 우리를 위하여 죽었다."라고 말합니다. 이렇게 성경은 로마서 4장과 5장을 통하여 우리가 구원을 얻은 것은 우리에게 구원에 대한 감각이 있기 전이라는 사실을 강조합니다.

4. 구원의 확신

길을 걷다 보면 이렇게 물어오는 사람들이 있습니다. "당신은 언제 구원받았습니까?", "구원받았다면서 당신이 언제, 어디서, 몇 시에 구원받았는지 모른단 말입니까?" 참으로 난처한 질문입니다.

사도 바울과 같은 예수님과의 특별한 만남의 계기가 없는 사람들은 이에 대해 대답을 하기가 쉽지 않습니다. 그러나 이 문제는 다음과 같이 생각하면 좋을 듯 싶습니다.

우리가 살아가면서 생일을 아는 것은 누군가 알려주었기 때문입니다. 그러면 자신이 생일을 모른다고 해서 내가 이 세상에 태어나지 않은 것일까요? 버려진 아이들의 몇몇은 자신의 생일을 정확하게 기억하고 있지 않습니다. 그러나 그들은 생명을 지니고 살아 있습니다. 그들이 살아 있다는 그 자체보다 더 확실한 증명은 없습니다. 생명에 관하여는 위에서 많이 언급했기 때문에 넘어가고 내가 생명이 있다는 증명에 관하여 좀 더 살펴보겠습니다.

1) 하나님의 말씀

요한일서 5장 13절에 "내가 하나님의 아들의 이름을 믿는 너희에게 이것을 쓴 것은 너희로 하여금 너희에게 영생이 있음을 알게 하려 함이라."라고 기록되어 있습니다. 하나님의 영감으로 기록된 성경은 우리에게 영생이 있음을 알게 하기 위한 목적으로 기록되었다고 말하니다. 구원을 얻었다고 확신하는 것은 교만이 아니라 하나님의 말씀대로 진리를 깨달은 것입니다. 우리가 이렇게 당당히 말할 수 있는 것은 하나님께서 분명히 말씀해 주셨기 때문입니다.

2) 외적 증명

어떤 때는 구원에 대해 의심이 나기도 합니다. 그런데 의심이 생겼다고 해서 구원을 잃어버린 것은 아닙니다. 하나님께서 우리를 붙잡고 계시기 때문입니다. 요한복음 5장 24절에 보면 "내가 진실로 진실로 너희에게 이르노니 내 말을 듣고 또 나 보내신 이를 믿는 자는 영생을 얻었고 심판에 이르지 아니하나니 사망에서 생명으로 옮겼느니라."라고 말합니다. 또한 요한복음 10장 27~29절을 통하여 하나님 아버지의 손에서 구원을 빼앗을 자가 없다고 분명하게 이야기하십니다. 영생은 주었다 빼앗는 것이 아니라 영원히 주는 것입니다.

3) 내적 증명

로마서 8장 16절에서는 이렇게 말합니다. "성령이 친히 우리 영으로 더불어 우리가 하나님의 자녀인 것을 증명하시나니." 이것은 주관적인 증명, 또는 성령님의 간증이라고도 할 수 있습니다.

5. 감정 소멸

때로는 특별한 사건을 통하여 하나님과의 뜨거운 사랑을 체험하게 됩니다. 예를 들어 병이 고침을 받았다든가, 성령의 체험 등 그 감정이 뜨거워지는 체험을 지니고 있다가 시간이 지남에 따라 그 감정들이 점차 소멸함으로 인하여 구원의 확신이 흔들리는 경우가 있습니다.

그러나 우리가 꼭 알아야 할 것은 감정은 계속 동일하게 지속되는 것이 아니라는 것입니다. 그러나 예수 그리스도의 구원은 내 감정과 관계없이 계속해서 지속되는 것입니다.

이렇게 생각해봅시다. 하나님께서 이스라엘 백성을 출애굽시키기 위해 마지막 10번째 재앙인 장자를 치시는 사건에서 그 문에 양의 피를 바른 집은 장자의 죽음을 피할 수 있었습니다.

그런데 예를 들어 A라는 집과 B라는 집이 있는데, A라는 집은 양의 피를 바르고서 확실히 믿고 안심하며 잠을 잤습니다.

그러나 B라는 집은 비록 양의 피를 발랐지만 불안한 마음으로 밤을 지새웠습니다. 그러나 하나님께서 B집이 불안해한다고 해서 그 장자를 죽이시지는 않으셨습니다. 하나님은 그 사람의 마음의 상태가 어떠하든지 상관하지 않으시고 오직 양의 피가 있느냐 없느냐는 사실에 주목하셨습니다. 나의 구원은 감정에서 온 것이 아니라 하나님의 전적인 은혜에서 온 것입니다.

즉, 구원은 감정이 아니라 예수 그리스도의 십자가에 근거합니다.

교육 자료 2

복음의 사실과 의미

고린도전서 15:1~11
바울은 이미 복음을 듣고 믿고 있는 고린도 교인들에게 왜 다시 복음을 이야기할까요? 이러한 사실은 동일하게 오늘 신앙생활을 하는 우리, 즉 예수님을 믿고 있는 이들에게도 의미가 있습니다.

1. 바울이 이미 복음을 듣고, 알고 있는 고린도 교인들에게 복음을 또 다시 이야기한 이유는 무엇일까요?

① 복음에 대한 더 풍성한 의미, 온전한 의미를 알아야 했기 때문입니다.
② 그들이 복음의 특성을 잃어버림으로 복음에 근거한 삶을 살아가지 못했기 때문입니다. 따라서 잃어버린 복음의 의미를 깨닫게 하고, 새로운 성도들에게 복음의 의미가 무엇인지를 알려 줘야 했습니다.

그러므로 바울은 2절을 통하여 다음과 같이 이야기합니다.
"내가 전한 그 말을 굳게 지켜야 한다."
우리는 죽을 때까지 그 복음을 지켜나가야 합니다. 이것을 지키지 못하면 헛되이 믿는 것입니다. 교회 공동체 안에 있으면서 구원받지 못한 이들이 있습니다. 그에 합당한 삶을 살지 못하는 이들이 있습니다.

예수님은 가라지 비유에서 보듯이 "그들을 추수 때까지 그냥 두어라."

라고 하십니다.

이러한 위험성 때문에 교회는 복음에 대하여 점검해 봐야 하는 것입니다. 그렇다면 무엇이 복음일까요?

기본적인 사실을 정확하게 믿어야 합니다.

"내가 받은 것을 먼저 너희에게 전하노니"(3절).

바울이 만들어 낸 것이 아니라 하나님이 예수 그리스도를 통해서 믿게 한 것을 믿는 것입니다. 성경이 믿으라는 것만을 믿어야지 아무거나 믿으면 안 됩니다. 성경은 종말의 때에 '예수님이 여기 있다, 저기 있다' 고 할 때 믿지 말라고 합니다. 이것이 사탄의 방법입니다.

예) 어떤 사람이 "내가 지난 꿈에 이런 것을 보았습니다. 그런데 놀라운 일이 일어나 하나님이 이렇게 하라고 말씀하셨습니다." 하면서 어떤 일을 하라고 하면 어떻게 하시겠습니까?

오늘날 사탄은 예수님 믿는 사람을 핍박하는 방법에서 더 나아가 예수님을 믿되 성경의 방식이 아닌 내 생각과 내 멋대로, 내 기분대로 믿으라고 유혹합니다.

그럼, 성경대로 믿는다는 것은 무엇입니까?

① **성경대로 우리의 죄를 위해 죽으시고(3절)**

예수님이 죽으신 사실 – 그 의미는 바로 우리의 죄 때문입니다.

즉, 사실과 그 의미를 하나님의 의도대로 믿어야 합니다.

사실 : 당시 십자가에서 죽으시는 예수님

 – 당시 사람들 중에 예수님께서 자신의 죄 때문에 죽으신

것을 안 사람은 없었습니다.
의미 : 나를 위해 죽으신 예수님…….
구약 : 율법에 따라서 자신이 죄인인 줄 알고 속죄를 드림
신약 : 자신을 잘 돌아보면서 죄인인 줄 깨달아야 합니다.
"죄 때문에 예배당이 있는 것인데, 죄를 해결하고 오겠다."
십자가 앞에 서는 것은 바로 나의 죄악을 발견하는 것입니다.
예수님이 아니면 우리는 하나님 앞에 나아갈 수 없습니다.
구약 : 대제사장은 1년에 한 번 어린양의 피를 가지고 지성소로
  나아가 백성의 죄를 해결했습니다.

예수님은 자신을 어린양의 제물로 드리고 자신이 친히 대제사장이 되어서 하나님께 나아가는 것입니다. 바로 우리를 위해서……. 하나님의 심판대 앞에 서서 하나님의 엄격한 기준의 잣대로 우리를 보면 언제나 부족합니다. 그런데 이 부족함을 예수님 십자가의 보혈로 덮으시는 것입니다. 이것이 우리의 삶입니다. 이것이 성경의 가르침입니다.

② 장사지낸 바 되었다가 성경대로 사흘 만에 다시 살아나사(4절)
여기서 강조점은 예수님이 다시 살아났다는 점입니다.
사실 : 다시 살아나심
역사는 예수님이 부활했다는 믿음이 생겨난 것이라고 합니다. 그러나 진정한 믿음은 예수님이 진짜로 죽었다가 다시 살아나셨다는 것을 사실로 믿는 것입니다.

이러한 사실을 강조하는 이유가 있습니다. 많은 사람들이 예수 그리스도 부활의 사실은 믿지 않고, 부활의 의미만 믿으려 하기 때문입니다. 이것은 하나님이 우리를 창조하신 의미는 알지만, 성경대로 창조하셨다는 사실은 믿지 않으려는 것과 같습니다.

참고로 성경이 사실과 비유로 이야기하는 것을 각각 잘 구분해야 합니다.
① 흔히 이단은 구원받은 수가 144,000이라고 합니다. 그러나 이는 정확한 수치 144,000명만 구원받는다는 의미가 아닙니다. 비유적 표현입니다.
12지파*12제자*완전수10*좋아하는 수3 = 144,000
② 천국에서 흰 옷 입은 사람 - 어린양의 피로 빨아서 희게 하였느니라
피는 붉은 색이고 피로 빨면 붉어지지 희게 되지 않습니다. 이는 비유적 표현입니다.
⇒ 그리스도의 구속으로 우리가 깨끗해져서 하나님 앞에 서는 것입니다. 그 깨끗함의 비유로 흰 옷 입은 주의 백성들이라고 표현합니다.

성경이 말하는 대로 성경을 읽어야 합니다(여기에는 하나님의 능력이 포함되기 때문입니다).
비록 이성으로 성경을 이해하지 못하더라도 따라가야 합니다.

의미 : 나도 예수 그리스도로 말미암아 살아났다는 것이 의미입니다.

나는 그리스도와 함께 나의 모든 죄악이 죽고 다시 살아난 존재입니다
(롬 6:3~5).

기독교는 과거의 객관적인 사건 속에 나도 같이 가는 것입니다. 새롭게 되었다는 것은 하나님의 뜻에 관심을 두는 것입니다. 그 뜻에 합당한 삶을 사는 것입니다. 전에는 적극적으로 하나님의 뜻에 대적하고, 소극적으로는 무관심한 죽은 영이었습니다. 그러나 이제는 새 생명 가운데 사는 삶입니다. 항상 하나님 앞에서 사는 것입니다. 내가 하나님 앞에서 항상 살아 있다는 것을 깨닫는 것입니다.

정리하면,

이제는 우리가 죽은 자입니다(롬 6:11).

세상의 관심, 세상의 욕심, 죄(자기 자신을 위해 열심히 사는 것)에 대하여는 죽은 자로 사는 것입니다. 육신의 썩어질 것에 대하여 무감각하게 살아야 합니다.

자기 자신을 위해 열심히 살다가 자신의 힘으로 안 되니까 "하나님 도와주세요." 그렇게 하면 안 됩니다.

이제 우리는 적극적으로 살아야 합니다. 새 사람으로 하나님께 반응하면서 사는 것입니다. 우리가 하는 모든 일이 나를 위한 것이 아니라 하나님의 일이 되어야 합니다.

자신의 기도 제목을 하나하나 적어보고, 왜 이것을 구하는 것인지 생각해야 합니다.

⇒ 자신이 원하는 것을 구하는 것이 나쁜 것은 아닙니다.

예수님도 처음에는 "이 잔을 옮겨 주십시오."라고 기도했습니다. 그러나 중요한 것은 기도를 마칠 때에는 우리의 삶이 변화되어야 한다는 것입니다.

내 뜻에서 하나님의 뜻을 인정하는 모습으로 변해 있어야 합니다.

새로운 생명으로 살아가는 자는 삶 속에서 예수 그리스도의 모습이 나타나야 합니다.
하나님이 나의 생활 속에서 어떻게 인도하실지를 생각하며 깨어 있는 자가 되어야 합니다.

내 생각과 나의 지식으로 사는 인생은 그리스도와 함께 죽고 살아난 인생이 아닙니다. 그리스도와 함께 연합된 인생, 구원받은 인생은 세상의 방식대로 살지 않습니다. 오직 하나님의 방식대로 하나님만 의지하며 살아가야 합니다. 성경의 가르침대로 살아가도록 힘쓰는 삶을 살아야 합니다.

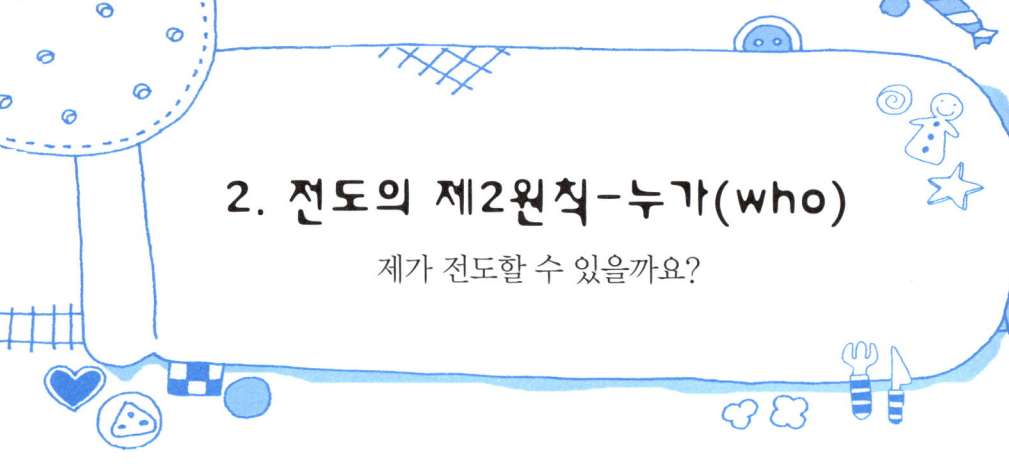

2. 전도의 제2원칙-누가(who)
제가 전도할 수 있을까요?

시작하기 전 생각할 문제…… '누가?'

우리는 앞서 왜 전도해야 하는지 함께 나누었습니다.
전도는 하나님이 원하시는 일임을 우리는 분명하게 알았습니다.
그럼 누가 전도해야 할까요? 내가 정말 전도할 수 있을까요?

 **Hook** 주의 끌기

부산 해운대를 배경으로 윤재균 감독이 만든 '해운대' (CJ픽쳐스)라는 영화가 있습니다. 이 영화는 해운대가 큰 쓰나미에 휩쓸리게 되는 상황 속에서 모든 인간관계의 벽들을 허물고 회복과 사랑으로 엄청난 시련을 이겨나가는 사람들의 모습을 감동적으로 그려낸 영화입니다.
이 영화 속에서 저의 시선을 머물게 했던 한 장면이 있습니다. 최형식(이민기)이라는 해상 구조대원이 바다 가운데서 사람을 구조하는 장면입니다.
여기에서 최형식은 두 명의 사람을 구합니다. 두 명은 모두 서울에서 내려

온 피서객입니다. 이들 중 한 사람은 최형식을 좋아하는 여자입니다. 그리고 다른 한 사람은 두 사람의 사이를 방해하며 최형식을 괴롭혔던 사람입니다. 인간적으로 생각해 보면, 사랑하는 사람을 구하는 것은 너무나 당연해 보입니다. 그러나 평소 자신을 괴롭히고, 못살게 굴던 사람을 구하는 모습은 조금 못마땅해 보이기도 합니다.

그런데 구조하는 과정에서 문제가 생겨 자신과 자신을 못살게 굴던 사람 중 한 사람밖에 살 수 없는 상황이 되었습니다. 이때 구조대원인 최형식은 자신의 생명줄을 끊어버리고 자신을 못살게 굴던 사람을 구합니다.

▶ 왜 최형식이 이와 같은 행동을 했다고 생각하십니까?
내가 최형식이었다면 어떻게 했을까요?

• 주제 연구 가이드

이 영화를 보았는지 먼저 물어보는 것이 좋습니다. 그리고 영화를 보았다면 글을 읽기 전에 먼저 영화에 대한 기억이나 느낌 등을 자연스럽게 이야기하는 것도 감정이입을 위한 좋은 방법입니다. 그리고 이왕이면 '해운대' 포스터를 A4 정도로 출력해서 보여주는 것도 도움이 될 수 있습니다.

문제 설명

그 영화에는 많은 주인공이 있습니다. 그러나 여기서 중점적으로 이야기한 해상 구조대원 최형식(이민기)은 주인공이 아닙니다. 감초와 같은 조연입니다. 그러나 영화상에서 그의 모습은 충분히 주목받을 만합니다. 다른 주인공들은 자신이 사랑하는 사람들과의 관계에서 얻은 회복과 치유에 초점을 두고 있습니다.

그러나 해상 구조대원 최형식은 자신의 일이 사람을 구조하는 것이기 때문에 상대방이 누구인지 문제가 되지 않았습니다. 자신이 구조해야 할 사람이 좋은 사람인지, 나쁜 사람인지, 범죄자인지, 사랑하는 사람인지 문제가 되지 않았습니다. 그는 단지 구조대원으로서 구조를 필요로 하는 사람을 향하여 위험을 무릅쓰고 갔습니다. 자신의 사명은 물에 빠진 사람을 구하는 것이었기 때문입니다. 그리고 그는 목숨 걸고 자신의 사명을 감당했습니다.

내가 전도할 수 있을까요? 전도할 수 있습니다. 우리는 하나님이 명하신 영적 구조대입니다. 우리가 해야 할 일은 부정적인 상황에서 포기하는 것이 아니라 영적 구조대로 전도의 사명을 다하는 것입니다.

하나 더 생각할 것은, 최형식은 이와 같은 구조 상황에서 다른 사람을 구하기 위해 자신의 생명을 대신했다는 사실입니다. 이는 마치 주님의 모습을 연상시킵니다. 예수님은 우리가 얼마나 큰 죄를 지었는지, 작은 죄를 지었는지 거기에 초점을 두지 않습니다. 단지, 우리가 구원받아야 할 존재임에 초점을 두시고, 우리를 구원해 주십니다. 전에 내가 주님을 배신했든지, 부인했든지, 원수 관계였든지 아무런 상관이 없습니다.

단지 우리가 구원받아야 할 존재라는 사실만 있을 뿐입니다. 그리고 우리를 구원하시기 위해 십자가에서 자신의 생명을 대신했습니다.

사랑받을 만한 사람, 사랑받을 조건이 충분한 사람을 사랑하는 것은 사랑이 아닙니다. 사랑은 사랑받지 못할 조건의 사람도 사랑하는 것입니다. 이것이 주님의 사랑입니다. 내가 바로 그 사랑으로 구원받았습니다. 그리고 이제는 그 사랑을 증명하고 전하길 원하십니다.

Book 주제 연구

★ 읽을 말씀

누가복음 24:46~49
⁴⁶또 이르시되 이같이 그리스도가 고난을 받고 제삼 일에 죽은 자 가운데서 살아날 것과 ⁴⁷또 그의 이름으로 죄 사함을 받게 하는 회개가 예루살렘에서 시작하여 모든 족속에게 전파될 것이 기록되었으니 ⁴⁸너희는 이 모든 일의 증인이라 ⁴⁹볼지어다 내가 내 아버지께서 약속하신 것을 너희에게 보내리니 너희는 위로부터 능력으로 입혀질 때까지 이 성에 머물라 하시니라

사도행전 1:8
⁸오직 성령이 너희에게 임하시면 너희가 권능을 받고 예루살렘과 온 유대와 사마리아와 땅끝까지 이르러 내 증인이 되리라 하시니라

1. 누가복음 24장 48절에 "너희는 이 모든 일의 증인"이라고 말합니다. 여기서 '너희'는 누구를 말합니까?

   정답 : 예수님의 열한 제자들

문제 설명

전도는 사람이 하는 것이 아니라 하나님이 하시는 것입니다. 전도의 주권은 오직 하나님께 있습니다. 그러나 하나님께서는 사람을 통하여 전도의 일을 이루십니다. 예수님께서는 이를 위해 열두 제자들을 부르셨습니다.

2. 증인은 보고, 들은 사실을 있는 그대로 말하는 사람입니다. 그렇다면 제자들이 보고, 들은 사실은 무엇입니까?(눅 24:46~48)

   정답 : (예수 그리스도의 구원 사역) 그리스도가 고난을 받고 제삼 일에 죽은 자 가운데서 살아나신 것과 그 이름으로 죄 사함을 받게 하는 회개가 예루살렘에서 시작하여 모든 족속에서 전파되는 것

 문제 설명

예수님은 제자들과 3년의 세월을 함께 먹고, 마시고, 주무시면서 하나님 나라에 대하여 삶으로 보여주시고 가르쳐주셨습니다. 처음에 제자들은 예수님의 가르침을 올바로 이해하지 못했습니다. 서로 높은 자리에 앉으려고 신경전을 벌이기도 했습니다. 그러나 이제 제자들은 알았습니다. 십자가에 못 박혀 죽으시고 사흘 만에 부활하신 예수님을 만나고 나서야 평소 예수님의 가르침이 무엇인지 깨달았습니다. 예수님과 함께한 3년이란 세월의 의미가 무엇인지 알았습니다.

그리고 이제 예수님은 제자들에게 '너희는 이 일의 증인'이라고 말씀하십니다. 즉, 그 동안 보고, 느끼고, 깨달은 모든 것을 그대로 전하라고 말씀하십니다. 그럼 이들이 3년 동안 본 사실은 무엇입니까? 예수님은 참 하나님의 아들로 이 땅에 오셨다는 사실입니다. 예수님만이 참된 구원자 되심을 깨달았습니다.

앉은뱅이를 일으키시고, 병든 자를 고치시고, 눈먼 자를 보게 하시고, 죽은 자를 살리시며, 거친 풍랑을 잠잠하게 하시고, 물고기 두 마리와 보리떡 다섯 개로 오천 명을 먹이시는 능력을 보았습니다. 그리고 우리의 죄를 위해 십자가에서 죽으셨다가 죽음을 이기시고 다시 살아나신 예수 그리스도를 보았습니다.

그리고 오늘날 이와 같은 사실을 우리도 보고, 느끼고, 깨닫고, 알고 있습니다. 바로 나도 증인입니다.

3. 증인의 역할을 감당해야 할 제자들에게 예수님은 무엇을 주시겠다고 약속하십니까?(눅 24:49)

정답 : (하나님이 약속하신) 위로부터 입혀지는 능력

 문제 설명

증인은 자신들이 보고, 듣고, 아는 사실을 이야기하면 됩니다. 그런데 그 사실을 이야기하기가 쉽지만은 않습니다. 때로는 그 사실을 말하기 위해서 목숨을 내놓아야 하는 때도 있습니다. 그래서 주님은 증인들에게 위로부터 입혀지는 능력, 즉, 하나님으로부터 임하는 능력이 필요하다고 말씀하셨습니다. 이 능력 받기를 사모하고 기다리라고 말씀하셨습니다.

4. 위로부터 입혀지는 능력이 구체적으로 무엇이라고 생각합니까?(행 1:8, 행 2장 참고)

정답 : 성령 하나님

 문제 설명

위로부터 입혀지는 능력으로 제자들은 증인의 삶을 멋지게 감당합니다. 제자들이 멋지게 사명을 감당하는 내용이 사도행전 2장부터 소개됩니다. 십자가 앞에서 도망갔던 베드로 사도는 앉은뱅이를 일으키기도 하고 공회 앞에서 "천하 인간에 구원을 얻을 만한 다른 이름을 우리에게 주신 일이 없음이니라"(행 4:12)라며 담대하게 복음을 선포합니다. 교회가 모이기를 힘쓰고 서로의 물건을 나누고 교제함으로 날마다 구원받는 이들이 늘어나 결국 일곱 명의 집사를 세우기까지 합니다. 이와 같은 놀라운 역사의 시작은 오순절 성령 강림의 사건으로부터 시작됩니다. 즉, 예수님께서 약속하셨던 성령이 제자들에게 임한 이후로 제자들의 삶은 변화되었고, 실제적인 증인의 삶을 살게 되었습니다.

우리도 증인의 삶을 살기 위해서 성령의 충만함을 간구해야 합니다. 증인(전도자의 삶)의 삶은 나의 힘으로 되지 않습니다. 나의 입술의 능숙함이나 지혜로도 되지 않습니다. 오직 하나님의 성령이 함께하실 때, 놀라운 역사가 일어납니다. 전도는 나의 입술과 행동을 통하여 성령 하나님께서 하십니다. 성령 하나님을 믿고, 의지하며 나아가야 합니다.

5. 성령이 임하시면 어떤 일들이 일어난다고 말합니까?(행 1:8)

　　정답 : 권능을 받고 예루살렘과 온 유대와 사마리아와 땅끝까지 이르러 예수님의 증인이 된다.

 문제 설명

　예루살렘은 당시 제자들이 있던 곳입니다. 그리고 유대와 사마리아, 그리고 땅끝은 예루살렘을 중심으로 점점 더 확장되는 개념입니다. 복음은 생명이고, 생명은 운동력이 있어서 그 자리에 가만히 있지 않습니다. 예루살렘에서 시작된 복음은 결국 그 생명력이 꺼지지 않고 오늘 우리에게까지 전해지고 복음의 열매를 맺었습니다. 복음이 가는 곳마다 역사가 일어났고, 놀라운 일들이 생겼습니다.

　성령 하나님께서 예수 그리스도의 복음이 진리이며 생명임을 확증하셨습니다. 성령 하나님의 확증은 놀라운 역사로 우리 가운데 나타납니다.

　이와 같은 성령의 역사에 대해 누가복음 4장 8~19절에서는 포로 된 자에게 자유를, 눈먼 자에게 다시 보게 함을 전파하며, 눌린 자를 자유하게 하고, 주의 은혜를 깨닫고 누리게 하는 것이라고 말합니다(본 교재「주일학교 교사 바로 세우기 2」제1과를 참고하세요).

　오늘 우리 가운데 이와 같은 성령의 역사가 일어나고 있습니까? 복음의 능력이 나타나고 있습니까? 증인의 삶은 살아 계신 하나님을 매일매일 증명하는 삶입니다.

　우리가 매일 살아 계신 하나님을 경험하고 증명하는 것은 성령 하나님의 인도하심이 없이는 불가능합니다. 그러므로 내가 증인이기 전에, 교사이기 전에 성령의 교통하심의 은혜를 누리는 참된 그리스도인이 되어야 합니다. 경건의 모양만 가지고 있는 것이 아니라 경건의 능력을 드러내는 참된 그리스도인이 되어야 합니다.

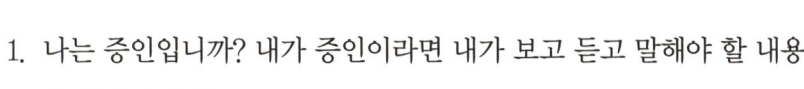 **Look** 적용점 살피기

1. 나는 증인입니까? 내가 증인이라면 내가 보고 듣고 말해야 할 내용은 무엇입니까?

2. 내가 증인의 역할을 감당하기 위해 꼭 필요한 것이 무엇이라고 생각하는지 구체적으로 나누어 보세요.

3. 내가 복음을 전해야 할 사람들, 장소는 어디라고 생각하나요?

 **Took** 실천사항 찾기

한 주간 동안 실천할 수 있는 구체적인 내용을 3가지씩 적어보고 그 결과를 점검해봅시다.

	실천할 내용 (구체적으로 기록하세요)	점검 (10기준)	느낌 및 다짐
1			
2			
3			

기도하겠습니다.

* 오늘 나눔을 통하여 깨달은 점을 생각하며 기도문을 작성해보세요.

> ♡ 교사를 위한 잠언 ♡
>
> 오늘날 교회는 더 좋은 방법들을 찾기에 골몰하고 있지만,
> 하나님은 더 좋은 사람들을 찾는 일에 갈급해하고 계신다.
> -E. M. 바운즈

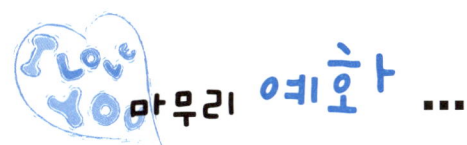
마무리 예화 ...

어머니의 현명한 교육

요한 웨슬레의 어머니 수잔나는 목사 부인이었는데 감리교의 어머니로 알려져 있습니다. 수잔나는 요한 웨슬레가 다섯 살 때 국어 교과서를 가르친 것이 아니라 창세기를 펴놓고 글자 하나하나를 가르쳤고 더불어 문자와 성경을 가르침으로 세 가지를 한꺼번에 공부시켰습니다.

그래서 요한 웨슬레는 성경을 다섯 살 때부터 어머니에게서 배웠습니다. 수잔나에게는 열일곱 명의 자녀가 있었는데 그 자녀들을 혼자 다 키우면서 한 명씩 돌아가며 성경공부를 시켰습니다. 요한 웨슬레는 목요일 저녁에 어머니와 같이 성경공부를 하였습니다.

열일곱 자녀를 말씀으로 양육한 지혜로운 어머니가 있었기에 훗날 영국의 영적 부흥의 핵심에 찰스 웨슬레와 요한 웨슬레가 쓰임받을 수 있었습니다.

교육 자료 3

이 부분은 필요할 때 특강 강의안으로 사용 가능합니다.
'Book' 또는 'Look' 전·후 부분을 나눌 때 참고하면 좋습니다.

1. 나를 향한 하나님의 관점

조각가 미켈란젤로는 아주 잘 생긴 돌 하나를 발견하고는 그 돌을 보고 큰소리로 웃으면서 이렇게 외쳤습니다.
"야, 다윗이 걸어 나온다. 다윗이 걷고 있어."
그러나 주변 사람들은 그의 한심하고도 도저히 이해할 수 없는 반응을 보고 의아해했습니다.
같은 돌을 보았지만, 미켈란젤로와 주변 사람들의 차이는 무엇입니까? 미켈란젤로는 돌 속에서 다윗 상을 만들 멋진 가능성을 보았습니다. 그러나 사람들은 그 가능성을 보지 못했습니다.

동네에 보면 박스 등을 줍고 다니시는 분들이 종종 있습니다. 다른 사람에게 박스는 쓰레기이지만 박스를 줍고 다니시는 분들에게는 돈으로 보입니다. 관점의 차이입니다.
세상 사람들은 우리를 향하여 "능력도 없고, 돈도 없고, 지식도 없고, 아무것도 할 수 없어!"라고 말할지 모르겠습니다. 그러나 하나님은 보배롭고 존귀하다고 말씀하십니다.

우리를 왕 같은 제사장으로 삼으시고, 예수 그리스도의 복음을 증명하는 일에 증인으로 삼으셨습니다. '나' 라는 사람은 같지만, 나를 보는 세상 사람들과 하나님의 관점에는 분명한 차이가 있습니다.

기드온은 므낫세 중에 극히 약하고 아비 집에서 제일 작은 자였습니다. 아무도 주목하지 않았지만, 하나님은 기드온을 주목하여 보셨고, 큰 용사로 사용하셨습니다.

다윗은 이새의 집의 막내였습니다. 사무엘이 이새의 집에서 왕을 세우겠다고 찾아왔을 때, 아버지 이새는 다윗을 후보로도 생각하지 못했습니다. 왕을 세우는 중요한 장소에 다윗은 끼지도 못했습니다. 그러나 하나님은 다윗에게 주목하셨고, 왕권을 주셨습니다. 왕으로 세우셨습니다.

베드로는 어부였고, 예수님을 부인한 배신자였지만, 주님은 베드로에게 초대교회를 맡기셨습니다.

바울은 예수님을 믿는 사람들을 핍박하고, 스데반 집사를 죽이는 일에 앞장선 사람임에도 불구하고, 하나님은 바울을 들어 열방에 복음을 전하는 일과 신약성경을 기록하는 데 사용하셨습니다.

세상이 나를 어떻게 보든 그것은 별로 중요하지 않습니다.

중요한 것은 하나님이 나를 통해 일하시길 원하시고, 하나님이 나를 향한 계획을 가지고 계시며, 하나님이 나를 사용하길 원하고 계신다는 사실입니다.

나는 하나님의 관점에서 볼 때, 하나님 크기의 큰일을 감당할 놀라운 가능성을 가진 존재입니다.

교육 자료 4

증인의 삶 : 살아 계신 하나님을 경험하기

교회를 오래 다닌 사람일수록 전도를 어려워하는 것 같습니다. 교회 생활에 익숙하고 교제권이 한정되어 있기 때문입니다. 때로는 현실에 안주함으로 새로운 사람을 챙기고 신경을 써야 하는 것이 싫은 경우도 있습니다.

그러나 그리스도인과 전도자는 같은 뜻입니다. 전도자는 증인과 같은 의미입니다. 내가 증인이 되기 위해서는 증명할 내용이 있어야 합니다. 내가 체험하지 못한 것을 어떻게 증명할 수 있겠습니까?

교사가 매주 어린 영혼에게 말씀을 증명함에도 아무런 변화가 일어나지 않는 이유 중 하나는 교사 자신도 전하는 말씀에 확신과 은혜를 경험하지 못했기 때문입니다. 삶으로 증명하지 못하고 그냥 입으로 전하기 때문입니다.

그렇다면 우리가 증인으로서 증명해야 할 내용은 무엇입니까?

먼저, 예수 그리스도가 우리의 구원자 되심입니다. 구원에 대한 확신입니다. 하나님이 우리를 사랑하셔서 구원해 주셨다는 사실입니다. 그러므로 구원의 확신이 없이는 결코 전도자의 삶을 살 수 없습니다.

그 다음 생각할 것이 살아 계신 하나님을 증명하는 것입니다. 나를 구원하신 하나님은 역사책 속에 화석이 된 하나님이 아닙니다. 하나님은 지금도 우리 가운데 살아 계셔서 역사하십니다. 이것을 증명하는 것입니다. 그래서 소명아카데미(직장사역연구소)에서는 "신앙생활이란 살아 계신 하나님을 경험하는 것"이라고 정의합니다.

이와 같은 정의는 매우 의미가 있습니다. 그리스도인이 살아 계신 하나님을 매일 경험하지 못한다면 어떻게 이 험한 세상을 살아갈 수 있겠습니까? 우리에게 어떤 희망과 소망이 있겠습니까?

그러므로 삶을 나누는 것(살아 계신 하나님을 간증)은 매우 중요합니다. 이와 같은 나눔은 믿음의 공동체에는 은혜와 도전이 되고, 믿지 않는 이들에게는 전도의 메시지가 됩니다.

1. 삶을 나누는 훈련

삶을 나누는 것도 훈련입니다. 매주 살아 계신 하나님을 나누는 시간을 가졌습니다. 처음에는 무엇을 어떻게 나누어야 할지 몰랐습니다. 그저 큰 간증만을 생각하고, 때로는 쥐어짜듯이 말을 이어가기도 했습니다. 그러나 계속해서 나눔을 가지면서 작은 변화가 일어났습니다. 같이 나눔을 하던 믿음의 동역자들이 자신의 삶 가운데 하나님이 어떻게 역사하셨는지 나누어야 하기에 한 번 더 생각하게 되고, 하나님을 경험한 사건을 한 번 더 가슴에 새기기 시작했습니다. 함께 나누기 위해서입니다. 비록 작은 사건들이지만, 하나하나 가슴에 새기고 나눔을 이어가다 보니 그동안 몰랐던 하나님의 은혜가 삶 가운데 넘치고 있음을 깨닫게 되었고, 삶 자체가 풍요롭고 힘이 생기기 시작했습니다.

성도가 삶을 나눈다는 것은 단순히 넋두리를 하는 것이 아니라 살아 계신 하나님을 나눔으로 하나님의 풍성하신 사랑과 은혜를 누리는 것입니다. 이만큼 확실한 증명은 없을 것입니다. 나눔이 삶 가운데 자연스러워지도록 지속적으로 반복해야 합니다.

2. 나눔 제목 찾기

① 나눔은 쥐어짜내는 것이 아니라 경험한 것을 이야기하는 것입니다. 없는 것을 억지로 말하려 하지 말고 나눌 내용이 생각나고 하나님의 은혜를 경험할 수 있도록 기도해야 합니다.

② 나눔의 제목은 거창한 것이 아닙니다. 간증집회처럼 죽었다 살아난 이야기를 나누는 것이 아니라 매일의 삶 가운데 일어난 작은 변화, 작은 은혜 등을 나누는 것입니다. 이와 같은 나눔 속에서 하나님의 성실하심과 섬세하심을 경험할 수 있습니다.

나눔의 예) – "지금 너무 힘든데, 버스가 빨리 오게 해 주세요."라고 기도했더니 우연히 지나가던 집사님이 나를 발견하고 카풀을 해주셨다.
– 상사에게 이메일을 보내면서 컴퓨터를 잡고 기도했더니 생각보다 좋은 결과가 나왔다.
– 아이들 책(나이에 맞는 전집)을 바꾸어 주고 싶은데 돈은 없고 기도만 하고 있었다. 책이 언제 생길지는 모르지만 지금 있는 책이ㅏ 먼저 정리하자고 생각하고 책 정리를 시작했다. 그러다 아주 오래전 비상금으로 숨겨놓고 잊고 있던 돈봉투를 발견했는데, 딱 바꾸고 싶은 책의 가격이었다.

③ 우리가 생활하면서 "감사합니다.", "주여!"라고 말하는 순간들을 기억하고 나누십시오.

"감사합니다."와 "주여!" 같은 말은 우리의 삶 가운데 사소하지만 일이 잘되었을 때, 때로는 작은 위기의 순간들에 직면할 때 나오는 언어입니다. 그러므로 이와 같은 말이 나오는 상황이 나눔의 제목이 될 수 있습니다.
④ 기도의 제목이 응답될 때입니다. 우리는 평범한 것에서부터 우리의 힘으로 되지 않는 수없이 많은 것들까지 모두 하나님께 아룁니다. 그러므로 기도 제목의 응답은 살아 계신 하나님을 증명할 확실한 제목입니다.

3. 은혜의 나눔을 위한 주의 사항

① 자기 자랑이 되지 않게 주의하십시오.
② 다른 사람의 나눔을 비꼬거나 판단하지 마세요.
③ 두서없이 산만한 이야기가 오랫동안 지속되지 않도록 각자 정해진 시간을 준수합니다(2~5분 정도 모래시계를 사용하면 좋아요).
④ 나눔이 없는 이들은 강제적으로 이끌기보다는 나눌 제목이 생기도록 함께 기도해 줍니다.
⑤ 가장 확실한 나눔은 기도의 제목을 통해 모두가 알 수 있습니다. 그러므로 매주, 또는 매시간 함께 기도 제목을 나누고 기도하면 좀 더 효과적입니다.

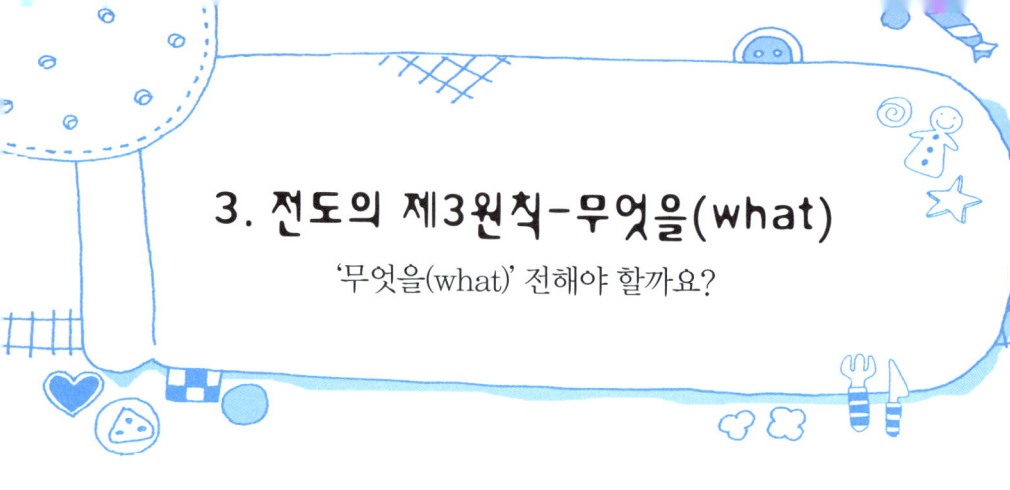

3. 전도의 제3원칙-무엇을(what)
'무엇을(what)' 전해야 할까요?

시작하기 전 생각할 문제…… '무엇을?'

시대가 변하고, 문화가 변한다고 복음의 사실이 변하는 것은 아닙니다. 사도 바울은 열정만 가지고 무식하게 전도한 것이 아니라 사람에 따라, 전도 대상에 따라서 지혜롭게 전도했습니다. 그러나 언제나 변함없이 전도의 핵심은 예수 그리스도였습니다.

한 어린 소년이 있었습니다. 어느 날 이 소년은 예수님을 믿고 자기 죄를 깨달은 뒤 예수님을 구주로 영접하게 되었습니다. 소년은 너무나 기뻤습니다.

그래서 어디서든지 사람을 만나면 전도를 했습니다. 그러던 어느 날 전도를 할 생각으로 밖에 나갔는데, 그 동네의 정원이 넓은 어느 대학 교수의 집 앞을 지나게 되었습니다.

그때 교수는 자기 정원의 널찍한 의자에 비스듬히 누워서 독서를 즐기던 중이었습니다. 소년이 이 교수를 불렀습니다.

"아저씨!" 하고 부르는 소리에 교수는 책을 읽다 말고 무슨 일인가 하고 울타리 너머로 이 소년을 물끄러미 바라보았습니다.

소년은 교수를 쳐다보면서 "예수님 믿으세요." 하고 말했습니다.

한참 재미있게 독서를 하는데 어디서 꼬마 녀석이 나타나 분위기를 깨뜨린 것도 별로 기분 좋은 일은 아닌데 어린아이가 교수인 자신에게 감히 전도하려고 들다니 하는 생각에 교수는 슬며시 기분이 나빠졌습니다. 그래서 교수는 피식 웃으며, "애야, 난 대학 교수다. 넌 잘 모르겠지만 난 어려서부터 지금까지 공부를 많이 했고, 종교에 대해서도 누구 못지않게 많이 알고 있단다. 그러니 방해하지 말고 다른 데 가서 놀거라." 하고 말했습니다.

이제는 소년의 기분이 나빠졌습니다. 그래서 그 교수를 똑바로 쳐다보면서 "그럼, 아저씬 지옥 가세요!" 하고는 가버렸습니다.

교수는 순간적으로 일어났던 사실들이 꿈 같기도 하고, 환상을 본 것 같기도 하며, 천사를 본 것 같기도 해서 정신이 멍했습니다.

다시 책을 읽으려고 펴도 눈에 들어오지 않고 귀에서 "아저씬 지옥 가세요." 소리만 들려왔습니다. 기분을 전환하려고 책을 덮어 놓고 뒷짐을 지고 정원을 거닐어도 "아저씬 지옥 가세요." 하는 소리만 들려왔습니다.

저녁이 되어 밥상 앞에 앉아 있어도 "지옥 가세요." 하는 소리만 들리고, 잠을 자려고 해도 잠은 오지 않고 "지옥 가세요." 소리만 들려왔습니다.

그는 며칠을 시달리다 이대로 가다가는 정신병원까지 가게 될 것 같은 생각이 들어 교회 목사님을 찾아가 이런 사실을 이야기하고 도움을 요청했습니다. 그 목사님은 복음을 잘 설명해 주었고 교수는 드디어 예수님을 영접하게 되었습니다.

▶ 어린아이가 대학 교수 앞에서 당당하게 이야기할 수 있었던 이유는 무엇이라고 생각하는지 서로의 생각을 나누어 보세요.

 Book 주제 연구

★ 읽을 말씀

고린도전서 1:18~25
18 십자가의 도가 멸망하는 자들에게는 미련한 것이요 구원을 받는 우리에게는 하나님의 능력이라 19 기록된 바 내가 지혜 있는 자들의 지혜를 멸하고 총명한 자들의 총명을 폐하리라 하였으니 20 지혜 있는 자가 어디 있느냐 선비가 어디 있느냐 이 세대에 변론가가 어디 있느냐 하나님께서 이 세상의 지혜를 미련하게 하신 것이 아니냐 21 하나님의 지혜에 있어서는 이 세상이 자기 지혜로 하나님을 알지 못하므로 하나님께서 전도의 미련한 것으로 믿는 자들을 구원하시기를 기뻐하셨도다 22 유대인은 표적을 구하고 헬라인은 지혜를 찾으나 23 우리는 십자가에 못 박힌 그리스도를 전하니 유대인에게는 거리끼는 것이요 이방인에게는 미련한 것이로되 24 오직 부르심을 받은 자들에게는 유대인이나 헬라인이나 그리스도는 하나님의 능력이요 하나님의 지혜니라 25 하나님의 어리석음이 사람보다 지혜롭고 하나님의 약하심이 사람보다 강하니라

1. 유대인과 헬라인은 하나님을 믿는 데 필요한 것이 무엇이라고 말합니까?(22절) 혹시 오늘날 우리들도 하나님을 믿으면서 하나님께 요구하는 것이 있다면 무엇이 있을까요?

   정답 : 유대인 - 표적

   헬라인 - 지혜

   나 - 예) 병 고침, 성공, 돈, 명예, 진학 등

 문제 설명

사람들은 예수님이 하나님의 아들이심을 믿기 위하여 자신들이 원하는 방식의 증거를 원합니다. 자신의 가치 판단에 의한 기준을 정하고 그 기준에 합당해야 한다고 생각합니다. 그래서 유대인들이 제시한 증거의 방식은 표적이고, 헬라인들은 철학을 바탕으로 한 지혜의 체계였습니다. 그리고 오늘날 우리들은 자신들의 성공, 돈, 명예, 병 고침 등 자신들의 필요를 충족시켜줄 것을 요구합니다.

즉, 자신들의 방법으로 하나님을 찾고, 자신들의 방법에 합당해야 신으로 인정합니다. 그러나 중요한 것은 하나님을 찾고, 하나님을 만나는 방법은 하나님 편에서, 하나님 방식으로 우리에게 보여주신다는 것입니다.

아무리 인간이 자신의 방법과 자신의 힘으로 하나님을 찾으려 해도, 하나님이 우리에게 보여주시지 않으면 하나님을 만날 수 없습니다. 하나님을 찾을 수도 없습니다. 그 사실을 너무나 잘 알고 계신 하나님은 자신을 우리에게 보여주시기 위해서 예수 그리스도를 우리 가운데 보내셨습니다. 우리의 눈높이로 하나님 자신을 볼 수 있도록 하셨습니다.

다시 말해서, 인간적인 방법(표적, 지혜 등)으로는 하나님을 만날 수도, 하나님을 볼 수도 없습니다. 오직 하나님이 계시하신 방법을 가지고 우리는 하나님을 볼 수 있습니다.

어린이들은 '하나님을 보고 싶은데 어떻게 하면 하나님을 볼 수 있어요?'라는 대한 질문을 많이 합니다. 이에 대한 내용은 '교육 자료 5'를 참고하세요!

2. 18절의 '십자가의 도'는 무엇을 말한다고 생각하는지 자신의 말로 표현해보세요. (23~24절 참고)
   정답 : 나의 죄를 위해 십자가에 못 박히신 예수 그리스도에 대한 이야기

• 주제 연구 가이드

본 질문 의도 : 본문의 핵심은 예수 그리스도의 십자가입니다. 십자가를 통한 구원입니다. 이를 학습자에게 확인, 점검하기 위한 질문입니다. 그러므로 본 내용을 통하여 예수 그리스도의 십자가 사건이 나와 무슨 상관이 있는지 생각하게 하는 것이 좋습니다. 나의 말로, 스스로 고백하게 하는 것이 좋습니다.

• 주제 연구 가이드

2번에서 3번 질문의 연결어 제시의 예)

예수 그리스도의 십자가 사건은 우리에게 구원입니다. 우리에게는 승리의 사건입니다. 우리에게는 죄의 짐을 해결할 능력입니다. 소망입니다. 복된 소식입니다. 그런데 왜 당시 유대인들은 십자가의 사건을 꺼려하면서 인정하지 않고, 당시 헬라인들은 미련한 것이라고 배척했을까요? 이 시간은 내가 당시의 유대인, 헬라인이 되었다고 가정하고 말해봅시다.

3. 왜 '십자가의 도'가 유대인에게는 거리끼는 것이고, 헬라인에게는 미련한 것이라고 말할까요?(23절) 자신의 생각을 이야기해 봅시다.

예) 믿어지지 않으니까, 전능하신 하나님의 아들이라고 하기에는 2% 부족한 것 같으니까.

• 주제 연구 가이드

본 질문의 답은 성경적 배경 지식이 없으면 답하기 힘든 내용입니다. 그러므로 본 질문에서는 학습자가 질문에 대한 답을 생각하게 함으로 좀 더 적극적이고 구체적으로 본문의 내용 속으로 들어오게 하는 데 초점을 두고 있습니다. 그러므로 자유롭게 자신의 생각을 말할 수 있도록 하세요.

🔍 문제 설명

당시 유대인들은 예수님을 하나님의 아들로 인정하려 들지 않았습니다. 하나님의 아들이라면, 열심히 신앙생활을 했던 자신들(유대 종교 지도자들)을 칭찬하고, 자신들과 친하게 지내고, 자신들을 다른 사람들 앞에서 높여주는 것이 당연하다고 생각했습니다. 그러나 예수님은 늘 눈먼 자, 앉은뱅이, 아픈 자, 고통 가운데 있는 자, 외로운 자, 창기와 세리 같은 죄인들과 함께하고, 식사하셨습니다. 이와 같은 예수님의 모습은 결코 자신들이 생각했던 하나님의 모습이 아니었습니다.

또한, 신명기 21:23에 "그 시체를 나무 위에 밤새도록 두지 말고 당일에 장사하여 네 하나님 여호와께서 네게 기업으로 주시는 땅을 더럽히지 말라 <u>나무에 달린 자는 하나님께 저주를 받았음이니라.</u>"라고 기록되어 있습니다.

즉, 나무에 달린 자는 하나님의 저주를 받은 자입니다. 결정적으로 예수님이 달리신 십자가는 나무입니다. 다시 말해서, 예수님이 십자가에 달려 죽으신 것은 유대인들의 사고와 율법에서는 하나님께 저주받은 표입니다. 그러므로 유대인들에게 있어서 나무에 달려 죽은 예수님은 결코 하나님의 아들이 될 수 없었습니다. 유대인들에게 나무(십자가)에 죽으신 예수님은 거리낌의 대상입니다.

헬라인은 이방인들에 대한 대표적인 표현입니다. 헬라인들은 이성과 철학적 논리를 좋아합니다. 논리적으로 하나님의 아들이 십자가에 달려 죽었다는 사실은 이해가 되지 않습니다. 당시 세계를 정복하고 다스렸던 로마에서 가장 잔인하고, 최악의 형벌이 십자가였습니다.

십자가의 형벌이 너무나 잔인하고 고통스럽기 때문에 같은 로마인은 최악의 반란자가 아닌 이상 십자가의 형벌을 받지 않았습니다. 그러므로 헬라인들은 전능하신 하나님의 아들이라면 결코 십자가의 형벌을 받을 수 없다고 생각했습니다.

그들의 생각에는 십자가 앞에서 천군천사를 동원하여 로마의 병정들을 모두 쓰러뜨리고 멋진 모습으로 우뚝 서야 했습니다. 헬라인들에게 예수님은 십자가 앞에서 패배자이자 최고의 형벌을 받는 최악의 죄수일 뿐입니다. 헬라인에게는 미련한 것입니다.

위의 사실들을 생각해 볼 때, 왜 예수님은 그럼에도 불구하고 십자가를 지셔야만 했을까요? 그 이유는 무엇일까요? 여기서 우리는 하나님의 크신 사랑을 볼 수 있어야 합니다.

십자가는 유대인에게는 하나님 저주의 사건이고, 헬라인에게는 생각할 수도 없는 최악의 형벌입니다. 그렇습니다. 십자가는 저주이고, 최악의 형벌입니다. 이것이 무엇을 말하고 있습니까? 바로 우리의 죄가 저주받아 마땅한 것이고, 최악의 형벌을 받아야 하는 것임을 의미합니다.

구약의 백성들은 자신들의 죄를 양에게 전가하고 양을 번제로 드렸습니다. 번제란 불로 모두 태워서 드리는 겁니다. 그럼 그 양이 모두 타들어갈 때, 얼마나 그 냄새가 역하고 고통스러웠을까요? 이스라엘 백성들은 자신의 죄를 전가받고 불에서 역한 냄새를 피우며 타는 양을 보면서 무엇을 깨달았을까요? "그래 맞아! 바로 나의 죄가 저렇게 역한 것이구나! 나의 죄가 저렇게 처참한 것이구나! 나의 죄가 불에 내 몸을 모두 태워 없앨 만큼 고통받아야 할 큰 죄이구나!" 하고 깨달았습니다.

자신의 죄가 얼마나 큰 것인지 깨달았습니다. 아울러 하나님의 사랑이 얼마나 크고 놀라운 것인지 깨달았습니다. 하나님은 십자가를 통해서도 동일한 사실을 보여주셨습니다. 우리의 죄가 얼마나 저주받고, 최악의 형벌을 받기에 마땅한지, 그리고 하나님의 사랑이 얼마나 큰지 깨닫게 해 주셨습니다.

4. 어떤 이들에게 십자가의 도(그리스도)가 능력과 지혜가 된다고 하나요?(18, 24절)

정답 : 구원받은 나(우리)

 문제 설명

우리의 죄는 저주의 대상이며, 최악의 형벌을 받아야 합니다.

그 죄값을 우리가 치러야 합니다. 바로 내가 해결해야 합니다. 그러나 나의 힘으로는, 우리의 힘으로는 결코 해결할 수 없습니다.

그런데 이것을 바로 예수님께서 해결해 주셨습니다. 내 저주, 내 최악의 형벌을 모두 예수님께서 대신 담당해 주셨습니다. 그러므로 십자가에서 내 죄를 위해 죽으시고 다시 사신 예수 그리스도를 믿는 모든 이들에게 십자가는 죄의 저주와 최악의 형벌을 벗는 기쁨과 감사, 능력과 참된 지혜를 누리는 사건입니다.

5. 지금까지의 내용으로 볼 때, 21절에서 '전도의 미련한 것으로 믿는 자들을 구원하시기를 기뻐하셨다' 는 말은 어떤 의미일까요?

   정답 : 복음의 핵심인 예수 그리스도만을 증명하는 것

 문제 설명

죄로 인하여 저주 아래 있고, 최악의 형벌 앞에 있는 우리에게 이를 대신할 방법은 아무것도 없습니다. 나의 어떤 노력도 죄의 저주와 형벌을 피할 수 없습니다. 오직 예수 그리스도만이 해결책입니다.

오직 예수 그리스도 외에는 그 어떤 것도 답이 될 수 없습니다. 그러므로 복된 소식의 핵심은 예수 그리스도입니다. 예수 그리스도를 제외한 그 어떤 것도 해결책이 되지 못합니다. "다른 이로서는 구원을 얻을 수 없나니 천하 인간에 구원을 얻을 만한 다른 이름을 우리에게 주신 일이 없음이니라 하였더라"(행 4:12).

'왜 꼭 구원받으려면 예수님이어야만 하는가? 정말 다른 이름(알라, 부처 등)으로는 구원을 받을 수 없는가?'에 대한 의문이 들 수 있습니다. 이에 대한 내용은 '교육 자료'에서 다루었습니다. 참고하세요!

1. 내가 알고 있고, 믿고 있는 십자가의 도에 대하여 선포하는 마음으로 서로 나누어 보세요.

   • 주제 연구 가이드

   본 질문은 'Book'에서 살펴본 내용을 토대로 자신의 신앙을 하나님과 공동체 지체들 앞에서 고백하기 위한 것입니다. 그러므로 담대하게 믿음으로 고백할 수 있도록 도와야 하며, 최대한 자신의 언어와 생각으로 고백할 수 있도록 지도해야 합니다. 혹시 표현이 자연스럽지 못하더라도 격려로 확신과 담대함을 가질 수 있도록 지도하세요.

2. 오늘 말씀을 통해서 평소 내가 생각하던 전도와 성경에서 말하는 전도에 대하여 서로의 생각을 나누어 봅시다. 아울러 새롭게 깨달은 사실이 있다면 무엇이 있는지 나누어 봅시다.

• 주제 연구 가이드

우리를 향한 하나님의 사랑이 얼마나 큰지에 초점을 두고 나눌 수 있도록 돕습니다.

3. 21절에서 '전도의 미련한 것으로 믿는 자들을 구원하시기를 기뻐하셨다' 라는 하나님의 말씀에서 보듯이 하나님은 전도를 통하여 구원받는 자들이 생길 때, 기뻐하신다는 것을 알 수 있습니다. 내가 하나님 아버지의 기쁨이 되기 위해 누구에게 십자가의 도를 전할지 기도하는 마음으로 그 이름을 기록하고, 다음주에 그 결과를 서로 나누어 봅시다.

• 주제 연구 가이드

구체적으로 이름(장기결석자, 가족 중 불신자 등)을 쓰고, 함께 이들을 위해 기도해 주고, 어떤 변화들이 일어났는지 다음 주에 함께 나눔의 시간을 갖도록 합니다.

때로는 아무런 변화도, 구원의 역사도 일어나지 않을 수 있습니다. 그러나 낙심하지 말고 지속적으로 그 영혼을 놓고 함께 기도하는 시간을 가지세요.

 **Took** 실천사항찾기

한 주간 동안 실천할 수 있는 구체적인 내용을 3가지씩 적어보고 그 결과를 점검해봅시다.

	실천할 내용 (구체적으로 기록하세요)	점검 (10기준)	느낌 및 다짐
1			
2			
3			

기도하겠습니다.

* 오늘 나눔을 통하여 깨달은 점을 생각하며 기도문으로 작성해보세요

> ♡ 교사를 위한 잠언 ♡
>
> 사랑은 얻고자 하는 소망이 아니라 무엇인가 주고자 하는 소망이다.
> "자기 아들을 아끼지 아니하시고 우리 모든 사람을 위하여 내주신 이가 어찌 그 아들과 함께 모든 것을 우리에게 주시지 아니하겠느냐"(롬 8:32).

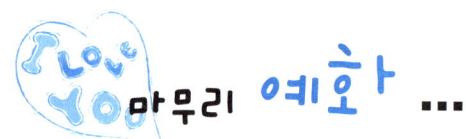 마무리 예화 ...

사랑의 마음을 알고

오래 전에 어느 기업체에서 있었던 일입니다. 근로자들의 파업 농성으로 모든 작업이 중단되었습니다. 이 문제를 해결하려고 사장은 무던히 애를 썼습니다. 회장이 이러한 사장에게 전화를 걸었습니다.

"어떻게 되었는가?"

"대단히 강경합니다."

"어떻게 할 참인가?"

"양보하지 않겠습니다. 주동자들을 전부 책벌하겠습니다."

"아하, 그러면 안 되네. 회사의 사정이 실제로 어렵지 않은가? 그 어려운 사정을 알아 듣게 설명해 주어야지. 그리고 사정이 나아지면 월급을 올려 주겠다고 해야 할 일이 아닌가? 회사가 어디 우리들만의 것인가? 모든 종업원들의 것임을 납득시켜서 합의를 봐야지, 책벌이니 뭐니 하는 생각은 아예 하지 말게나."

이렇게 말하는 것을 전화 교환수가 엿듣고 파업 주동자를 찾아가 귀띔을 했습니다. 회장의 마음을 알고 감동한 나머지 근로자들은 그날로 파업을 풀었다고 합니다.

교육자료 5

이 부분은 필요할 때 특강 강의안으로 사용 가능합니다. Book 또는 Look 전·후 부분을 나눌 때 참고하면 좋아요!

■ **특강 자료 : Q and A**

Q1. 왜 꼭 예수님이여만 하는가?

A1 전도를 하다 보면, "난 불교에요", "난 천주교인데"라는 말을 종종 듣습니다. 이쯤에서 우리가 생각할 볼 문제는 왜 예수님만 구원자여야 하는가? 다른 종교로는 구원을 얻을 수 없을까 생각해 봅시다.

<생각해보기> 왜 예수상이 선지사에 있는 것일까?

　김해 선지사 법당에는 존경받을 인물들을 선정해 나무 조각으로 만든 오백나한상이 있습니다. 여기에는 원효대사를 비롯해 달마대사가 있으며, 특히 불상과 달리 그 생김새와 모양이 자유분방하고 유쾌해 눈길을 끌고 있습니다.

　오백나한상 중에 특별한 상이 하나 있는데 바로 예수상입니다. 왜 예수상은 선지사에 있는 것일까요? 이에 선지사 원천 스님은 "중국 공죽사라는 절에 제3실 나한당에 109번째 향상존자로 모시고 있는 것을 보고 저희 절에도 모시게 되었다."라며 "21세기 다종교 사회에 누구나 와서 보고 누구나 마음이 편안하자는 차원에서 차별 없이 모시게 됐다"고 의미를 밝혔습니다.

　어떻게 보면 불교는 마음이 넓고 포용력이 뛰어난 것 같고, 기독교는 편협하고, 폐쇄적인 것처럼 보입니다.

그러면, 왜 기독교는 예수님만을 고집할까요? 왜 석가나, 마호메트, 알라는 안 될까요? 왜 예수 외에 다른 이름, 다른 신들, 우상들에게는 구원이 없다고 할까요? 왜 예수님만을 이야기하는 걸까요?

이는 구원의 문제는 죄의 문제와 연관됩니다. 구원은 죄의 문제를 해결해야 합니다. 그러므로 이 문제는 다시 말해서 죄의 문제를 예수님 말고 다른 어떤 것으로도 해결할 수 있는가 없는가의 문제입니다.

죄의 문제를 해결하기 위해서는 두 가지 조건이 충족되어야 합니다. 첫 번째 조건은 사람의 죄를 해결하는 것이기에 사람을 대표해야 합니다. 두 번째 조건은 모든 인간의 죄를 해결할 능력이 있어야 합니다.

먼저, 첫 번째 조건은 모든 인류를 대표할 사람이어야 합니다.

이런 의미에서 볼 때, 우리가 흔히 성자라고 이야기하는 석가나 공자, 마호메트, 예수님 등을 이야기할 수 있습니다. 즉, 첫 번째 조건만을 가지고 이야기한다면 많은 사람이 가능합니다.

두 번째 조건은 모든 인간의 죄를 해결할 능력이 있어야 합니다. 이 문제는 조금 쉽게 예를 들어 설명하겠습니다. 우리가 흔히 사용하는 신용카드를 보면, 신용카드라고 다 같은 카드가 아닙니다. 카드의 종류에 따라 그 혜택도 다르고 무엇보다 신용카드의 한도가 다릅니다. 카드는 그 정해진 한도에서만 쓸 수 있습니다. 그 이상을 쓰면 한도 초과로 결재되지 않습니다.

이와 같이 구원도 마찬가지입니다.

모든 인류의 죄를 해결하기 위해서는 구원자가 그만큼의 가치(한도)가 있어야 합니다. 그런데 이 세상에는 그만큼의 가치를 가진 사람은 아무것도 없습니다. 예를 들어 석가가 죄가 없다고 해도 석가가 구원할 수 있는 것은 죄 없는 오직 한 사람 바로 자신밖에 안 됩니다. 그러므로 모든 일류의 죄를 해결하기 위해서는 참 사람이자, 그 이상의 가치가 있는 하나님 바로 자신이 이 땅에 오셔야만 합니다.

계속해서 카드로 이야기하면, 무한도의 카드, 이 세상의 모든 죄를 다 해결할 수 있는 만큼의 한도가 되는 카드가 있어야 합니다.

그런 카드는 이 세상을 창조하신 하나님 자신밖에 없습니다. 그분이 바로 예수님입니다. 그리고 또한 예수님은 모든 인류의 죄를 대표해서 해결할 수 있는 참 사람이십니다.

그러므로 우리는 편협한 것이 아니라, 폐쇄적인 것이 아니라, 진리를 말하고 있는 것입니다. 어쩔 수 없는 사실을 말하고 있는 것입니다. 이 세상의 그 어떤 것으로도 구원의 이름을 주시지 않으셨습니다.

Q2. 보고 싶은 하나님 : 하나님을 보여주세요?

A2-1. 하나님을 보는 방법 : 사랑

시작을 위한 질문 > 하나님은 눈, 코, 입과 같은 형상이 있을까, 없을까?

생각을 위한 힌트〉
① 우리는 하나님의 형상을 닮았다.
② 성경 하나님의 의로운 오른손으로 우리를 도와주신다고 말한다.
③ 우리가 하나님을 닮았다면, 하나님은 쌍꺼풀이 있을까?
④ 하나님은 몸짱일까?
⑤ 하나님은 남자일까? 여자일까?

시작을 위한 질문에 정답을 먼저 말하자면, 하나님은 눈, 코, 입과 같은 형상을 하고 계시지 않습니다. 하나님은 영이십니다. 영의 특성은 형체를 가지고 있지 않습니다. 인간의 눈으로 인식할 수 없는 존재이십니다. 그래서 우리 인간은 육적인 눈으로 하나님을 본 사람은 한 명도 없습니다. 앞으로도 없을 것입니다. 이 부분은 조금 더 설명이 필요한 것 같습니다.

그럼 창세기 1장에서 말하는 하나님의 형상대로 창조되었다는 말은 무엇일까요? 이는 우리가 하나님의 외형적인 모양을 따라 지음 받았다는 것이 아니라 세상의 다른 만물과 다르게 영적 존재로, 하나님의 속성 일부를 공유하고 있다는 의미입니다.

그럼, 성경에 하나님의 의로운 '오른 손', '귀를 기울이시며' 등의 표현은 무엇인가? 이는 신인동형론적 표현입니다. 예를 들어서 바람이 불어서 나뭇가지가 흔들리는 것을 보고 "나뭇가지가 손을 흔든다." 등으로 표현하는 것과 같은 의미입니다.

그럼 우리는 살아계신 하나님을 어떻게 볼 수 있을까요?

때로는 우리 주변에서 "하나님을 만났어요!"라는 고백을 듣기도 하는데 이것은 어떤 의미일까요?

사람의 눈은 우리가 늘 마시는 공기를 볼 수 없습니다. 그러나 아무도 공기를 부인하는 사람은 없습니다. 눈에 보이지는 않지만, 자신들이 직접 몸으로 느끼고, 호흡하기 때문입니다.

또한, 사람의 눈은 한계가 있어서 너무 가까이 있는 것(자신의 눈썹)도 너무 멀리 있는 것(아주 먼 거리에 있는 별)도 보지 못합니다. 그리고 너무 크거나(지구) 작은 것(입자)들도 보지 못합니다. 이와 같은 것들을 볼 수 있는 물건들(거울, 망원경, 사진, 현미경 등)을 만들어 이를 이용해 자신들이 보고 싶은 것들을 봅니다.

즉, 사람은 자신의 눈으로 볼 수 없는 한계를 다른 물건을 이용하든지, 인간의 오감을 통하여 온몸으로 보고 느낍니다.

하나님은 우리의 눈으로 볼 수 없습니다. 그러나 우리는 하나님을 알 수 있고, 볼 수 있습니다. 먼저는 이 세상 만물을 통하여 하나님을 볼 수 없습니다. 이 세상에는 결코 우연히 만들어졌다고 말하기에는 너무나 섬세하고 놀라운 것들이 많이 있습니다.

또한, 믿음의 선배들의 믿음의 삶들을 통해서 살아계신 하나님을 알 수 있습니다. 그리고 무엇보다 하나님의 사랑을 통하여 우리는 마음으로 하나님을 느끼고, 깨닫고 알 수 있습니다. 기도를 통해 마음으로 하나님을 느끼고 대화할 수 있습니다. 말씀과 기도는 하나님을 볼 수 있는 가장 좋은 방법입니다.

A2-2. 하나님을 보는 방법 : 마음이 청결한 자(마 5:8)

시작을 위한 질문> 컵에 있는 공기를 빼는 방법은 무엇일까?

컵 안에 있는 공기를 빼기 위해 가장 좋은 방법은 컵 안에 물을 가득 채우는 것입니다. 그러면 자연스럽게 컵 안에 가득했던 공기는 모두 빠져나갑니다. 그리고 다시 컵 안에 있는 물이 없어지는 만큼 그 공간은 어느새 공기가 채워버립니다.

성경은 마음이 청결한 자는 하나님을 볼 수 있다고 말합니다. 그러면 우리의 마음을 깨끗하게 하는 방법은 무엇입니까?

우리의 마음을 깨끗하게 하는 방법은 우리의 마음속에서 다른 것들을 모두 비우고, 우리를 깨끗하게 하신 주님의 보혈로, 예수그리스도의 은혜로 가득 채우면 됩니다. 그러면 자연스럽게 우리의 마음을 깨끗하게 될 것이고, 깨끗하게 된 우리의 심령은 살아계신 하나님의 손길을 느끼며 하나님을 만나고 볼 수 있게 됩니다.

4. 전도의 제4원칙 - 언제(When)

전도는 언제(When)해야 하나요?

 **Hook** 주의끌기

고대 로마는 강력했습니다. 아놀드 토인비를 비롯한 역사학자들은 로마의 멸망이 외부 침략에 의한 것이 아니라 내부의 부패 때문에 망하게 되었다고 지적하고 있습니다. 맹수의 왕인 사자도 외부의 위협하는 무리보다는 대부분 병 때문에 죽는다고 합니다.

성경에는 이스라엘 백성들이 망하기 전에 선지자를 통해서 수 없이 경고하고 있습니다. 그러나 이스라엘 민족들은 듣지 않았습니다.

결국 북 이스라엘은 B.C 728년에 앗수르에 의해 멸망되었고 남 유다는 B.C 586년 바벨론의 느부갓네살 왕의 침공으로 망하게 되었습니다. 예레미야 선지자가 선포한 메시지를 한마디로 요약하며 '회개하라' 는 것입니다. 회개하지 않으면 하나님의 심판이 이른다는 선포입니다. 우리는 늘 회개하는 믿음으로 살아가야 합니다.

안일하게 살다 보면 어느새 시간은 화살처럼 빨리 지나가 버리고, 이루어 놓은 것 없이 나이를 먹어 갑니다. 인생에서 정말 중요한 것이 무엇입니까? 그것은 가치 있고, 옳은 길로 행하는 것입니다. 하나님이 원하시는 일을 하는 것입니다. 하나님이 가장 기뻐하는 일은 죄를 회개하고 돌이켜서 하나님께로 나아가는 것입니다.

▶ 나는 지금 나에게 주어진 시간을 어떻게, 무엇을 위해, 어디에 주로 사용하고 있는지 하루를 기준으로 살펴보고 서로 이야기를 나누어 봅시다.

 주제연구

★ 다음의 성경 본문을 함께 정독하시고 다음의 질문에 대해 서로 나누어 보세요

누가복음 13:6~9
6이에 비유로 말씀하시되 한 사람이 포도원에 무화과나무를 심은 것이 있더니 와서 그 열매를 구하였으나 얻지 못한지라 7포도원지기에게 이르되 내가 삼 년을 와서 이 무화과나무에서 열매를 구하되 얻지 못하니 찍어버리라 어찌 땅만 버리게 하겠느냐 8대답하여 이르되 주인이여 금년에도 그대로 두소서 내가 두루 파고 거름을 주리니 9이후에 만일 열매가 열면 좋거니와 그렇지 않으면 찍어버리소서 하였다 하시니라

• 주제연구 가이드

본문의 문학 형식은 비유입니다. 수사법에서 비유를 사용하는 이유는 보다 더 쉽게 설명하고 전달하기 위해서입니다. 예수님께서 비유로 설명하신 이유는 바로 듣는 이들이 보다 쉽게 예수님의 가르침을 알아듣게 하기 위해서입니다. 예수님께서는 수

수께끼를 즐기시는 신비스러운 분이 아니십니다. 예수님께서 이 땅에 오신 이유는 하나님의 말씀을 선포하고 가르쳐, 백성들이 하나님의 사랑을 깨닫고 하나님이 보내신 예수 그리스도를 믿게 하는 데 있습니다.

또한 예수님의 가르침은 언제나 탁월하셨습니다. 그래서 예수님의 가르침을 들은 서기관들조차도 예수님의 가르침에 놀랐습니다. 또한 예수님의 가르침은 언제나 학습자의 눈높이에 맞추어 너무도 쉽게 가르쳐 주셨습니다. 그렇다면 과연 오늘 본문을 통하여 예수님께서 당시 이 비유를 듣는 백성들에게 교훈하고자 하는 내용은 무엇이었으며, 그 교훈이 오늘날 우리에게 어떤 실천적 의미가 있는지 살펴보아야 합니다.

1. 오늘 본문에 소개되는 비유의 내용을 간단하게 요약해서 이야기해 봅시다. (6~9절)

예) 포도원에 함께 심은 무화과나무가 열매를 맺을 때가 되었는데, 열매를 맺지 못하는 것을 보고 주인이 과수원지기에게 무화과나무를 찍어 버리라고 명령했습니다. 그러나 과수원지기가 자신이 신경 써서 가꾸어 올해에는 열매를 맺게 할 테니 찍어버리지 말고 한해만 더 시간을 달라고하자, 주인이 허락하여 무화과나무를 그대로 두게 되었습니다.

• **주제연구 가이드**

성경을 읽고 난 후 내용을 간단하게 요약 이야기 하는 것은, 읽은 성경의 내용을 잘 이해하였는지 점검해 볼 수 있고, 본문의 이야기에 보다 적극적으로 생각하고 앞으로의 질문에 보다 적극적인 참여를 유도할 수 있습니다. 편하게 자신의 말로 본문의 스토리를 이야기할 수 있도록 분위기를 만들어 주세요!

 문제설명

당시 포도나무들을 심고, 또 어떤 부분에는 무화과나무도 심는 것은 유대의 일반적 경작법 중 하나였습니다. 그러므로 본문의 내용 중 왜 포도밭에서 무화과 나무이야기가 나오나, 혹시 성경이 잘 못 기록된 것은 아닌가? 의심하지 않아도 됩니다.

이와 같은 일은 당시 너무나도 자연스러운 일이었기에 다른 부연 설명을 하지 않아도 당시 사람들은 예수님의 이야기를 이해하는데 아무런 문제가 없습니다.

2. 열매를 맺지 못하는 무화과나무를 본 주인은 어떠한 반응을 보이나요?(7절)

   정답 : 열매를 맺지 못하는 무화과나무를 찍어버리라고 명하였습니다.

문제설명

주인은 이 무화과나무는 열매를 맺지 못하는 나무라고 판단하고 과수원지기에게 땅만 버리지 말고 찍어버릴 것을 명했습니다.

즉, 주인은 쓸모없이 열매도 못 맺는 나무 때문에 주변의 나무들이 피해를 볼 수 있으니 무화과나무를 찍어버리라고 명합니다.

3. 본문의 내용을 볼 때, 주인은 어떤 사람이라고 생각하십니까?(6~7절)

   예) 이성적인 사람이다. 인내하는 사람입니다.
   (최소한 무자비하거나 상식이 없는 사람은 아닙니다.)

 **문제설명**

본문을 언뜻 보면, 주인은 참으로 인정이 없는 사람처럼 느껴집니다. 그러나 본문의 상황적 배경을 조금 더 살펴보면 결코 그렇지 않습니다.

본문에서 소개되는 무화과나무는 삼년생나무입니다. 즉, 무화과나무가 심어진 후 3년이 지나야 그 열매를 맺는 나무입니다. 이를 근거로 생각해 볼 때, 6절에 그 주인이 열매를 구하러 왔다는 것은 이미 무화과나무를 심은 지 3년이 지났다는 것을 알게 됩니다. 그리고 그 후로 계속해서 주인은 이 나무의 열매를 보기 위해 3년을 더(7절) 기다린 것을 알 수 있습니다. 그러므로 방 주인은 결코 무자비하거나 나쁜 사람이 아닌 것을 우리는 알 수 있습니다. 주인의 입장에서는 당연한 처사입니다.

4. 이와 같은 주인의 행동에 과수 원지기는 어떻게 반응을 합니까?(9절)

정답 : 자신이 두루 파고 거름을 주어 올해에는 꼭 열매를 맺게 할 것이니 올 한해만 더 시간을 달라고 주인에게 간청합니다.

 **문제설명**

무화과나무는 이미 찍어, 뽑혀야 마땅한 나무입니다. 그러나 과수원지기에 의해, 그 나무는 올 한해 더, 그 생명을 연장할 수 있는 시간을 얻게 되었습니다. 그러나 그 나무가 계속해서 그 생명을 연장하기 위해서는 나무의 실과를 맺어야 합니다. 올 한해에도 그 실과를 맺지 못한다면, 결국 찍혀 뽑히게 될 것입니다.

5. 오늘 주님께서 왜 이와 같은 비유의 말씀을 하게 되셨는지 생각해 보고 서로의 생각을 이야기해 봅시다.(13:1~5절)

정답 : 죄를 지은 자들이 회개하지 않으면 심판을 받게 되는데 그 심판의 때가 언제인지 알려주시기 위해서

문제설명

6절 시작을 "이에 비유로 말씀하시되~"라고 하고 있습니다. 이 말은 왜 이와 같은 비유를 말씀하셨는지 앞부분(13:1~5)을 통해 알 수 있다. 사실을 알게 합니다. 13:1~5절의 내용은 예수님께서 갈릴리 지방을 두루 다니시며 전도하신 후에, 이제는 예루살렘을 향하여 올라가시면서 하나님 나라의 복음을 가르치십니다. 예수님의 말씀을 듣는 무리 속에 끼어 있던 몇 사람이 앞으로 나와서 예수님께 끔찍한 소식을 보고합니다. 그 내용은 당시 유대 총독이던 빌라도의 수하에 있는 로마 병정들이 예루살렘 성전에 올라와서 하나님께 제사 드리려고 제물들을 잡아 준비하고 있는 갈릴리 사람들을 잔인하게 쳐 죽였다는 소식입니다.

이와 같은 이야기를 듣고 예수님의 반응은 사람들의 생각과 달랐습니다. 끔찍한 사건에 동감하고 "참 안됐다.", "어떻게 그럴 수 있는가?"라고 하셔야 하는데, 예수님은 오히려 그들에게 질문 하나를 하십니다. "갈릴리 사람들이 이렇게 참혹한 일을 당한 것이, 다른 모든 갈릴리 사람보다 더 죄가 많아서 그런 줄 아느냐?"라고 물으십니다. 아니라는 것입니다. 당시 사람들은 끔찍하게 죽음을 당할수록 그 사람의 죄가 더 크다는 고정 관념이 있었습니다.

(예를 들어 삼풍백화점이 무너져 그 속에서 죽은 사람들, 성수대교가 붕괴해 죽은 사람들, 쓰나미에 의해 죽은 사람들은 모두 죄가 아주 많아서 벌을 받아 처참하게 죽게 되었다고 생각 한 것입니다.)

예수님께서는 이 사실을 보다 분명히 말하기 위해서 당시에 있었던 또 하나의 끔찍한 사건을 이야기하십니다. "실로암에서 망대가 무너져 치여 죽은 열여덟 사람이 있는데, 이들이 예루살렘에 거한 다른 모든 사람보다 죄가 더 있는 줄 아느냐"(4절)라고 다시 물으십니다. 참혹하지만 이들이 죄가 다른 어떤 사람들보다 많아서 이와 같은 참변을 당한 것이 아니라는 것입니다. 그럼 왜일까요?

예수님께서는 3절과 5절에서 반복하여 핵심을 이야기하십니다. "만일 회개하지 아니하면 다 이와 같이 망하리라" 여기서 말하는 회개는 "죄에 대해 고백하고 내 행동을 돌이키는 것보다 더 넓은 의미로 예수그리스도를 믿고 죄 용서함 받아 구원받지 아니하면"의 의미입니다.

비유와의 연결고리(핵심) : 1~5절을 통하여 사람은 누구나 죄인이므로 회개하지 않으면 반드시 망하리라는 진리를 선포하셨습니다. 예수님께서 이 진리를 선포하시면서 어떠한 자가 망할 것이고 누가 멸망시킬 것인지는 말씀하셨습니다.

그러나 그 때가 언제인지, 즉, "언제" 멸망할 것인가에 대한 문제를 짚고 넘어가셔야 했습니다. 왜냐하면 청중들의 마음속에 "우리도 망해야 할 죄인이라면 어째서 갈릴리 사람들과 망대에서 죽은 자들처럼 우린 죽지 않고 이렇게 살아 있는 거야?"라는 의문을 가지게 되었기 때문에, 이 문제에 대한 해답을 깨닫게 하기 위해 오늘 본문의 비유를 말씀하고 계십니다.

예수님께서는 비유의 말씀을 통해 "그 멸망의 때"를 명백하게 밝히신 것입니다. 그럼 그때는 언제라고 말씀하셨습니까? 본문의 비유에서 드러나는 바와 같이, 사실상 그 정해진 때는 이미 지나갔으나 그래도 아직 죄인들이 멸망되지 않고 살아 있는 것은 하나님께서 크신 긍휼을 베푸시고 길이 참으시는 중에 계시기 때문입니다. 그러므로 "지금", 오늘날은 순전히 하나님의 긍휼과 은혜로 말미암아 주어진 은혜의 때요, 회개할 수 있는 유일한 기간입니다. 그 기간이 얼마나 남았는지는 알 수 없지만, 우리는 지금 한 순간순간을 하나님의 긍휼과 은혜로 살아가고 있습니다. 지금이 바로 은혜의 때입니다.

1. 오늘 본문에서 무화과나무가 맺어야 하는 열매가 무엇이라고 생각하나요? 나는 지금 열매를 맺었다고 생각하나요?

무화과나무야 맺어야 할 열매는 심판을 벗어날 열매여야 합니다. 즉, 우리의 죄악을 해결할 열매여야 합니다. 그 열매는 바로 예수 그리스도를 믿는 믿음의 열매, 구원의 열매를 맺어야 합니다.

• 주제연구 가이드

"나는 구원받았는가?"라는 질문을 우리는 심각하게 체크해보는 시간이 되어야 합니다. 구원받지 못하고, 하나님의 은혜를 누리지 못하고, 귀한 교사의 직분을 감당하는 경우를 종종 보게 됩니다.

그로 인해, 교사의 직분이 귀한 은혜요, 감사와 헌신이 아니라 나를 짓누르는 일이 됩니다. 이와 같은 시간을 통하여 교사 한 사람, 한 사람, 구원에 대하여 진지하게 점검할 수 있는 시간이 되도록 해야 합니다.

2. 본문을 통해 볼 때, 전도의 때는 언제라고 생각되나요?

 문제설명

본문을 통해 알 수 있듯이 이미 그때는 지나갔다는 것을 알 수 있습니다. 그러므로 전도의 때는 바로 지금입니다. 정해진 시간이 얼마인지, 언제인지는 알 수 없지만, 우리에게 주어진 시간에 최선을 다하여 때를 얻든지, 못 얻든지 우리는 전도해야 합니다. 내일이 아니라 바로 오늘입니다. 지금입니다. 우리에게 기회는 오는 것이 아니라 만드는 것입니다.

3. 오늘날 과수원지기와 같은 심령을 누가 가져야 할까요?

 문제설명

소돔과 고모라의 멸망 앞에서 과수원지기와 같은 심정으로 아브라함이 하나님 앞에 서서 부르짖고 움직였습니다. 그리고 예수님께서 죄악으로 고통당하고 죽어가는 영혼들을 긍휼히 여기시고, 구원하기 위해 과수원지기와 같은 심령으로 쉴 새 없이 다니시고, 십자가를 지셨습니다.

그리고 이제, 과수원지기와 같은 심정으로 내가 나의 가정, 나의 친지, 나의 이웃, 나의 학교, 나의 직장, 나의 주변의 모든 곳을 향하여 나아가야 합니다.

 **Took** 실천사항찾기

한 주간 동안 실천할 수 있는 구체적인 내용을 3가지씩 적어보고 그 결과를 점검해봅시다.

	실천할 내용 (구체적으로 기록하세요)	점검 (10기준)	느낌 및 다짐
1			
2			
3			

기도하겠습니다.

* 오늘 나눔을 통하여 깨달은 점을 생각하며 기도문으로 작성해보세요

> ♡ 교사를 위한 잠언 ♡
>
> 사단이 좋아하는 말은 "내일", "다음에"이다.
> 주님이 좋아하시는 말은 "오늘", "지금 당장"이다.
> 사단은 나를 향해 "이미 늦었어!", "넌 할 수 없어!"라고 말한다.
> 주님은 나를 향해 "아직 괜찮아!", "나와 함께 하자!"라고 하신다.

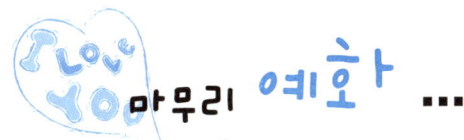

마무리 예화 …

오직, 감사뿐

16년 동안 병상에 누워 살아온 할머니가 있었습니다.

그 할머니는 사지를 조금도 움직일 수 없었으며, 늘 통증 가운데 살아야만 했습니다. 그렇지만 할머니 입에서는 늘 감사하는 말이 흘러 나왔습니다.

할머니는 엄지손가락 하나를 쓸 수 있게 해주신 것에 대해 늘 하나님께 감사했습니다.

그 손가락으로 성경책의 책장도 넘길 수 있었고, 빨대를 이용해 차도 마실 수 있었으며, 음식도 먹을 수 있기 때문이었습니다.

사람들은 할머니에게 어떻게 해서 그렇게 감사하는 생활을 할 수 있느냐고 물었습니다. 그때마다 할머니는 방긋 웃으시며 "내 안에 하나님이 계시기 때문입니다."라고 말씀 하셨습니다.

교육자료 6

이 부분은 필요할 때 특강 강의안으로 사용 가능합니다.
Book 또는Look 전·후 부분을 나눌 때 참고하면 좋아요!

하나님 나라의 이중성 : 이미와 아직

마태복음 12:24
"그러나 내가 하나님의 성령을 힘입어 귀신을 쫓아내는 것이면 하나님의 나라가 이미 너희에게 임하였느니라"

생각1. 우리가 생각하는 "하나님 나라"란 무엇인가?

생각2. 하나님 나라는 가는 것일까? 임하는 것일까?
주기도 "~나라에 임하옵시며" 하나님 나라는 임하는 것이라고 하는데, 우리는 죽어서 가는 곳을 생각한다. 어떻게 된 것인가?

• 생각을 돕는 예화〈천당지점〉

일제 강점기에 목숨을 걸고 예수님을 전한 최권능 목사님이 계십니다. 그분이 전하는 메시지는 오로지 "예수천당!"이었습니다. 하루는 일본 경찰이 길을 지나가는데 목사님이 큰 소리로 "예수천당"이라고 외쳤다가 경찰서로 잡혀가게 되었습니다.

"당신은 도대체 뭐 하는 사람이기에 이상한 소리를 외치고 다니는 거요?"라고 일본 경찰이 묻자, 목사님은 아무 대답도 하지 않고 다시

"예수천당"이라고 외쳤답니다. 그러자 일본 경찰이 약간의 호기심이 담긴 어투로 목사님께 이렇게 물었답니다.

"당신은 예수 천당이라고만 외치는데, 진짜 천당이라는 것이 있기는 하오? 만일 있다면 예수를 보여주든지 천당을 보여주든지 하시오!" 그 때, 목사님은 자신에 찬 목소리로 말했답니다.

"지금 당장 천당 본점은 보여 줄 수 없어도 천당 지점은 언제든지 보여줄 수 있소. 바로 내 마음이 천당 지점이라오."

"또 여기 있다 저기 있다고도 못하리니 하나님의 나라는 너의 안에 있느니라"(눅17:21)

1. 이미 임한 하나님의 나라와 아직 임하지 않은 하나님의 나라

유대 사람들의 고정 관념은 이 세상이 끝나야 다음 세대가 오는 것으로 알았습니다. 유대인들은 새로운 세상이 오면 자신들이 온 세상을 지배하는 것으로 생각하였습니다. 그러므로 이들의 입장에서는 아직 하나님의 나라가 오지 않았습니다.

이 세상	오는 세상
이세대 금세(今世)	오는 세대 내세(來世)

그런데 예수님이 이상한 소리를 하십니다. (= 눅11:20)

"내가 하나님의 성령을 힘입어 귀신을 쫓아내는 것이면 = 병 고침을 받았으면 하나님의 나라가 이미 너희에게 임하였느니라"

예수님은 분명히 하나님의 나라가 임했다고 선언하십니다.

우리가 예수님을 믿는다는 것은 내 고정관념을 버리고 예수님을 따르는 것입니다. 마치 예수님의 제자들이 예수님과 함께 다니면서 제자들의 삶이 고쳐지는 것처럼, 우리의 삶이 고쳐지는 것입니다.

아무리 바보 같아도 믿는 것입니다. 예수님이 하나님의 나라가 이미 왔다고 선언하셨다면 온 것입니다. 정리하면 논리상, 이미 하나님의 나라가 왔으면 지금도 계속, 앞으로도 계속 진행됩니다. 그렇다면 이상한 세상이 생깁니다.

	G. Vos 바울의 종말론	
이 세상	신약시대	오는 세상
이세대 금세(今世)	우리가 사는 세상	오는 세대 내세(來世)

예수님의 선포와 같이 하나님 나라는 분명히 임했습니다.

그러나 분명 하나님 나라는 미래성을 가지고 있습니다. (권능으로 볼 자가 있으리라, 나라에 앉으려니와 있으리라, 장차 미래성)

다시한번 정리하면,

하나님 나라는 이미 임한 현재성과 아직 오지않은 미개성이 있습니다. 이중적 성격을 가지고 있습니다.

2. 이미 임한 하나님의 나라

오늘 현재를 살아가는 우리는 이미 임한 하나님 나라에 대하여 보다 더 잘 알 필요가 있습니다. 그럼 지금부터 이미 임한 하나님의 나라에 대하여 살펴봅시다.

나라의 3요소는 국민, 영토, 주권입니다. 그러므로 예수 그리스도를 믿고 하나님을 아버지로 고백하는 우리는 옛 습관을 버리고 우리의 삶을 하나님께 드리고 하나님의 통치를 받는 삶이 될 때, 하나님의 천국 백성으로 살아갈 수 있습니다. 즉, 중생한 사람은 하나님 나라의 백성이 됩니다. 지금 여기서. 나의 삶 가운데.

그러므로, 중생한 자는 하나님의 백성답게 살아야 합니다. 하나님의 다스림을 받으며 살아야 합니다. 하나님의 통치를 받으며 살아야합니다. 우리는 매 순간 예수그리스도를 생각하며 살아야 합니다. 매 순간 순간 하나님이 기뻐하시는 뜻이 무엇인지 분별하고 사는 삶이어야 합니다.

고전 10:31절에서 "너희는 먹든지 마시든지 무엇을 하든지 하나님의 영광을 위하여 하라."고 말씀하십니다.

그러므로 우리는 "세상 일하지 말고, 교회 일만하자!" 그 의미는 알지만 그래서는 안 됩니다. 우리의 삶, 가게, 공부, 모든 삶의 현장이 하나님 나라가 되어야합니다. 나의 삶 가운데 하나님 나라가 극치에 이르도록 노력해야합니다.

구원은 결단코 다른 누가 대신 받아 줄 수 있는 문제가 아닙니다. 나와 주님과의 인격적인 만남을 통해 이루어집니다. 예수 그리스도의 보혈에 힘입어 천국 백성이 되고, 교회에 성도로 가입됩니다.

교회 공동체의 일원이 됩니다. 그러나 하나님 나라의 공동체로 들어온 우리들은 이제 모두 힘을 합쳐 하나님 나라를 위해 힘써야 합니다. 이것이 바로 교회공동체입니다.

3. 실천적 적용

이러한 입장에서 본다면, 하나님의 통치를 잘 받는 사람은 대충대충 하면 안 됩니다.

우리는 지금 여기가 하나님 나라이고 하나님 나라의 백성으로 살아갑니다. 이렇게 될 때, 하나님의 나라가 극치에 이르게 됩니다. 우리의 삶에 하나님의 나라가 이미 임했습니다.

그리고 하나님을 보여줄 수 있어야 합니다. 칼과 창으로 로마가 변화된 것이 아니라 순교자들을 통해서 로마가 예수그리스도의 사랑으로 변했던 것처럼 나는 정말 하나님을 보여주고 있습니까?

신이 죽었다고 이야기한 니체도 문제지만 하나님이 죽은 것처럼 살아가고 행동하는 우리는 더 큰 문제입니다.

세상 사람들이 우리를 보고 신기하게 여겨야 합니다. 이 신기함을 통하여 하나님을 전하고 선포해야 합니다. 이것이 바로 전도입니다. 이런 삶을 우리는 언제까지 살아야 할까요? 극치에 이르게 될 때까지 (예수그리스도의 재림 때)입니다.

그러므로 이제 우리의 삶 가운데 질문은, "너, 죽어서 천국에 갈 수 있느냐?"라고 묻는 것도 좋지만 "지금 천국을 맛보고 계십니까?"라고 질문의 패러다임이 변해야 합니다.

예수님을 믿고 구원받는다는 것은 단지 죽어서 천국 가는 것으로는 끝나는 것이 아니라 지금, 내가 있는 이곳에서 하나님 나라를 맛보는 삶입니다. 그래서 구원은 끝이 아니라 새로운 시작이기도 합니다.

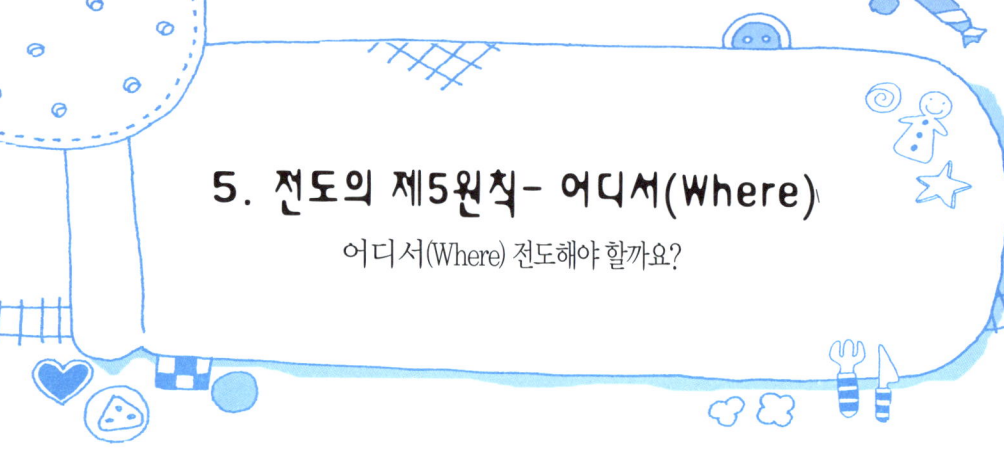

5. 전도의 제5원칙- 어디서(Where)

어디서(Where) 전도해야 할까요?

Hook 주의끌기

평생 교회에 안 올 것 같은 할머니 한분이 교회에 오셔서 등록했습니다.
이 할머니는 평생 절에 다니시던 할머니였습니다.
등록카드를 쓰는 할머니에게 담임 목사님이 물었습니다.
"저희 교회는 어떻게 알고 오셨어요?"
할머니는 웃으며 "저희 손녀가 이 교회 다녀요!"라고 답했습니다.
담임 목사님은 이어서 "그런데 지금까지 불교를 다니셨는데, 아주 큰 결정 하셨네요. 아주 잘하셨어요."라며 말했습니다.
그러자 할머니는 "잘한 행동인지는 모르겠어요. 다만, 이제 우리 손녀가 웃어서 좋아요."라며 말했습니다.
담임 목사님은 아무래도 속사정이 있는 것 같아 조금 더 자세히 물어보았습니다.
할머니는 그동안의 이야기를 해주었습니다.
"글쎄 우리 손녀가 이 교회 유초등부에 다니는데, 어느 날은 교회 갔다 와서는 계속해서 밥도 잘 안 먹고 울기만 했어요. 그래서 '너 왜 우니, 울지 말고 밥 먹어라. 교회에서 무슨 일 있었니? 할머니에게 말해봐.' 그랬더니 소녀가 하는 말이 '할머니가 불쌍해서 그래. 나는 예수님 믿고 천국 가는데 할머니는 지옥 가잖아. 할머니 불쌍해서 어떡해.'라며 일주일을 울었어요. 그래서 이렇게 교회 오게 됐어요."라며 말하는 것입니다.

그런데 일주 후 할머니는 할아버지를 전도해 오셨습니다.

"할머니 오신지 일주일 만에 할아버지를 전도해 오셨네요."라며 목사님은 웃으며 말했습니다.

그러자 할머니는 "우리 손녀가 이번에는 '우리 할아버지 불쌍해서 어떡해.' 하며 일주일을 울었다."라고 말했습니다.

▶ 나는 내 주변에 있는 이들을 위하여 울어본 경험이 있는가?

 문제설명

손녀는 구원에 대해 배운 후 집에 와서 할머니를 본 순간, 할머니의 영혼이 불쌍하게 보였고 할머니를 위해 울었습니다. 즉, 구원은 지금 내가 서 있는 가정, 이웃, 친구, 바로 그 곳에서부터 시작됩니다.

★ 다음의 성경 본문을 함께 정독하시고 다음의 질문에 대해 서로 나누어 보세요

사도행전 16:30
30그들을 데리고 나가 이르되 선생들이여 내가 어떻게 하여야 구원을 받으리이까 하거늘 이르되 주 예수를 믿으라 그리하면 너와 네 집이 구원을 받으리라 하고 주의 말씀을 그 사람과 그 집에 있는 모든 사람에게 전하더라 그 밤 그 시각에 간수가 그들을 데려다가 그 맞은 자리를 씻어 주고 자기와 그 온 가족이 다 세례를 받은 후 그들을 데리고 자기 집에 올라가서 음식을 차려 주고 그와 온 집안이 하나님을 믿으므로 크게 기뻐하니라

요한복음 4:28
28여자가 물동이를 버려두고 동네로 들어가서 사람들에게 이르되 내가 행한 모든 일을 내게 말한 사람을 와서 보라 이는 그리스도가 아니냐 하니

요나 1:1
1여호와의 말씀이 아밋대의 아들 요나에게 임하니라 이르시되 너는 일어나 저 큰 성읍 니느웨로 가서 그것을 향하여 외치라 그 악독이 내 앞에 상달되었음이니라 하시니라 그러나 요나가 여호와의 얼굴을 피하려고 일어나 다시스로 도망하려 하여 욥바로 내려갔더니 마침 다시스로 가는 배를 만난지라 여호와의 얼굴을 피하여 그들과 함께 다시스로 가려고 뱃삯을 주고 배에 올랐더라

☞ **가르침의 초점 : 복음의 현장 "가정"**

1. 죄수를 지키던 간수가 바울과 실라에게 했던 질문은 무엇인가요?(행 16:30) 그리고 그에 대한 바울과 실라의 대답은 무엇이었나요?(행 16:31)

간수의 질문 : 어떻게 하여야 구원을 얻을 수 있는가?

바울과 실라의 대답 : 주 예수를 믿으라 그리하면 너와 네 집이 구원받음

 문제설명

　바울과 실라는 전도 여행 중 귀신들려 점을 치는 여종을 만났습니다. 바울과 실라는 예수그리스도의 이름으로 여종에게 있는 귀신을 쫓아냈습니다. 그 후로 여종은 점을 치지 못했고 여종의 주인은 금전적 손해를 보게 되었습니다. 그래서 주인은 바울과 실라를 고소하고 감옥에 보냈습니다.
　감옥에 갇힌 바울과 실라는 밤새 찬양하며 기도했고, 그 가운데 큰 지진이 일어나서 옥문이 열리고 매인 것이 벗이지는 일이 벌어졌습니다. 이로 인하여 자다가 깬 간수는 죄수가 도망간 줄 알고 놀라서 자결하려고 합니다. 그러나 바울과 실라는 간수에게 자신들이 도망하지 않았음을 말렸습니다.
　이 사건으로 간수는 바울과 실라에게 어떻게 해야 구원을 얻는지, 도대체 당신들이 전하는 복음이 무엇인지 진실 된 물음을 하게 됩니다.

2. 그 후 간수는 바울과 실라를 어디로 데려갔나요? 그리고 어떤 변화가 일어났나요?(행 16:32~34)
　　정답 : 바울과 실라를 집으로 데려와 집안
　　　　　① 집안 모든 식구에게 복음을 전하게 하고
　　　　　② 온 가족이 복음을 듣고 세례를 받으며
　　　　　③ 기쁨이 충만해짐

 문제설명

　간수는 자신의 은인과 같은 바울과 실라를 집으로 데려와 치료해 주고 집안의 모든 식구와 온 가족을 모으고 복음을 듣습니다.
　그리고 그 가정 가운데 하나님의 놀라운 은혜가 임하였습니다. 온 가족이 하나님

을 믿고 세례를 받는 놀라운 역사가 일어납니다.

   위의 본문에서 "주 예수를 믿으라 그리하면 너와 네 집이 구원을 얻으리라"는 말씀을 잘못 이해하여 내가 구원을 받으면, 덤으로 나의 가족에게도 구원을 주시겠다는 의미는 아닙니다. 결코 구원은 덤으로, 다른 사람의 덕으로 받을 수 있는 것이 아닙니다. 본문의 의도는 내가 예수 그리스도를 믿으면, 그 복된 소식을 나와 함께 먹고, 마시며, 함께 자는 나의 가족에게 당연히 전하게 되고, 그 복음의 능력이 그 가정가운데 일어난다는 의미입니다. 그러므로 홀로 신앙생활하는 이들은 자신의 가족을 위해 인내하며 기도하고, 수시로 구원의 메시지를 나의 가족에게 증거해야 합니다. 나를 통하여 살아계신 하나님이 선포돼야 합니다.

☞ **가르침의 초점 : 복음의 현장 "동네(이웃)"**

3. 물을 길러 온 여인은 물동이를 버려두고 어디로 갔나요?(요4:28)
   <u>정답 : 동네</u>

 문제설명

   당시 여인은 남편에게 버림받고, 여러 남편 사이에서 정상적인 생활을 하지 못했습니다. 이로 인하여 동네 사람들에게 손가락질 당했습니다. 여인은 동네 사람들을 피하여 한낮, 해가 뜨거운 시간에 홀로 물을 길러 왔습니다.
   이와 같은 여인이 예수님과의 만남을 통해, 자신의 인생의 모든 갈급함과 마음속에 깊이 자리 잡고 있던 응어리들을 해결받습니다. 그 기쁨은 도저히 혼자 감당할 수 없는 기쁨이었습니다. 이 기쁨이 이 여인을 동네로 뛰어가게 했습니다.

 **배경적이해**

당시 왜 이스라엘 사람들은 사마리아 인들을 무시하였을까요?

앗수르의 침공으로 인하여 정책적으로 이스라엘을 앗수르화 하기 위하여 앗수르 사람들을 사마리아에 정착시키고 서로 결혼을 시켰습니다.

쉽게 이야기해서 사마리아는 앗수르와 이스라엘의 혼혈인들이 살던 곳이었습니다. 이방 민족과 혼혈이 된 사마리아인들을 당시 이스라엘 백성들은 개 취급하였습니다.

4. 이 여인이 우물가에 온 목적은 물을 길러 온 것입니다. 그런데 왜 모든 것을 버려두고 동네로 뛰어갔나요?(요4: 29)

정답 : 와서 그리스도를 보라 (전할 내용이 있어서)

 **문제설명**

여인은 우물가에 온 분명한 목적이 있었습니다. 그런데 여인은 자신이 온 목적을 버리고 온 동네 사람들을 향하여 달려갔습니다. 여인에게는 우물가의 물보다 새로운 목적이 생겼습니다. 그의 목적은 자신의 갈급함과 자신의 삶의 모든 문제를 해결한 메시아를 자랑하고 싶었습니다. 자신이 만난 예수님을 자랑하고 싶었습니다.

다른 사람들에게 알려주고 싶었습니다. 이는 예수님이 시킨 것이 아니라 예수님을 만난 후 여인의 자연스러운 행동 변화였습니다. 우리의 삶도 예수님을 만나면 변화됩니다. 삶의 목적, 가치도 변화됩니다. 이와 같은 놀라운 우리의 삶 가운데 체험하고 경험하길 소원합니다.

평소 자신들을 피하고, 손가락질 당하던 여인이 소리 지르기 시작합니다. 동네를 뛰어다니며 "와 보라"고 외칩니다. 동네 사람들은 처음에는 누가 이렇게 미친 사람처럼 소리를 지르나 했습니다. 그러나 잠시 후 사람들은 궁금해 하기 시작했습니다. 도대체 무엇이 저 여인을 자신들 가운데 나아오게 했는가? 무엇을 알려주고 싶은 것일까? 결국, 동네 사람들은 여인 때문에 예수님 곁으로 모여들기 시작했습니다.

처음 동네 사람들은 여인 때문에 예수님 앞으로 나아 왔습니다. 그러나 이제 동네 사람들은 여인 때문이 아니라 예수님 때문에 참된 구원을 맛보고, 체험하게 됩니다. 변화가 시작됩니다. 회복되었습니다. (요 4:42)

하나님 아버지는 모든 사람이 손가락질하고, 모든 사람들이 피해 다니는 사마리아 사람들도 긍휼히 여겨주시고 그들의 모든 갈급함을 해결해 주셨습니다.

☞ **가르침의 초점 : 복음의 현장 "열방"**

5. 다음 빈 칸을 채워 보세요.

　하나님은 　<u>요나</u>선지자에게 일어나 저 큰 성읍 　<u>니느웨</u>　로 가서 　죄악 이 하나님 앞에 상달되었음을 선포하라고 하셨습니다.(욘1:1~2)

 문제설명

하나님은 요나 선지자를 불러서 니느웨로 가서 니느웨의 죄악으로 인하여 니느웨가 멸망할 것을 선포하고, 니느웨 백성들이 하나님 앞에 죄악을 자복하고 하나님의 긍휼을 구하기를 원하셨습니다.

당시 니느웨는 앗수르의 수도로 이스라엘 입장에서 보면 다른 나라입니다.

당시 이스라엘은 선민이라고 해서 하나님의 택한 백성이었습니다. 이를 이스라엘 백성들은 오해해서 하나님이 자신들만을 사랑하시고, 구원하셨다고 생각했습니다. 그러나 하나님은 선민 이스라엘 백성들을 통해 더 많은 열방의 모든 백성들이 하나님을 알고 구원하기를 기뻐하셨습니다.

또한 이와 같은 사실은 이스라엘 백성이 출애굽 할 때에도 드러납니다. 출애굽 할 때, 이스라엘 백성만 나온 것이 아니라 하나님의 행하신 놀라운 일을 보고 함께 나오길 원했던 다른 족속의 종들도 함께 나왔습니다.

하나님 아버지의 마음과 관심은 우리에게만 있는 것이 아닙니다. 우리를 사용하셔서 세계 열방의 모든 백성의 입술에서 찬양받기를 원하시고, 구원하시기를 기뻐하십니다. 그리고 긍휼을 베풀기를 원하십니다.

6. 요나가 하나님의 얼굴을 피하여 다시스(니느웨의 반대 편)로 간 이유는 무엇일까요? (욘 1:3)

정답 : 적대국의 나라가 구원받는 것이 싫어서

 문제설명

그런데 요나 선지자는 이 말씀을 듣고 니느웨로 가지 아니하고 정반대인 다시스로 갔습니다. 왜 요나 선지자는 하나님 말씀에 순종하지 않고 정 반대로 갔을까요? 그 이유는 니느웨는 앗수르의 수도인데, 앗수르는 이스라엘 백성을 계속해서 괴롭히고, 침략하는 이웃나라이었습니다. 마치 우리나라가 일본에 대하여 적대감을 가지고 있는 것과 비슷합니다. 요나 선지자는 적대국의 수도에 하나님의 사랑과 은혜가 임하는 것을 좋아하지 않았습니다. 결국 요나는 하나님의 말씀에 불순종하고 다시스로 도망했습니다.

그러나 정말 중요한 것은 나 또한 구원받기 이전에는 하나님과 원수 되었던 자였습니다. 원수와 같은 우리를 위하여 십자가의 사랑을 보이셨습니다. 그리고 구원 하셨습니다. 그 사랑을 받은 우리가 이제는 십자가의 사랑을 들고, 원수와 같은 열방을 향하여 나아가야 합니다. 이것이 하나님 아버지의 마음입니다. 하나님 아버지의 마음을 얼음냉수와 같이 시원케 해 드리는 전도자의 삶을 살아갑시다.

1. 나의 가족, 형제, 친척 중 복음을 들어야 할 사람들이 있다면, 이름을 기록하고 함께 나누면 이름을 불러가며 눈물로 함께 기도해 봅시다.

• 주제연구 가이드

전도는 내가 무엇인가를 하는 것이 아닙니다. 우리의 참 구원자 되시는 예수님 앞으로 불러오면 나머지는 나아오면 예수님이 해결하십니다. 예수님은 그 마음의 문을 여시고, 만나주십니다. 특별히 생각나거나, 이번 주 교회로 인도하고 싶은 이들이 있다면 함께 기도하는 시간을 갖는 것이 좋습니다. 또는 복음의 메시지를 담은 엽서를 직접 손으로 써서 우편으로 보내는 것은 어떨까요?(요즘은 문자와 e-mail에 익숙해져서 정성어린 손 편지나 엽서에 많은 감동을 받기도 합니다.)

2. 나는 예수님을 만나고, 어떤 갈급함이 해결되었습니까? 어떤 삶의 문제가 회복되었습니까? 고백이 있습니다. 사람들에게 무엇이라 외치겠습니까? 여인과 같은 심정으로 자신이 만난 예수님에 대하여 고백하며 서로 나누어 봅시다.

3. 지금 나의 삶 가운데, 용서할 수 없고, 미움이 앙금이 남아 있는 이들 중 아직, 하나님을 알지 못하는 이들이 있다면, 이들의 이름을 기록하고 한 주간 이름을 불러가며 기도해 보자.

• 주제연구 가이드

교회에서 협력하고 있는 선교사님들의 나라와 이름을 불러가면서 함께 기도와 위로의 편지를 써보는 시간을 가져보면 좋습니다. 아울러 홀로 신앙생활 하는 믿음의 지체들과 선교사의 꿈을 가지고 준비하는 이들이 있다면 모든 이들이 둘러싸서 함께 기도와 위로를 하는 시간을 갖는 것도 매우 의미 있는 시간이 됩니다.

 **Took** 실천사항찾기

한 주간 동안 실천할 수 있는 구체적인 내용을 3가지씩 적어보고 그 결과를 점검해봅시다.

	실천할 내용 (구체적으로 기록하세요)	점검 (10기준)	느낌 및 다짐
1			
2			
3			

기도하겠습니다.

* 오늘 나눔을 통하여 깨달은 점을 생각하며 기도문으로 작성해보세요요

5. 전도의 제 5원칙-어디서(where)

> ♡ **교사를 위한 잠언** ♡
> 아버지 당신의 마음이 있는 곳에 나의 마음이 있기를 원해요
> 아버지 당신의 눈물이 고인 곳에 나의 눈물이 고이길 원해요
> 아버지 당신이 바라보는 영혼에게 나의 두 눈이 향하길 원해요
> 아버지 당신이 울고 있는 어두운 땅에 나의 두 발이 향하길 원해요
> – ♪ "하나님 아버지의 마음" 중에서 –

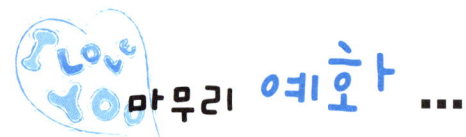

손양원 목사의 감사

나 같은 죄인의 혈통에서 순교 자식을 나게 하시니 감사합니다.

허다한 많은 성도 중에서 이런 보배를 주께서 내게 맡겨 주셨으니 감사합니다. 삼남, 삼녀 중에 가장 아름다운 두 아들을 순교하게 하시니 감사합니다. 예수만 믿어도 큰 축복인데 전도하다가 총살 순교하니 감사합니다.

미국 가려고 준비하던 내 아들 미국보다 더 좋은 천국 갔으니 내 마음 안식되어 감사합니다. 나의 아들 총살한 원수를 회개시켜 내 아들 삼고자 하는 사랑의 마음을 주시니 감사합니다.

내 두 아들 순교의 열매로 무수한 천국의 백성들이 생길 것으로 믿어지니 감사합니다. 이 같은 역경 중에도 이상의 8가지 진리의 신애를 기쁜 마음과 여유 있는 믿음을 주시니 감사합니다.

오! 주여 나에게 분수에 넘치는 과분한 큰 복을 주신 하나님께 감사와 영광을 돌려 마지 않습니다. 옛날 내 아버지가 새벽마다 36년간 눈물로 드린 기도요, 결정입니다. 나의 형제 자매들이 23년간 기도해 주셔서 열매를 거두게 하니 감사합니다.

교육자료 7

이 부분은 필요할 때 특강 강의안으로 사용 가능합니다.
Book 또는Look 전·후 부분을 나눌 때 참고하면 좋아요!

이웃의 의미

누가복음 10:25~37

어떤 율법교사가 일어나 예수를 시험하여 이르되 선생님 내가 무엇을 하여야 영생을 얻으리이까 예수께서 이르시되 율법에 무엇이라 기록되었으며 네가 어떻게 읽느냐 대답하여 이르되 네 마음을 다하며 목숨을 다하며 힘을 다하며 뜻을 다하여 주 너의 하나님을 사랑하고 또한 네 이웃을 네 자신 같이 사랑하라 하였나이다 예수께서 이르시되 네 대답이 옳도다 이를 행하라 그러면 살리라 하시니 그 사람이 자기를 옳게 보이려고 예수께 여짜오되 그러면 내 이웃이 누구니이까 예수께서 대답하여 이르시되 어떤 사람이 예루살렘에서 여리고로 내려가다가 강도를 만나매 강도들이 그 옷을 벗기고 때려 거의 죽은 것을 버리고 갔더라 마침 한 제사장이 그 길로 내려가다가 그를 보고 피하여 지나가고 또 이와 같이 한 레위인도 그 곳에 이르러 그를 보고 피하여 지나가되 어떤 사마리아 사람은 여행하는 중 거기 이르러 그를 보고 불쌍히 여겨 가까이 가서 기름과 포도주를 그 상처에 붓고 싸매고 자기 짐승에 태워 주막으로 데리고 가서 돌보아 주니라 그 이튿날 그가 주막 주인에게 데나리온 둘을 내어 주며 이르되 이 사람을 돌보아 주라 비용이 더 들면 내가 돌아올 때에 갚으리라 하였으니 네 생각에는 이 세 사람 중에 누가 강도 만난 자의 이웃이 되겠느냐 이르되 자비를 베푼 자니이다 예수께서 이르시되 가서 너도 이와 같이 하라 하시니라

시작을 위한 질문〉

우리의 이웃이 누구라고 생각하는가?

나는 누구의 이웃인가?

성경 배경〉

한 율법사가 예수님을 시험하려고 한 가지 질문을 던집니다.

율법사(25절) - 무엇을 하여야 영생을 얻겠습니까?

예수님(26절) - 그래 율법에 무엇이라 말하고 기록되었고, 너는 어떻게 그것을 읽었느냐? 즉, 어떻게 이해했느냐?

율법사(27절) - 네 마음을 다하고 목숨을 다하며 힘을 다하며 뜻을 다하여 주 너의 하나님을 사랑하고 또한 네 이웃을 네 몸과 같이 사랑하라 하였나이다.

예수님(28절) - 네 대답이 옳도다 이를 행하라 그러면 살리라

⇒ 이 대화에서 우리가 알 수 있는 것은 무엇입니까?

우리에게 두 가지 사랑에 대하여 언급합니다. ① 하나님 사랑이고 ② 이웃에 대한 사랑입니다. 그런데 사실 이 두 가지는 다른 것이 아니라 "사랑하라"는 한가지입니다. 즉, 구원 받은 자, 영생을 소유

하고 누리는 자는 어떤 자입니까? 바로 하나님을 사랑하고 동일한 사랑을 가지고 내 이웃을 사랑하는 사람입니다. 하나님을 사랑한다 하고 이웃을 사랑하지 않으면 하나님 안에 거하는 것이 아닙니다 (요일4:7~13)

우리는 본문을 통해 중요한 교훈이자, 다음의 본문을 이해하는 중요한 전제를 얻게 됩니다. 내 이웃을 사랑하는 것은 선택의 문제가 아니라는 사실입니다. 이웃을 사랑하는 문제는 하나님을 사랑하듯 당연히 해야 하는 매우 중요한 문제입니다. 핵심적인 문제입니다.

이어서 이 율법사는 자신을 잘 보이려고 또다시 질문을 합니다.

율법사(29절) - 그러면 내 이웃이 누구입니까?

예수님(30~35절) - 선한 사마리아인의 비유를 이야기하십니다.

이 이야기의 내용은 다음과 같습니다.
어떤 사람이 예루살렘에서 여리고로 내려가다가 강도를 만나매 강도들이 그 옷을 벗기고 때려 거반 죽은 것을 버리고 갔는데 이때, 제사장과 레인인은 그를 보고 피하여 갔고, 사마리아 인이 여행을 하는 중 강도 만난 사람을 발견하고 불쌍히 여겨 기름과 포도주로 그 상처에 붓고, 싸매고 자기 짐승에 태워 주막으로 데리고 가서 돌보아 주고 그에 따른 비용을 모두 지불했다는 이야기입니다.

이와 같은 이야기를 하신 후 예수님은 다시 묻습니다.

예수님(35절) – 너희들의 생각에는 누가 과연 이 사람의 이웃이겠느냐?

율법사(37상반 절) – 자비를 베푼자이니다

여기서 우리가 효과적인 이해를 위해 당시 배경을 조금 이해하면, 제사장이나 레위인은 어떤 사람들입니까? 이스라엘 백성들이 성전에 가면 만나는 사람들이 레위인과 제사장입니다. 이들은 도덕적으로 모든 면에서 구별되어야 하는 사람입니다.

즉, 이스라엘의 도덕적인물이요 성결의 대명사요 섬김의 대표적 인물들을 선발한다면 바로 제사장과 레위인을 뽑을 수 있습니다.

그리고 이들은 늘 이스라엘 백성들과 함께 하며 이들의 제사를 돕고 진행했던 사람들입니다. 그런데 이런 이들이 정작 도움이 필요한 사람을 보고 도와주지 않았습니다. "보고 피하여~"(31, 32절)라고 두 번 반복됩니다. 그리고 이 단어는 33절의 "보고 불쌍히 여겨~"와 대조가 됩니다. 즉, 이들은 지금 죽어가는 이들을 보고 불쌍히 여기는 마음이 없었다는 사실에 주목해야 합니다. 이런 이들은 지금 이웃을 사랑하지 않는, 이웃을 버리는 사람이라고 지적합니다.

그러나 사마리아인은 어떻습니까? 당시 사마리아인은 앗수르와 혼혈족이라고 하여 개처럼 취급하고 무시 받았던 사람들입니다. 그러니 사마리아인이 볼 때 유대인들이 좋게 보일 리 없습니다. 그럼에도 불구하고 사마리아인은 불쌍히 여겼다는 사실에 주목해야 합니다.

본문을 통한 교훈 및 생각해 볼 문제〉

본 비유를 통하여 예수님께서 말씀하시는 이웃의 의미는 무엇입니까? 이웃은 내가 만들어 가는 것입니다. 내가 다른 이들을 불쌍히 여겨서, 도움이 필요로 하는 이들에게 도움을 주는 것입니다.

내 몸을 사랑하듯, 다른 이들의 아픔에 민감하게 반응하면서 돕고, 섬김으로 내 이웃을 만들어 가는 것입니다.

그렇다면, 우리의 도움이 가장 필요로 하는 이들은 누구인가요?
① 예수님을 모르는 이들입니다. 이들에게 복음의 메시지를 전해주어야 합니다. 우리는 믿지 않는 이들의 이웃이 되어야 합니다.

② 가족입니다. 가족은 가장 가까운 사이입니다. 그리고 서로를 의지하며, 서로를 돕는 관계이다. 아담과 하와의 관계도 서로 돕는 배필로 짝지어 주셨습니다. 그리고 자녀들은 부모의 도움이 없이는 성장할 수 없습니다. 그러므로 나의 가족이 바로 나의 이웃입니다.

③ 현대 사회는 나 혼자 살아 갈 수 없습니다. 서로 돕고, 서로 영향을 받으며 살아갑니다. 그러므로 내가 속한 모든 공동체는 바로 나의 이웃이 됩니다.

나는 예수님의 가르침과 같이 정말 이웃이 되어주고 있습니까? 예수님은 너도 이처럼 하라고 명하셨습니다.(37절 하반절) 이제는 행하는 우리들이 되길 간절히 소원합니다. 이웃을 만들어 가는 것입니다.

6. 전도의 제6원칙-어떻게(how)

나도 전도(어떻게how)하고 싶어요

 Hook 주의끌기

　지금까지 우리는 전도에 대하여 함께 나누었습니다. 이제 전도에 대한 열정이 불일 듯 일어날 줄 믿습니다. 아멘! 이제는 우리의 열정과 열심을 어떻게, 어떤 방법을 통해 전도해야 할 것인가에 대해 생각해 볼 시간입니다.

　오늘날 전도의 방법은 너무나 다양합니다. 교회 전도프로그램(오이코스, 알파, 열린 모임, 119 관계전도, 전도 동력 등) 세미나와 "나는 이렇게 전도 왕이 되었다."(모유 전도 왕, 고구마 전도 왕, 진돗개 전도 왕, 의사 전도 왕, 마시지 전도 왕 등)는 전도 왕 타이틀만 봐도 얼마나 많은 전도의 방법이 있는지 모릅니다. 이는 하나의 방법만이 옳다는 것이 아니라 상황과 사람에 따라 전도의 방법은 달라질 수 있다는 사실을 말해주기도 합니다.

　그리고 무엇보다 중요한 사실은 전도는 단순한 방법, 프로그램으로 접근하는것이 중요한 것이 아니라 <u>전도자의 패러다임이 먼저 변해야 한다는 사실입니다.</u> 여러 가지 전도의 효과를 거둔 사람들이 소개하는 전도의 방법들 속에는 전도자의 열정과 마음이 담겨 있습니다. 단순한 방법이 아닌, 한 영혼에 대한 소중함과 하나님 아버지의 마음이 각자의 은사와 형편에 따라 자연스럽게 묻어날 때, 풍성한 전도의 열매를 맺을 수 있습니다.

이시간은 성경적 고찰과 나눔을 통해, 우리의 패러다임이 바뀌는 시간이 되길 원합니다. 그리고 자신의 은사와 형편에 맞는 전도의 방법을 찾는 시간이 되길 기도합니다.

 가르침의 초점

전도의 방법은 단순한 프로그램 관점에서 접근한다면 분명히 실패합니다.
한국교회에 많은 전도의 프로그램을 도입하고 시도하지만 모든 교회가 전도에 성공하지 못하는 이유 중 하나입니다.

① 전도는 단회적 이벤트나 형식적인 프로그램으로는 열매를 맺을 수 없습니다. 가장 효과적인 방법은 삶 가운데 우리와 함께 하시는 하나님, 살아계신 하나님을 드러내는 것입니다.

② 하나님 아버지의 마음을 품고, 아버지의 기쁨을 아는 사람이 전도할 수 있습니다.

 Hook 주의끌기

A교회는 장애인 사역부가 있습니다.
장애인 사역부의 초점은 두 가지입니다. 하나는, 장애를 가진 어린이들이 마음껏 하나님께 예배할 수 있도록 돕는 것이고 둘째는, 장애를 가진 부모들이 장애 아동이 예배를 드리는 동안 장애 아동으로부터 해방되어 잠깐이라도 편안한 쉼을 취할 수 있도록 돕는 사역을 합니다.
하루는 장애인 사역부에서 장애 아동과 부모가 함께 등산하는 시간이 있었습니다. 장애인 사역부는 장애 아동마다 도우미를 붙여 섬기게 함으로 함께 등산하는 부모가 조금이라도 편하게 등산하고 쉼을 얻을 수 있도록 도왔습니다. 한 장애 아동의 부모는 자신의 아들을 마치 자신의 아들처럼 잘 섬겨주는 도우미를 보았습니다.

그리고 그 도우미에게 "왜 이렇게 열심히, 정성껏 봉사하십니까?"라고 물었습니다. 그러자 그 도우미는 그냥 환한 미소로 화답했습니다. 다시 장애 아동의 부모는 "평소에는 어떤 일을 하십니까?"라고 물었습니다. 그러자 그 도우미는 "그냥 OO동에 작은 식당에서 일합니다."라고 말했습니다.

그리고 며칠 후 장애 아동의 부모는 도우미가 너무나 감사해서 그 식당에 찾아갔습니다. 그리고 근무한다던 식당 종업원 중에서 열심히 그 도우미를 찾았습니다. 그러나 찾지 못했습니다. 그래서 식당 종업원 중 한 명을 불러 물었습니다. "혹시, 아무개 씨를 아십니까?" 그러자 그 종업원은 웃으며, "아~, 저희 사장님을 찾아오셨군요. 저희 사장님은 지금 저희 가게에 안 계시고 다른 지점 가게에 계세요"라고 답했습니다. 자세히 알아보니 도우미는 식당을 여러 개 운영하는 전문 CEO였습니다.

▶ 돈도 많고, 능력도 많고, 전문 CEO로 바쁜 사람이 왜, 힘든 장애 아동을 그렇게 섬길 수 있었을까요? 무엇이 이와 같은 섬김의 봉사를 할 수 있게 했다고 생각하나요? 서로의 생각을 나누어 봅시다.

 **Book** 주제연구

★ 다음의 성경 본문을 함께 정독하시고 다음의 질문에 대해 서로 나누어 보세요

마태복음 5:13~16
13 너희는 세상의 소금이니 소금이 만일 그 맛을 잃으면 무엇으로 짜게 하리요 후에는 아무 쓸데없어 다만 밖에 버려져 사람에게 밟힐 뿐이니라 14 너희는 세상의 빛이라 산 위에 있는 동네가 숨겨지지 못할 것이요 15 사람이 등불을 켜서 말 아래에 두지 아니하고 등경 위에 두나니 이러므로 집 안 모든 사람에게 비치느니라 16 이같이 너희 빛이 사람 앞에 비치게 하여 그들로 너희 착한 행실을 보고 하늘에 계신 너희 아버지께 영광을 돌리게 하라

누가복음 15:31
31 아버지가 이르되 얘 너는 항상 나와 함께 있으니 내 것이 다 네 것이로되 이 네 동생은 죽었다가 살아났으며 내가 잃었다가 얻었기로 우리가 즐거워하고 기뻐하는 것이 마땅하다 하니라

1. 예수님께서는 우리를 '소금'과 '빛'으로 비유합니다. 그럼, '소금'과 '빛'의 역할은 무엇이며 그것은 무엇을 의미할까요?(마5:13~16절)

   정답 :   소금 : <u>짜게 한다.</u>

   　　　　빛 　: <u>모든 것을 비추게 함</u>

   　　　　의미 : <u>착한 행실을 보고 하늘에 계신 하나님 아버지께 영광돌림</u>

• 주제연구 가이드

교사정도 되면, 본문을 많이 접해보았을 것입니다. 그동안 자신들이 알고 있는 내용을 자연스럽게 이야기하고 나눌 수 있도록 합니다.

보통 본문에서 '소금'의 역할을 이야기하면, 많이 나오는 이야기는 "① 맛을 나게 한다. ② 썩지 않게 한다. ③ 부패하지 않게 한다."등입니다. 이와 같은 이야기가 틀린 것은 아닙니다. 이는 소금의 일반적인 특성을 전제로 말할 수 있습니다. 그러나 중요한 것은 일반적인 특성에 근거한 우리의 생각이 아니라, 본문에서의 비유로 말씀하신 예수님의 의도가 무엇인지 찾는 것이 중요합니다.

그러므로 자신들의 생각을 나눈 이후에 "본문에서 말하는 의미가 무엇인지 찾아서 말해봅시다."라고 언급하면서 자연스럽게 본문의 의도에 집중할 수 있도록 인도합니다.

가르침의 초점

소금의 역할은 짜게 하는 것이고, 빛의 역할은 어두움 가운데 빛을 드러내는 것입니다. 본문에서 소금이 짜게 하는 것과 빛이 어둠을 드러내는 것은 같은 의미입니다. 그리고 이는 16절의 "너희로 너희 착한 행실을 보고 하늘에 계신 너희 아버지께 영광을 돌리게 하라"와 같은 의미입니다.

누 가 : 소금 = 빛 = 우리
어떻게 : 짜게 함 = 빛을 비춤 = 착한 행실
결 과 : 하나님 아버지께 영광 = 불신자가 하나님을 인정/ 구원함을 얻음

2. 예수님께서는 우리가 어디의 '소금'과 '빛'이라고 말씀하시나요? 그리고 그 의미는 무엇이라고 생각하나요?(마 5:13~16절)

정답 : 세상의 소금과 빛

의미 : 세상을 위한 소금, 세상의 어두움을 밝히는 빛

• 주제연구 가이드

세상의 소금이 어떤 의미인지 2~3명씩 모여서 생각을 나누고 발표하면서 세상의 소금의 의미에 대한 다양한 생각들을 들어 볼 기회를 만들어 보세요.

문제설명

오늘날 한국 교회는 세상에 대하여 아주 무력한 교회가 되고 말았습니다. 점점 경건의 모양만 갖고 있을 뿐, 경건의 능력을 드러내지 못하고 있습니다. 이와 같은 문제에 대하여 한국교회는 깨어야 하고, 경각심을 가지고 통곡하며 일어나야 합니다.

오늘 본문에서 주님은 우리를 향하여 세상의 소금과 빛이라고 말씀하셨습니다.

이는 세상을 위한 소금이 되라는 말입니다. 세상을 위한 빛이 되라는 것입니다. 우리가 빛이 되고 소금이 되어야 하는 가장 중요한 장소는 하나는 세상입니다.

하나님의 관심은 세상에 있는데 우리의 관심은 세상에 없습니다. 그동안 우리의 관심은 우리들의 교회라는 울타리에만 관심을 두었습니다. 그래서 교회 울타리가 더 부흥하고, 튼튼하게 하려고 최선을 다하고 좋은 교회를 만들기 위해서는 나름대로 애를 썼지만, 좋은 세상을 만들고 그곳에 하나님 아버지의 마음을 전하실 일에는 무관심 했습니다.

결국, 세상에 대한 소명과 사명을 잊은 교회가 되었습니다. 한국의 모든 교회가 그렇다는 것은 아닙니다. 한국의 어떤 특정 교회를 지적하고자 함도 아닙니다. 지금도 세상을 향하여 많은 애정과 관심을 쏟아 붓고 있는 교회도 많이 있습니다. 여기서 이야기하고 싶은 것은 보편적인 한국교회의 현상과 앞으로 한국교회가 나아가야 할 분명한 방향성에 대한 이야기입니다. 세상을 향한 하나님 아버지의 마음에 우리가 관심이 없다면(우리의 패러다임이 변화하지 않는다면) 결코 세상을 향하여 전도할 수 없습니다. 열매를 기대할 수 없습니다.

지금까지의 내용을 토대로 전도에 대한 패러다임을 바꾼, 실제적 전도에 관한 몇 가지 내용을 소개합니다.

- 노량진의 모 교회에서는 수십년간 수험생들에게 식사를 제공했습니다. 아무런 조건 없이 수십 년을 했습니다. 그리고 밥을 먹는 수험생들에게 자신의 교회를 다니라고 강요하지 않았습니다.

이 교회에서 밥을 먹고 공부한 학생들이 이제는 공무원, 경찰, 변호사 등 다양한 직종에서 자리를 잡고 일을 합니다. 그리고 이들은 아직도 이때의 고마움을 잊지 못하고 명절이나 때가 되면 교회 목사님을 아버지처럼 생각하고 찾아와 인사를 합니다. 그리고 대부분 각자의 교회와 삶의 현장에서 열정을 가지고 빚진 자의 삶을 살아가고 있습니다.

- 경기도에 남양주에 위치한 모 교회는 정기적으로 지역 청소를 합니다. 형식적인 청소가 아니라 대대적인 청소를 합니다. 폐기물 차량도 동원하고, 지역에 우범지역과 쓰레기로 골머리를 아파하는 곳에 솔선수범하여 청소를 깨끗이 하여 지역을 좋게 만드는 일을 지속적으로 하고 있습니다.

이제는 청소의 날이 되면, 지역 주민들도 함께 모여 청소에 동참합니다. 그리고 자연스럽게 지역 주민과 이야기도 하고 친해지는 시간들을 갖습니다. 지역주민들에게 영향력을 드러내며 전도의 길을 열고 있습니다.

- 경기도 광주에 위치한 모 교회는 교회의 모든 절기 헌금은 사회 봉사와 지역 주민을 섬기는 일에 사용합니다. 드려진 절기 헌금은 지속적으로 지역 초등학교 장학금(졸업식 때 교복비용), 중·고등학생 급식비, 지역 노인정 식사 대접, 동사무소를 통해 어려운 가정 협력 등에 정기적으로 사용됩니다.

이 교회는 성도 백여 명 정도밖에 되지 않습니다. 그러나 변함없이 모든 절기 헌금을 지역사회를 위해 아낌없이 나누어 줍니다.

다시 한 번 강조하지만, 전도는 단순한 프로그램이 아닙니다. 일회적 이벤트도 아닙니다. 농부의 심정과 눈물로 그냥 씨를 뿌리는 것입니다. 애써 씨를 뿌리는 일이 우리가 할 일입니다. 복음의 씨를 자라게 하시고, 열매 맺게 하시는 분은 하나님 아버지입니다.

3. "돌아온 탕자"(눅15:11~32)의 비유에 등장하는 인물 중 예수님께서 문제로 삼는 인물은 누구라고 생각는지 선택하고 그 이유를 설명해 보세요?(눅15:11~32)

   ① 첫째 아들, 이유

   ② 둘째 아들, 이유

   ③ 아버지, 이유

• 주제연구 가이드

눅 15:11~32절을 읽고 난 후 문제가 되는 인물을 선택하게 하고 그 이유를 자유롭게 이야기하게 합니다. 내 생각에 문제가 된다고 생각되는 인물은 모두 선택해도 됩니다.

문제설명

보통은 둘째 아들을 지목합니다. 아버지가 아직 죽지도 않았는데 아버지에게 자신에게 돌아올 유산을 미리 달라고 한 패륜적인 아들, 그 재산을 창기와 함께 허비해 버린 아들. 문제가 많은 아들이 맞습니다. 그러나 중요한 것은 자신의 삶을 돌이켜 (17절) 아버지에게로 그 발걸음을 돌려 아버지 품에 안기는 순간 모든 것은 용서되었습니다. 아버지가 "문제없다."라고 선포했습니다. 다시 얻은 아들을 위해 잔치를 베풀 정도로 기뻐하였습니다. 이제는 문제의 아들이 아니라 아버지에게 웃음을 주고, 기쁨을 주는 아들이 되었습니다. 즉, 아들의 문제는 더 이상 문제가 될 수 없습니다.

어떤 이들은 아버지가 문제라고도 합니다. "왜 작은 아들에게만 잘해주는가?"라고 생각합니다.

그러나 본문 12절을 보면 "아비가 그 살림을 각각 나눠 주었더니"다시 말해서 아버지는 둘째 아들에게 재산을 줄 때, 큰 아들에게도 주었다는 사실입니다. 아들을 향한 아버지의 사랑은 아무리 주어도 과하다 할 수 없습니다. 이와 같은 사랑이 있기에 오늘 우리도 이 자리에 서 있을 수 있습니다.

그럼, 첫째 아들은 어떨까요? 오늘 본문에서 첫째 아들은 늘 언제나 자신에게 주워진 일에 최선을 다하는 성실한 사람입니다. 작은 아들이 돌아오는 그 순간에도 큰 아들은 밭에서 일하다 돌아오는 길이었습니다.(25절) 얼마나 착한 아들입니까?

그러나 큰 아들의 문제는 다른 곳에 있었습니다. 큰 아들의 문제는 아버지의 기쁨을 알지 못했습니다. 아버지의 마음을 몰랐습니다. 지금 아버지의 마음이 퍼렇게 멍이 들고, 까맣게 다 타들어 가는 고통 속에 있다가 작은 아들로 인하여 모든 근심, 걱정을 버리고 이제 다시 웃음을 찾고, 기뻐하는 아버지의 마음을 전혀 몰랐습니다. 다시 말해 아버지의 마음을 모르는 것, 아버지의 기쁨을 함께 누리지 못하는 것이 문제입니다.

4. 아버지와 첫째 아들의 대화를 통해 알 수 있는 아버지의 마음은 무엇인가요?(누가복음 15:31~32)

   정답 : 잃어버린 아들을 찾은 기쁨은 그 무엇과도 비교할 수 없고, 즐겁고 기쁜 일이다.

• 주제연구 가이드

나는 얼마나 하나님 아버지의 마음을 알고 있는가? 하나님 아버지의 기쁨을 함께 누리고 있는가? 서로의 삶을 나누는 시간을 가지세요.

5. 예수님께서 이 비유를 하신 이유와 목적은 무엇일까요?(누가복음 15:1~3, 31~32)

   정답 : 하나님 아버지의 마음을 모르는 당시 바리새인들과 서기관들에게 주는 교훈

문제설명

누가복음 15장은 세 가지의 비유가 계속해서 소개됩니다. 첫 번째는 잃은 양의 비유이고, 두 번째는 잃은 드라크마의 비유이고, 세 번째는 다시 찾은 아들(탕자의 비유)에 관한 비유입니다. 이 세 가지의 비유는 서로 다른 것 같지만, 그 초점은 하나입니다. 잃어버린 것을 찾은 것에 대한 기쁨입니다.

이 기쁨은 바로 하나님 아버지의 기쁨입니다. 죄인 한 영혼이 회개하고 하나님께 돌아올 때의 기쁨입니다. 예수님께서는 이 땅에 오셔서 잃어버린 한 영혼들을 찾으셨고, 이를 하나님은 기뻐하셨습니다.

그러나 이를 못 마땅하게 생각하는 이들이 있었습니다. 서기관들과 바리새인들이었습니다. 이들은 예수님께서 세리와 죄인들이 하나님께 나아오고 예수님과 함께 식사하며 음식을 같이 나누는 것을 싫어했습니다. 이를 아시고 예수님께서 이와 같은 비유를 말씀하셨습니다.(눅 15:1~3절)

정리하면, 탕자의 비유에서 문제로 삼고 있는 대상은 아버지의 마음, 아버지의 기쁨을 모르는 큰 아들이었습니다. 당시 서기관들과 바리새인들이었습니다. 그리고 오늘 우리의 모습일 수 있습니다.

Look 적용점살피기

1. 지금 나의 삶은 빛과 소금의 역할을 얼마나 감당하고 있다고 생각하는지 서로의 삶을 나누어 보세요.

2. 어떻게 해야 내가, 그리고 우리 가정과 교회가 세상의 '빛'과 '소금'의 역할을 할 수 있을까요?(구체적으로 적용할 수 있는 것을 기록해 보세요)

   ① 자신 :

   ② 가정 :

   ③ 교회 :

3. 우리 주변에 잃어버린 아들이 있습니까? 있다면 구체적으로 누구라고 생각하나요? 그리고 잃어버린 아들 때문에 근심하고, 걱정하는 아버지의 마음을 안다면 우리는 어떻게 해야 할까요?

 **Took** 실천사항찾기

한 주간 실제로 실천할 수 있는 구체적인 내용을 3가지를 적어보고 그 결과를 점검해봅시다.

	실천할 내용 (구체적으로 기록하세요)	점검 (10기준)	느낌 및 다짐
1			
2			
3			

기도하겠습니다.

* 오늘 나눔을 통하여 깨달은 점을 생각하며 기도문으로 작성해보세요.

♡ 교사를 위한 잠언 ♡

복음이란 교회에서 듣는 것이 아니라
교회로부터 선포되는 것이다.

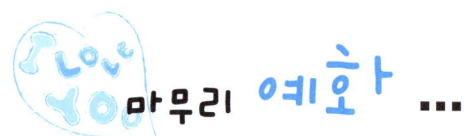 마무리 예화 …

감사로 예물을 삼으라

유럽의 어느 교회에서 추수감사절을 맞아 예배를 드리게 되었습니다. 목사님의 설교가 끝나고 감사 예물을 드리는 시간이 되었습니다. 헌금 바구니가 도는데 한 소년이 헌금 바구니에 들어갔습니다. 모든 성도들이 소년을 쳐다 보았습니다.

예배 후에 목사님이 소년에게 "왜 헌금 바구니에 들어갔느냐"고 물었습니다. 그 소년은 "헌금은 없고 몸이라도 드리고 싶어 헌금바구니에 들어갔다"고 했습니다.

이 소년이 그 유명한 리빙스턴입니다.

그는 어린 시절의 헌신 결단에 따라 아프리카 선교사가 되어 죽음의 사선을 넘는 선교를 하여 아프리카 선교의 아버지가 되었습니다.

교육자료 8

이 부분은 필요할 때 특강 강의안으로 사용 가능합니다.
Book 또는Look 전·후 부분을 나눌 때 참고하면 좋아요!

자신의 전도 유형 찾기

사람마다 각자 성향이 다르고 자라온 환경과 습득한 지적 수준도 모두 다릅니다. 그러기에 자신이 가지고 있는 복음의 열정을 표현하는 방법도 어느 하나가 정답이 아니라 그 상황과 사람에 맞는 방법이 있을 수 있습니다. 지금부터 성경에서 소개되는 전도의 유형들을 몇 가지로 정리해 보았습니다. 나는 어디에 속하는지 살펴보고 자신의 전도 유형을 찾아봅시다.

1. 학적 유형 : 여기에 속하는 대표적인 인물은 바울입니다. 바울은 아덴에서 철학자들과 학자들과 함께 복음을 변증하였습니다. 이성과 사고를 토대로 복음을 증거하였습니다.

2. 선포 유형 : 대표적 인물은 베드로와 세례 요한입니다. 베드로의 설교나 전도는 바울처럼 학적이지는 않습니다. 그러나 담대함과 열정을 가지고 복음을 자신있게 선포합니다. 회개를 선포합니다. 타락한 세대를 향하여 세례요한과 같이 회개를 촉구하고 구원받을것을 선포했습니다.

3. 증명 유형 : 대표적 인물은 예수님께서 눈을 뜨게 하신 소경(요 9)

입니다. 소경은 논리적으로 자신이 어떻게 보게 되었고, 자신에게 눈을 뜨게 한 분이 누구인지는 정확하게 알 수는 없으나, 분명한것은 자신에게 있었던 일, 자신이 지금은 보게 되었다는 사실을 있는 그대로 증거하고 있습니다.

4. 관계 유형 : 대표적인 인물은 마태입니다. 마태는 예수님을 만난 이후 자신의 친구들을 초대하여 잔치를 열어 자연스럽게 예수님과 제자들을 만나게 합니다. 기본적으로 사람을 좋아하고 자신 주변의 사람들에게 예수 그리스도를 거부감 없이 소개 합니다.

5. 와보라 유형 : 대표적인 인물은 사마리아 여인입니다. 사마리아 여인은 예수님을 만난 이후 동네 사람들에게 자신을 변화시키고, 자신의 모든 삶의 문제를 해결하신 바로 그분에게로 와보라고 말합니다. 예수님 앞으로 인도하듯 많은 사람들을 일단 교회로 데려옵니다. 그리고 그 다음은 목사님과 교회, 그리고 주님께 맡깁니다.

6. 섬김 유형 : 대표적인 인물은 고넬료입니다. 고넬료는 가이사랴에 주둔하고 있던 로마 군대의 백부장임에도 불구하고 경건하여 온집으로 더불어 하나님을 경외하고 많은 백성들을 구제하고 하나님께 기도했던 사람입니다.(행 10)

7. ○○ 유형 : 여기에는 없지만 생각나는 유형이 있다면, 찾아서 기록하고 자신과 교회에 맞는 전도 유형을 찾아보고, 효과적으로 전도해 봅시다.

교육자료 9

교회 학교를 세우는 실제적 전도 프로그램

1. 전도를 위한 사전 준비

전도를 준비함에 있어서 보편적인 준비의 사항을 몇 가지 체크해 봅시다.

① 전도하기 위해 무엇보다 중요한 준비는 기도하는 것입니다. 전도는 사람을 통하여 성령하나님이 일하십니다. 성령의 역사입니다. 그러므로 기도보다 그 어떤 것도 앞서서는 안 됩니다. 전도에서 만날 한 영혼 영혼을 위하여, 그리고 전도자의 복된 발과 손길, 담대한 심령을 위하여 기도해야 합니다.

② 전도 지역을 선정하고 전도 대상자에 맞는 전도용지와 전도용품을 여유 있게 준비합니다.

③ 어떤 형식으로 전도를 할 것인지 결정하고 그에 따른 전략과 준비를 합니다. 그냥 전도지만 나누어 준다면 전도지만 있으면 됩니다. 그러나 센스가 있는 선생님이라면, 어떻게 전도 받을 아이들에게 접근하고 나누어 줄지를 생각합니다. 보편적으로 전도지에 작은 사탕이나 껌을 붙여 줍니다. 그러나 이때 주의 할 것은 저렴하고 대량으로 구입하다보니 불량식품인 경우가 많습니다. 이는 오히려 부모들의 마음을 어지럽게 하는 경우

가 있습니다. 그러므로 저렴하고 대량의 사탕종류 보다는 비타민 종류가 좋습니다. 비타민도 대량으로 구입하면 저렴하게 구입할 수 있고, 무엇보다 부모님의 반응이 좋습니다.

요즘은 세상이 아동 성범죄 같은 험한 일들이 많아서 어른들이 아이에게 접근하는 것을 반가워하지 않습니다. 그러므로 최대한 단정한 복장과 함께 명찰을 착용하는 것이 좋습니다. 이때, 명찰은 아주 크고 아이들의 시선을 끌 수 있는 명찰이면 더 좋습니다. 예를 들어 아이들이 좋아하는 코끼리 모양이라든지, 선생님 본인의 사진이나 캐릭터등이 들어간 명찰 등이 효과적입니다.

④ 만나는 친구들의 간단한 신상을 적을 수 있는 메모지와 펜을 전도자수만큼 준비합니다.

2. 전도를 위한 실제적 방법들

전도를 위한 다양한 프로그램과 방법들이 있습니다. 그 중 몇 가지를 소개하려고 합니다. 여기서 우리 교회 상황에 맞는 전도 방법들을 선별하여 교사들과 함께 시도해 봅시다. 그리고 무엇보다 단순히 프로그램으로 접근하지 말고, 그 안에 하나님 아버지의 마음과 한 영혼에 대한 열정을 담아야만 효과가 있음을 잊으면 안 됩니다.

① 학교 앞 전도

학교 앞 전도는 특별 행사가 있을 때만 하는 것보다는 정기적으로 꾸준히 실시하는 것이 좋으며 정기적으로 정해진 자리에서 하는 것이 보다 효과적입니다.

학교 앞 전도는 등굣길과 하굣길 중 선택하여 실시하면 됩니다.

등굣길의 장점은 짧은 시간에 거의 대부분의 아이들을 볼 수 있어 좋습니다. 그러나 어린이들과 긴 시간을 갖기 힘듭니다. 아침에 사탕과 전도지를 가지고 학교에 들어가면 선생님들이 좋아하지는 않습니다. 하굣길의 장점은 시간이 여유롭다는 것입니다. 나오는 아이들 중 만나 등굣길보다는 여유롭게 대화할 수 있습니다. 때로는 운동장에서 노는 아이들과 함께 축구나 게임도 할 수 있습니다. 하굣길은 서로 끝나는 시간이 다르고, 청소하는 아이들도 있어 인내하며 시간을 가지고 전도해야 합니다.

정규적으로 학교 앞 전도를 하다보면 친해지는 친구들이 생깁니다. 이를 잘 활용하면 좋은 효과를 거둘 수 있습니다.

② 어린이 관계 전도

관계 전도는 교사보다는 또래 집단인 어린이가 전도하는 것이 더 효과적입니다. 관계 전도의 핵심은 상대방의 필요를 채워주는 것입니다. 그러므로 관계 전도의 방법은 너무나 다양하고 많습니다. 상대방에게 관심을 가지면 됩니다.

관계 전도를 위하여 다음과 같은 방법도 좋습니다. 사전에 교회 어린이들과 시간과 장소를 정합니다. 교회에서는 학교 앞에 맛있고 이동하기 편한 음식을 준비해 갑니다. 예를 들어서 샌드위치, 컵볶이, 떡꼬치, 초코파이와 요구르트 등. 그리고 우리 교회 아이들이 오면 반갑게 맞이하고 어린이들의 손에 2~3개를 나누어 줍니다. 우리 어린이들이 친구나 다른 친구들에게 나누어 주도록 합니다.

이때, 우리 교회 어린이들 외에는 절대 다른 친구들에게 교사가 직접 나누어 주어서는 안 됩니다.(효과가 떨어짐) 이렇게 하면, 우리 교회 어린이들을 통하여 친구들과 관계를 맺을 수 있는 연결고리를 제공하고 다른 친구들에게 우리교회 어린이는 특별하다는 것을 암시적으로 보여줍니다.

③ 토요 반 모임

안 믿는 어린이가 친구네 집이나 선생님의 집에 가는 것은 교회를 가는 것보다 쉽습니다. 주일 공과공부 시간도 없는데, 주일날 모든 것을 하려고 하지 말고, 토요일을 적극 활용하여 공과도하고 반 친구들과 교제의 시간을 가지면 좋습니다. 이왕이면, 친구들 집이나 선생님 집이면 더욱 좋습니다. 교회에서 모이는 것과 또 다른 분위기와 효과가 있습니다. 무엇보다. 친구들이 전도하기 좋습니다. 교회가자 보다. 누구네 놀러가자고 하면 친구들을 초대하기도 쉽습니다. 물론 효과도 좋습니다.

④ 놀토야 놀자

한 달에 두 번 놀토가 있습니다. 놀토는 학교를 가지 않는 토요일을 말합니다. 이때 부모들은 아이들과 함께할 시간에 대한 무거운 마음을 갖게 됩니다. 이를 교회가 해소해 주면 매우 효과적입니다. 물로 교회적으로나 교사는 매우 힘듭니다. 그러나 효과는 매우 좋습니다. 등산이나 박물관 견학 등 1회적 프로그램도 좋고, 특기를 살리는 정기적인 프로그램도 좋습니다. 교회에서 활용 가능한 전문 강사들을 초빙하여 진행해도 좋습니다. 놀토 프로그램을 잘 활용하면 부모들의 마음을 열고, 어린이들을 교회로 인도하는데 많은 도움이 됩니다.

* 어린이 전도법(어린이 고구마 전도, 어린이 1분전도, 글 없는 책)과 어린이 전도프로그램이 「주일학교 교사 바로세우기2-가르침의 기술」 제1과 "복음과 전도" 교육 자료에 수록되어 있습니다.
한치호 목사님의 「전도하지 않는 교사 주일학교를 떠나라」 함께 참고하면 큰 도움이 될 것입니다. 특히 본 교육 자료와 연관하여 "11장 주일학교를 세워주는 전도 프로그램"을 참고 하세요.

	날짜	주제	프로그램	내용	비고
1	3월 8일	안내	Orientation	접수 및 전체운영 소개, 인사하기 * 접수시 명찰및 출석부를 작성하는 것이 운영에 효과적입니다.	
2	3월 22일	협동 및 자기 표현	부활절 쿠키 만들기	그룹및 개인 부활절 쿠키 만들기 콘테스트 ① 작품성 ② 창작성 ③ 협동성 * "계란꾸미기"로 하셔도됩니다.	부활절
3	4월 1일		창작 미술활동	ex) 아이클레이, 종이접기등 교회에서 섭외가 능한 강사에 맞추어 운영하세요 아기자기 재미있는 창작의 세계, 미술의 세계	
4	4월 27일		가자! 산으로	가까운 근교 산행, '심봤다' 산에서 보물찾기 등 보물은 성구를 적은 종이로 하고 찾은 성구를 다 암송하시면 선물로 교환해줍니다.	
5	5월 7일	가정	가족케이크 만들기	아빠, 엄마와 함께 우리 가족만의 케이크를 만들어 보는 시간	가족 사진 촬영
6	5월 21일		우리가족 멋지죠!	가족사진을 이용한 멋진 액자 만들기(가족 케이크 만들기 때 가족사진 촬영한 것을 이용함, 또는 개인적 가족사진 가져오기)	
7	6월 7일	창조 과학	'캐니 빌리지' 현장학습	현장 견학및 재활용에 관한 체험 학습 (분당구 석운동)	차량 동원
8	6월 21일		DNA 혈핵형 팔찌	창조설계도 DNA속에 숨어있는 놀라운 비밀 나의 혈핵형 DNA구조를 이용한 팔찌 만들기 혈핵형별 DNA구조도를 미리 출력해 놓으면 편리합니다.	
9	7월 21일		드라이 아이스의 세계	드라이아이스를 통한 과학적 원리를 이용한 아이스크림 만들기와 다양한 게임 체험 드라이아이스에 메틸알코올을 넣으면 순간 급 냉동이 가능합니다. 안전에 주의 하세요.	

memo

memo

memo

memo

memo

memo

memo